Pieces of

结伴

Happiness

养老

[挪] 安妮 · 奥斯特比 / 著　解亚坤 / 译

中信出版集团 | 北京

图书在版编目（CIP）数据

结伴养老 / (挪) 安妮 · 奥斯特比著 ; 解亚坤译
. -- 北京 ： 中信出版社, 2020.1
书名原文：Pieces of Happiness
ISBN 978-7-5217-1170-7

Ⅰ. ①结… Ⅱ. ①安… ②解… Ⅲ. ①长篇小说－挪威－现代 Ⅳ. ①I533.45

中国版本图书馆CIP数据核字(2019)第232167号

结伴养老

著　　者：[挪] 安妮 · 奥斯特比（Anne Ostby）
译　　者：解亚坤
出版发行：中信出版集团股份有限公司
（北京市朝阳区惠新东街甲4号富盛大厦2座　邮编　100029）
承 印 者：北京楠萍印刷有限公司

开　　本：880mm × 1230mm　1/32　　印　　张：10.75　　字　　数：219千字
版　　次：2020年1月第1版　　印　　次：2020年1月第1次印刷
京权图字：01-2019-3744　　广告经营许可证：京朝工商广字第8087号
书　　号：ISBN 978-7-5217-1170-7
定　　价：48.00元

不要局限于这些渺小的岛屿，
我们的征途是星辰大海。

——埃佩利·豪奥法[1]

众多岛屿，
如同天上密布的繁星。
夜空好似一棵枝杈茂盛之树，
枝头的流星被点点摇落，
像跌落的果实环绕着行驶如飞的纵帆之舟。
可万物都将坠落，亘古不变，
水星如是，火星亦如是，
坠落吧，成为其中一个，
恰如我们的地球，
是星际群岛中最孤独的一座。

——德里克·沃尔科特[2]

---

1 埃佩利·豪奥法（1939—2009），斐济著名学者和人类学家，为汤加裔。——译者注

2 德里克·沃尔科特（1930—2017），诗人、剧作家及画家。出生于圣卢西亚，出版过戏剧集和多部诗集。此处的诗歌选自作者的《风暴过后》。——译者注

序　章

邀请与挑战

斐济，科罗托托卡，2012 年 7 月 25 日

亲爱的朋友：

还可以这样叫你吗？

我知道你看到信封上的邮戳时会觉得好奇，但你可能已经猜到是谁写的信了吧。带着鬣蜥和鹦嘴鱼图案的邮票，肯定来自凯特。一个从旧时光里传来的声音，代表我们曾经有过的友谊。你觉得我们的友情还能像从前一样吗？

感谢你信里的拥抱和宽慰我的话，那时候这些是我最需要的——我明白抛下一切越过重洋来参加葬礼不大实际。你在那儿可能很难想象得到，当送葬者们送来编织的草席时，在斐济人的四部合唱中，一个人被送往来生。你可能会问，一个去世的人需要多少草席呢？就像阿特莎跟我解释过的："多多益善，越多越能体现对尼克拉斯先生的尊敬。"所以我把走廊铺满了草席。将一些棕榈叶晒干，铺成格纹状，这是为逝者遗体准备的锚，这是

生者寄托思念的根基，在此地——科罗托托卡[1]——这一切终归要像夕阳一样，随着一群蝙蝠飞过，陷入地平面。

天色渐晚，思念随之汹涌。尼克拉斯的模样，我们共同生活过的日子，都在脑海中清晰地浮现，心里不由得痛苦万分。你是不是会说，这像是一场全球性灾难的马拉松，像是世界性瘟疫的一次远距离竞赛，就连每一个补水站都发生着环境危机？是的，就是这样。然而我不会去改变什么。无论是疟疾发作、水源短缺，还是夜里跳蚤叮咬后发痒的皮肤——这些都教会我如何生活。即使一穷二白还没有蓝筹养老金，甚至连厕纸、洗发水都没有，我仍然留在这里，在太平洋之中的一个小岛上，我无伴但并不无助。

我希望我还有朋友。除了那 22 英亩[2]的可可树和剩了许多空房间的屋子，我就剩这布满小伤小痛的孑然一身了，但我已扎根于斐济的土地，并且决意在这里度过余生。你何不来这里？在这里有我陪伴你。丢掉那些解决不了的麻烦，带上仍然在意的东西，搬进“凯特之家”，也就是我的房子！在这里我们可以重新找回过去的彼此，如果找不回，我们就建立新的友谊。

我并没有经常联系你，也明白你很久没有听到我在尼泊尔、阿富汗或者毛里求斯的消息了。但我时刻想念着你，我想念过去我们那帮人中的每一个。我读了你写的书信和邮件，欣羡照片里你那些可爱的儿孙。而现在我在想，阔别 40 多年后，有没有可能

1　科罗托托卡（Korototoka）是斐济的一个村庄。——译者注
2　1 英亩约合 4047 平方米。——编者注

再把大家聚到一起？你想来这里和我一起走最后这一程吗？你愿意在我们被绊倒时、在我们步履蹒跚时，互相扶持吗？我们一起把老迈的膝盖伸进温热的咸海水中，一起把脚趾埋进白色的沙土中，可以吗？

别担心，你不是来做免费劳动力的，种植园自然有好手打理。科罗托托卡是一个可可村，摩西斯是这里的管理者，他负责可可豆的采摘、发酵，以及脱水。我们可以尝试点新业务，对吗？我们可以做巧克力，或者制作闻起来香喷喷的可可身体乳——你觉得怎么样？

我知道你肯定明白我为什么不直接发电子邮件。从一个地方寄一封信到另一个地方，可能要花费数天甚至数周，在这之间，文字仿佛变得深刻而庄重。当你看到它们时，它们也已经变得成熟且柔软，信纸的曲线是文字的摇篮，它们已经准备好去怂恿你来这里了。你尝到木瓜和椰子的味道了吗？你听到海风拂过，沙滩上的棕榈树沙沙作响的声音了吗？你看到太平洋海天相接之处那弧状的地平线了吗？

不过，如果冰铲、发动机保温箱和电费账单更令你向往的话，就把这封信丢在抽屉里永远积灰吧。信件漂洋过海时总特别容易丢失，和热带气旋或者是斐济的邮政部门相比，太平洋上的邮政服务显得太不可靠。这样，你可能就收不到这封信，也就不会看到这些问题了。

我这就去寄信了，此刻的我手指抚摸着邮票，祝它好运，期望着风能把你带到我身边。也许凯特之家能成为我们所有人的家，在这里，我们可以一起做梦，共同期待未来。或把酒言欢，或互相打闹，或一起哭泣。

直到海风带着我们逐波而去，那时我们的草席也会堆得像台阶一样，铺满整个走廊。

爱你的

凯特

1

西　娜

“我破产了！很抱歉！”

她们也有数十年未曾谋面，而西娜发现自己对凯特脱口而出的话题，竟然是她糟糕的财务状况——天哪！她使劲咬了咬自己的嘴唇，努力控制颤抖的身体，然后张开双臂拥抱这个把太阳镜推到头上、面带笑容的高个子女人。

“我……啊，凯特！见到你真是太高兴了，你看起来光彩照人！”

南迪机场的进港大厅里演奏着欢快的迎宾旋律，一个尤克里里乐队欢迎着穿着短裤的游客们。一位歌手穿着花哨的衬衫，耳朵后面别着一朵花，他朝西娜眨了眨眼，西娜则又往凯特身边靠近了一些。

“你好啊！”

西娜的愁眉在老友的拥抱中舒展开来。“你还好吧？最重要的是，你现在到这里了。我们一次解决一件事情，一切都会顺利的。先让我看看你。”凯特推开西娜，冲她展开了灿烂的笑容，像极了从前的样子，接着她又把西娜拉过来抱住，“你真的来了，我简直不敢相信！”

“我也是呀！”

西娜忍住了泪水。经过将近 48 小时的旅程，再加上尤克里里乐队响亮的迎宾演奏有些吓到她，西娜感到筋疲力尽，身体微微颤抖。这时，只见一个女人，穿着带有橙色花卉图案的短裤，扭着臀部走过来说：“你好，夫人，欢迎来到斐济！”她笑起来露出一排白得发亮的牙齿，为西娜戴上一个花环。西娜紧紧地握住行李推车把手，但还是在跟着凯特走进湿热的 10 月的黑夜时，绊了一下。这里距离科罗托托卡还有两小时车程。

*

这里的夜色比家乡的更浓。当她们驶离机场的灯光照亮的区域之后，就好像走在一个没有墙的隧道里，既局促又宽敞，这导致西娜有些头晕。

“看那些星星。”凯特说道。西娜抬头透过敞开的车窗望去，夜空像一个由万千繁星砌成的迷宫，仿佛定格在烟花绽放的那一瞬间。她重新低下头，视线回到车里。凯特正微笑地看着她说：“非常惊艳，是不是？”突然凯特踩下刹车。西娜朝前倾斜过去，不过安全带稳稳地拉住了她，她看见一匹瘦马冲过了马路。凯特摇了摇头，再出发时速度慢了一些。

“晚上开车过村子的时候有些危险，那些动物总是四处漫步，你永远不知道什么时候一头牛会出现在路中间。”

路的一边是大海，另一边是树林和沙丘，还种着一些西娜认不出来的植物。“甘蔗，”凯特点头说，“蔗糖和玉米是这里的两大主要产物。”

夜色不时被路过的房屋群打断，四处闪着灯光。西娜眯着眼，想看清那些建筑物的形状。她看到其中一些房子，只是用波纹金属盖成的小棚屋。难道自己和朋友们之后要住的地方也是这样吗？她是第一个到斐济的，英格丽德和莉斯贝丝还得过几周才到。玛雅也是，她说有一些健康问题必须和她的医生讨论一下。西娜心里升起一丝不安——这里的房间够住吗？她可不希望大家被挤到一起叠罗汉。

但凯特之家可不是波纹金属棚。她们抵达科罗托托卡后，开进了一条两边都是房屋的狭窄道路，它朝着海滩延伸过去。凯特解释说：“这是主路。”行至街道的尽头，凯特下车走向右边的一个院子，“我们到家啦！”

她把车停在了一座相当大的房子外面，这房子只有一层，屋顶就像一顶尖帽子。宽敞的门廊上面，屋檐延伸出来，覆盖着整个前侧。走廊的房顶由三根缠着粗绳子的柱子支撑着。几个小棚屋坐落在院子边上，一条圆石头铺成的小路消失在房子后面。走廊上放着几把藤椅和一张吊床，楼梯下面的火把照亮了这里。

正当西娜从车上跳下时，一扇纱门嘎吱嘎吱地打开，纱门后面出现一个矮小而强壮的人，她卷曲的头发像是灯光的光晕。

“您好，夫人，欢迎您！”

凯特跟她说过，虽然很晚了，但是管家可能还在等着她们。“快来跟阿特莎打个招呼，”凯特一边说一边拖着西娜的行李箱上楼，“知道你要来，她可开心了。”

西娜伸出手说：“很高兴认识你。”但阿特莎并没有伸出她圆嘟嘟的手，而是捂着嘴，即使这样，也遮不住她那从指间漏出来的笑声。她整个人兴奋得像要抽搐，而后她急忙走过来从凯特手里接过箱子：“我帮这位夫人拿进去吧。”

西娜不知道哪个更令自己惊讶：是不曾料到的笑声，还是第一次被别人称为“夫人”？但这些念头很快就随着凯特招呼她去走廊的栏杆那里消失了。

“现在虽然看不到景观，但你可以听到，对吧？”

西娜听得到。她面朝大海，听到了斐济的欢迎：她听到海浪拍打沙滩的声音，听到月光下海水奏出优美的乐曲，尽管她还无法解释自己为何会答应来到这里。微风温暖着她湿冷的肌肤，她感受到一股莫名的亲切和满足，像是舌头被滴上了一滴蜂蜜。

在房子和海滩之间，是一排高矮不一的树木，它们背对着灰白的月亮挺立在黑暗中。“那些就是你说的可可树吗？”西娜问道。凯特摇了摇头。

“不，不是的。种植园要更远一点，在村子的另一边。这些是椰子树，在这里到处都有。”

她抓着西娜的肩膀抱了抱她。“你会爱上这里的，西娜，”她说道，“一切都会好起来的。”

西娜点了点头，自言自语地重复道：“一切都会好起来的。”

但这无法改变她已经破产的事实，她名下已经分文不剩了。西娜简直不敢相信自己竟然真的付诸实践了——关上家里的门，把一切都抛下：房子、漏水的烟囱和要换新雪地胎的车子。在这异国他乡，西娜躺在陌生的床上，身无分文。阿曼德也一样吧。西娜辗转反侧，深深地叹了口气。但阿曼德什么时候没破产呢？破产就像是他的中间名，她记得儿子护照上的照片下面印着“阿曼德·B. 古托姆森[1]”。

他的护照盖满了印章。在阿根廷，他错过了邮轮起航的时间。“妈，我不是故意的，”他是这样说的，“他们通知我的起航时间是错的！”在俄罗斯，他流连于赌场。“我打包票，那儿有数不清的钱——多到他们不知道该怎么花！”还有加勒比的房地产：“他们给我看了海滩上的房产，图片上看着特别美。我哪儿知道这些都是骗人的。”秘密，加拿大的石油巨头，马来西亚东海岸的一个豪华度假胜地：“你不知道，这可是个千载难逢的机会啊！只需要拉来一些随身携带巨款的游客，那就是个金矿哪！”

然而没得到过什么金子，她却总充当那个矿了，西娜沉浸在思绪里，紧了紧裹在身上的薄床单。她是一个被挖空了的矿，不，是被吸干的，就为了那些闪闪发光的东西和谎言。她翻了个身，

---

1 此处的 B 暗指 Broken（破产）。——译者注

纱窗外的黑夜里刮着海风，还传来一些陌生的声音：干枯的棕榈叶发出沙沙的声响，以及滚滚惊雷一般的海浪声。

她仍旧不敢相信自己到了这里。西娜·古托姆森，66 岁，退休了，现在是这所房子里的新住客。不，按他们的叫法，应该是“草屋”，而且是在斐济。斐济啊！她之前甚至都不知道这地方在哪里——她曾掏出一张南太平洋的地图，仔细搜寻新西兰北边那些小点，那些小点就像是从澳大利亚东海岸被撕掉的碎屑，在瓦努阿图和汤加之间漫不经心地散布在大洋上。太平洋，她的心脏在胸腔里猛烈地跳动，她的心，永恒不变地、持续不断地跳动着。

*

三个月前，在鲁格戴维恩 19 世纪的老旧厨房里。又是夏天中糟糕的一天即将结束，又是一个下午，伴着微温的咖啡等待着。她尝试了看电视，读杂志，碰运气——买彩票，和往常一样 7 个数字中了 5 个，在“年过 60 寻爱网”上也没看到新面孔。烟灰缸里扔了 6 个烟屁股，厨房里寂静无声。墙上那个有着红色塑料框的钟表贪婪而迅速地吞噬着时间：现在呢？你会去吗？为什么不呢？凯特的信就在面前的桌子上。

西娜，你可能已经怀着忐忑的心情拆开信封了吧。现在你怎么想呢？你会担心在世界另一边的某个人想从你这里得到些什么吗？

没什么可担心的，没人想骗你或者逗你。这只是一个邀请，邀请你去拥有一个微风拂面的良夜，一个坐在门廊的藤椅上就能看到太平洋的地方。你想要这些吗？你敢来吗？

电话铃声响起时，她直接从椅子上跳起来了。家里的电话在走廊里，冗长而尖锐的铃声就是从那个灰塑料包着的老古董里发出来的。难能可贵的是，来电者的电话簿里还存着西娜的座机号。

“喂？”

稍微犹豫之后，她的声音更急切了一些，她重复了一遍。只是急切，并不是害怕——阿曼德从来不打家里的座机。他总想着要在她最意想不到的时候打给她。

“是西娜吗？”

“是我，你是？”

“嗨……我是莉斯贝丝。”

莉斯贝丝。她的声音一点儿也没变，音色沙哑，语调缓慢。凯特来信的最后一句话在西娜的脑海里闪过：这样，你可能就收不到这封信，也就不会看到这些问题了。

她本可以故意装傻，当高中的老朋友问她是否也收到了来自南太平洋的信时，直接否认。那不过就是一封可笑的信件，信里的提议荒谬至极，自以为是地假设我们这些待在家里的傻瓜过着无所事事的无聊生活，劝我们与其如此还不如立刻放弃一切，赶上最快的航班，去和凯特琳·薇儿重聚。

“你好啊。”

西娜明白，在开口的瞬间自己已经背叛了自己。她既没有故作惊讶，也没用轻蔑的语气，这就是她出卖自己的证明。在这个7月的星期三，她厨房的餐桌上也躺着一封已经拆开的信件，同样地，邮票上印着鬣蜥和一种热带鸟类的图案。回避已无可能。

“那你……你是不是也收到那封信了？”

“是的，今天刚收到的。”

“也是凯特的来信吧。”

西娜能想象到莉斯贝丝说这话的时候，她那没什么光泽的粉色嘴唇里发出叹息的样子。

“她……”

她想说什么呢？在读完了那封手写信之后，把它揉成一团，又摊平铺开，重新又读过一遍后，她在想什么呢？

“她还是一点儿也没变。”

“是啊……”

莉斯贝丝似有些惊讶地咯咯直笑，像一只小动物刚刚摆脱了陷阱一样。

又是一阵沉默，西娜任由时间一秒一秒在她们之间滑过，直到自己忍不住了。

“好吧，不就是去趟南太平洋，这不挺好的嘛！只要能负担得起。”

一如既往的简单，就像以前她经常抛弃莉斯贝丝一样简单。西娜在说完这些话后就知道了：只要她对莉斯贝丝通过婚姻所获得的财富有一丁点儿嘲讽，莉斯贝丝的自信心就会多一道裂痕，她的局促不安和自我怀疑就会渗透在她妆容的各个层面。她修长的手指会紧张兮兮地拨弄自己的头发。西娜这些年都没见过比那更快的动作，但她料想那深褐色的一绺头发依然浓密，依然抹着发胶，坚硬无比。

当这支毒箭从她嘴里射出时，她立刻就后悔了——闭嘴吧，西娜，别说了！别管人家。即使是莉斯贝丝，也变老了。她真的说出口了吗？莉斯贝丝也一定变老了，也不同往日，而变得越发脆弱了。刚过30岁，时间就爬上了眼周，在40岁左右的时候，它会抓住你的嘴角往下拉，也开始让你的头发褪去颜色，它还会把你在牙医那里猛增的账单递给你。

“说得没错。”

莉斯贝丝仍旧不愿做出任何承诺，说话时模棱两可，像是两个碰巧遇到而后再不会有交集的人握了握手。这之后的沉默持续了很久，仿佛在寻找着什么。也许是在寻找一个领头的人，或是一个能共同消磨时光的人。

*

而现在，西娜已经来到斐济。时差、飞机上的寒冷引起的鼻窦发痒，以及畏怯的情绪，都被这个南太平洋的小岛重新带了出来。这不是什么特殊的同学聚会，而是她们要真正在一起生活。在这个走廊铺满草席的房子里，能够把大家维系在一起的只有凯特。这是一座只有老女人的房子！这样的想法像怪物一般若隐若现地藏在她的眼皮之下。她做了什么？她怎么会沦落至此？四面的墙薄如蝉翼！她听得到冲马桶的声音，像春天时从房子穿流而过的小溪。她躺在简陋的单人床上，想着自己在月光下的沙滩上的许诺。西娜出卖了自己吗？她是那样小心谨慎。她努力想平静下来。对自己说："振作起来，你只是把房子租出去了，又没有卖，你想什么时候回去都行。"

但她当然不能回去，虽然凯特说如果她反悔了，会借回程的机票钱给她，但她无法接受。一旦接受，如何偿还？阿曼德总是要钱，房租和杂货也花费不少。她从不买高价的食品，尽管那辆小车耗不了多少油，但她几乎从不开车，而是偏爱骑车。是的，还是钱的问题，从来都是钱的问题。现在距离阿曼德 12 岁生日的前一天，真的已经过去 34 年了吗？那时候她的钱包里躺着仅有的 4 美元[1]。她试着跟阿曼德解释，他们没法在生日那天举办生日派对了，可能晚一些可以，等她发了薪水……他一言不发地看着她，转身走开，背影像一个充满怨恨的感叹号。她做了意大利面和肉丸，在他的盘子中间插了蜡烛，端上桌时为他唱起了生日快乐歌。可他连笑脸都没给。

决定离开时，她也不知道自己是怎么想的。她，西娜，去生活在斐济的一个疯狂的小镇上？西娜·古托姆森，零售收银员，图书馆的读者，警觉谨慎的自行车手。双手有早年间得关节炎的痕迹，裤腰带绑不住的赘肉越来越多，她要解决的问题实在太多。

1　1 美元约合人民币 6.7 元。——编者注

单身妈妈西娜·古托姆森，小心翼翼地生活在莱维克[1]，住在最旧的房子里，一边盯着儿子，一边盯着钱包。即便如此，她也已经对这样的生活了如指掌，她可以应付得了。可是斐济？她翻了个身，嘴张开，将温暖湿润的空气吸入肺中，就像蒸桑拿时吞咽蒸汽一样。小蚂蚁们排成窄窄的一队从桌子上走过。在浓浓的鸡蛋花的味道中，凯特的双手愉快地握着她的手："我真不敢相信你真的在这里了！"

窗边椅子上的手提包里，装着她的护照，一张咖啡色的登机牌存根，以及鲁格戴维恩19世纪的房子的钥匙。一个透明的塑料袋里，装着她的口红、一小瓶洗手液和一支迷你管护手霜，还有一部缺少有效SIM卡的手机。

西娜用被单擦去颈背上流下的汗。她拿起放在床边地板上的塑料瓶，喝了一口温水。凯特之家，凯特的房子。但在这里吃饭也是需要花钱的。平摊费用意味着每个人都要有所贡献。不管你在哪儿生活，用电、香皂和厕纸都不免费。她的脑海里闪过一个疑问："他们这里用厕纸吧？"在想起来答案是肯定的之前，她看到浴室墙上用编织绳挂着一个纸卷。

凯特到底是怎么变得这么有钱的？西娜的思维直接从厕纸问题跳到了凯特的财富问题上。她是怎么拥有一个可可庄园的？她拥有一所房子和22英亩的土地，还有个管家替她操心这块地的日常运营，到了收获时节她还会额外雇用帮工——她在车上可不就是

1　莱维克，挪威第二大城市卑尔根的一处地名。——译者注

这样说的吗？凯特的学历并不比其他任何一个人高，她在毕业后的那个夏天，跟一个头发又卷又长的瑞典人一同登上飞机离开了。结果人家把生活过成了一本奇遇故事书。在这里过三年，在那儿生活四年，再换个地方生活六年。她在阿富汗建了一所女子学校，给印度农村带去太阳能电池板，在危地马拉建立了一个公平交易的咖啡农场。凯特也曾在尼泊尔隐居冥想时患上伤寒，在汤加潜水看鲸鱼时被深水珊瑚割伤导致血液中毒。她的护照一定像阿曼德的一样：上面有一连串的盖章、签证和特别许可证。但和阿曼德不一样的是，她真的做了那些事情，西娜一边这样想一边躺下，试图避开枕头上那片被汗水浸湿的地方。凯特做成了很多事。她不断前行，把遭受的伤寒和疟疾当作战斗的伤疤、荣耀的勋章，以及她和尼克拉斯所实现的成就的证明。他们给予当地人帮助，不但挖了水井，还向村里的接生婆授课，整整降低了20%的婴儿死亡率。

跟凯特的伤寒和疟疾比起来，阿曼德肚子里的寄生虫可算不得什么勋章，他护照上盖的戳有些褪色，显得乏味，那只是他所经历的惨败的提示罢了，而这些让他每次带着新的要钱的借口出现在她门前时显得更加渺小和可悲。投资方案没成功，合作伙伴不讲信用，当地的傻瓜看不到眼前的商机。这就是当她每次打开门，拿出自上次他站在门前至今，她银行账户里所有的微薄积蓄时，他所给出的说法。毕竟血肉至亲，她还能怎么做呢？

*

她控制住了自己，没去问莉斯贝丝打算在这趟旅程上花多少钱。要是坐头等舱或者商务舱得多花多少钱呢？这两种待遇西娜可从没享受过。她挺想知道从来不用关心价格是种什么样的感觉。玛雅和英格丽德的财务状况她知之甚少，不过至少她们这辈子都在努力工作，工作岗位也不错。

英格丽德是郡公交服务中心的簿记员，不过现在听说改叫首席会计师了。像她这样聪明的女孩，每科成绩都好，自然也就有大把的机会。她从来不会入不敷出，而且总是惜“誉”如金。因此英格丽德自然有丰厚的积蓄，去斐济的机票费用对她肯定也不值一提。

玛雅去了师范学院上学，后来当了高中老师。她嫁给了斯泰纳尔，他后来毫无意外地成为学校的一名行政人员。他的鼻子很有特点，鼻孔很大，鼻子上架着眼镜，这让他看起来并不平易近人。西娜想，教师夫妇可能永远也不会太富有吧，但去斐济的钱玛雅肯定还是有的。她和斯泰纳尔就一个孩子——是个女孩，嫁给了一个外国人。他是一个画风景画的艺术家，西娜在报纸上见过他几次。她也不介意阿曼德娶个外国人，即使他得去国外生活也没关系。只要他能和一个人确定关系，能找到任何能够让他稳定下来的事情做。她昏沉的脑子里闪过这样一幅画面：阿曼德和一个深色头发的女人在一起，可能是个亚洲人，就像家里那栋公寓楼楼下的邻居那样。而这份永恒的期许，像一根细线一般连接着她和那位本与她毫无关系的上帝，她祈祷：只要阿曼德肯去做点事情，任何事情都行！我 66 岁了，西娜边想边用手揉搓着眼睛，66 岁，却要躲着儿子。

西娜在南十字星座下的第一个不安的梦里，她又遇到了凯特。

“我破产了，”她说，“我负担不起来这里的费用。”

“海里有鱼，”凯特说，“你不会饿着的。”

“我会烘焙。”西娜回复道。

“五条面包，”凯特说，“就够你凑足路费来这里一趟了。”

2

阿特莎

亲爱的上帝，我知道凯特夫人和尼克拉斯先生为我做过什么。我一直都为他们给了我这份工作而感激您。您了解，当大巴撞车后，我失去了丈夫的那段时间有多困难；您知道，我有多害怕，我和维利沃没法撑下去。我拼命工作，而您及时帮助了我。是您使玉米和豆子在田地里生长，我才能在路边售卖它们，您还让那几只鸡每天下蛋。那天下午，那棵树的花朵绽放，您把尼克拉斯先生的车带到我家门前。是您把那些话放在他嘴边，他才会问我是否认识什么人能帮他妻子在家干活，然后当他提及薪水时，我就知道是您把他带进我的生命里。当我明白维利沃的学费有了着落，他能念完高中拿到毕业证书了，我就知道是您将福佑的雨露降给了我。

我孤单无助时，您派尼克拉斯先生来帮我。而现如今，凯特夫人孤身一人，她想让她的姐妹们都住进这个家里。上帝啊，我看得出来她需要她们，她们也需要她。她们都没有另一半，她们的孩子都生活在异地。所以对于她们来说，来这里反而更好。姐妹可不必非要出自同一个母亲。

凯特夫人的家乡远隔重洋，她跟我讲过她在那里的朋友的故事。比如同乡的人不跟自己的家人生活在一起，这样不但悲哀，也不安全。凯特夫人在这里生活了很久——她对科罗托托卡了如指掌，但其他几位，她们将在这里生活，在这里老去，而我必须照看她们。上帝啊，请发发慈悲，告诉我该怎么做吧。

比如莉斯贝丝夫人。她很多时候看起来都不开心。她来这里的第一天我就注意到：当别人试图攀谈时，她总犹犹豫豫。好像她永远不知道问题的正确答案。她为什么总站在镜子前，看着自己的肩膀？她为什么经常换衣服，即便衣服并不脏。

西娜夫人眼神犀利如沼泽鹞。她会跟莉斯贝丝夫人一起在走廊里吸烟，同样地，她看起来也不快乐。她的忧虑在她的嘴唇上画出了深深的皱纹，她的声音听起来又冷漠又别扭。上帝，她在害怕什么呢？

英格丽德夫人最为高大，手臂又长又壮。她乐于助人，来的第一天，就想跟摩西斯去种植园了解可可的一切。我怎么才能委婉地告诉她，有时候保持安静，边看边学才更好呢？

很快另外一位夫人也要到来，我对她一无所知。但我希望她健康强壮，幸福快乐。

上帝，凯特夫人信得过我。她常说：“阿特莎，没有你我可怎么办？”我必须保护她，就像她保护我那样。请帮助我，帮我保护她和她的姐妹们平平安安，别让邪恶的阴云笼罩她们。

上帝　还有维利沃。请您也保护他不受邪恶的笼罩。帮助他，让他找到工作，这样他就可以养活自己，真正成长并组建家庭。

阿门。

3

英格丽德

她在洗手池上方的小镜子里看着自己，镜子里的人看起来很惊讶。她仿佛在看着一个重生之人一般凝视着自己，眼睛周围环绕着鱼尾纹，像是褐色的冰面上有了白色的裂缝。不过短短的几周，英格丽德的肤色就变得黝黑，就好像黑色素已经潜伏了数年，一直没让皮肤知道这件事。凯特提醒过她们要防晒，即便这么多年生活在热带的天空下，她自己倒是仍然保持着本来的肤色。

“把自己裹得严严实实，别吝啬防晒霜。我向你们保证，过一段时间后，你们便不会关心自己是不是变黑了。”

英格丽德并没有仔细听。自从她来到这里，她意识到自己之前有多少日子都宅在室内。从公司到家里，再从家里到公司。她待在公寓里，待在办公室里，待在汽车里。她的弟弟谢尔数年来不断劝她养只狗：“这样你每天就能锻炼锻炼，延年益寿！”她弟弟的妻子格罗也这样说："有个伴多好呀！"然而英格丽德却怀疑，格罗对于家里有一只爱尔兰长毛猎犬这件事的热情在于，有了这只狗，她丈夫就会每个秋天离开一周去打猎。对于养狗这件事，英格丽德从来没有任何想法。

每年夏天，她的那些女同事会带着轻便的睡眠垫和可以暖耳朵的保温杯去尤通黑门山[1]远足，她从不参加。周日的早晨，她偶尔会出门进行一次大自然中的漫步，但从不会走太远，也不会让自己太累。

西蒙和彼得带给她许多快乐，他们是谢尔和格罗的孙子。她很确信，他们跟她比跟自己的爷爷奶奶更亲。当西蒙没法找到阅读的窍门时，是姑奶英格丽德耐心地跟他坐在一起，帮他练习字母的发音，教他认识单词卡上的单词。在她的房子里时，彼得获准在沙发上吃零食，或是把脏兮兮的流浪猫带进来。她当然知道一边整日工作一边照顾小孩很累，可当他们的妈妈去出差和爸爸值夜班时，她并不介意留他们住在她的家里。男孩们和她很合得来。他们来的时候，她也不会大动干戈，只是很享受为他们做饭——炸三米饼、比萨饼、鸡翅之类，家常食物而已。是因为他们年纪那样小，所以很容易交流吗？不必担心自己跟他们没有共同之处。两个黑头发的小子坐在沙发上，低头玩着手机或者卡牌。与西蒙和彼得共处的时光是她生命里最美好的时候。

当凯特的信寄来时，英格丽德冲了杯咖啡，坐下来读信。奇

1　尤通黑门山（Jotunheimen）位于挪威中南部，是斯堪的纳维亚山脉中最高的一条支脉，也是旅游胜地。——译者注

怪的是，她并没有对凯特的邀请感到有多惊讶——该怎么描述它呢？是挑战，还是重聚？也许她一直都知道，在穿着翻折领的衬衫戴着老花镜的日子过后，也许有一天维尔瑞德会回来。维尔瑞德是她内心深处的秘密。当多年前火车驶离车站，而她选择留在家里时，她就默默地为选择离开的凯特点头表示理解。而现在，她手指颤抖着热切地读着凯特的手写信。

英格丽德，我想你会拿着信件等一会儿再拆开它吧。也许你会把它丢在一边，先给自己冲杯咖啡。但实话说，你有没有期待着这件事？你来我们生活过的地方看过，你知道这样的生活不仅仅是泳池旁的鸡尾酒和阳光下的欢乐。你了解这里可能会有电力中断和水源短缺的情况，还有蚊虫和疟疾。不过我觉得你还是会足够勇敢，勇敢到可以去对孤独和对着电视的晚餐宣战，对关节炎和空虚的夜晚说再见。来这里穿上碎花连衣裙，拿着椰壳碗喝一点儿卡瓦酒。

英格丽德把咖啡放下，感到胸中泛起一阵涟漪，她终于明白这样的感受从何而来：这是恋家的她对于一个陌生地方的感受。她双手紧握着信件，嘴上洋溢着激动的笑容。她向往斐济。凯特，这只自由的鸟儿，在她展翅翱翔在高空中时，英格丽德却只能仰望。

她清楚地记得这只鸟儿飞走的时刻。1965 年 8 月的某天，莱维克的尼尔森咖啡馆外面的一张桌子前，咖啡桌上的安静令人费解，而凯特似乎完全没注意到这种紧绷的氛围。她乌黑发亮的秀发如瀑布般披在肩头，吸引着她们进入那个仿佛行星环绕太阳般的充满羡慕的安静气场。她刚才说什么？明天就走？印度？果阿？还是尼泊尔或者斯里兰卡？

英格丽德环视四周寻求帮助——有谁知道到底发生了什么？

然而西娜只是静静地坐着，目光空洞，对凯特即将远行一事表现得漠不关心，她沉浸在自己的世界里——可能只有凯特说她要去火星或者木星，她才会关心！莉斯贝丝揉揉鼻子，就好像她已经闻到了异国的香料和异域风情的食物的味道。玛雅不可置信的表情里还掺杂了些别的——是得意的笑容吗？她好像是为从她那件结实的棕色裙子口袋里掏出来的什么东西而自鸣得意。从凯特下午早些时候打电话召集大家在咖啡馆见面开始，英格丽德心中的蝴蝶渐渐地变成了嘶嘶叫喊、挥舞翅膀的蝙蝠。不过是被一所师范学院录取的玛雅为何如此自鸣得意？英格丽德和凯特要是想去师范学院，还不是易如反掌。

“尼克拉斯去过印度。”

凯特的声音在远处回荡着。

“那里消费很低，几天、最多几周找到工作并不难。他认识一个人在中央邦[1]的道场工作，那个人……”

凯特不停地说着，那些话在英格丽德的脑海里翻涌，形成了毫无章法的体系：道场、冥想和瑜伽信徒。她盯着桌面，一根手

1　中央邦（Madhya Pradesh），印度中部的一个邦，位于德干高原与恒河平原之间，首府博帕尔。——译者注

指探出去摸着咖啡杯的边缘。毫无疑问，她即将学习的会计课程会帮助她找到工作。工资肯定够独立生活，几年后也够她按揭贷款买间公寓。公寓离公园近点才好，最好在市中心，这样就不需要车了。

“这是次单程旅行，”凯特还在继续，“坐火车穿过欧洲，之后如果需要的话，我们会搭便车。”

咖啡桌上的沉默仍在继续。莉斯贝丝粉色的指甲间夹着一支香烟，西娜披着一件又厚又大的外套，与夏日温暖的午后极不协调，此时她双臂抱着胸不停地前后晃动。

“喂，你们几个！就不能为我高兴一下吗？”凯特的笑容温暖而宽厚。一如既往地，她的笑容征服了所有人，而她们甚至还没意识到自己的疑问。“世界远比莱维克大得多！我想去看看！”

英格丽德忍住了想说的话，像是在填满热情的气球上打了个结，而这些话本该在她的喉咙里沸腾然后冲出嘴边：“我也觉得！太棒了！”相反，她没能把尼克拉斯的形象赶出脑海，他的头发比凯特的还长一些，眼旁的笑纹显露他早已成熟。他不带一分钱走遍了南美洲，他所见识的比她们所有人加起来从书上读到的还多。在她们还在计划着自己的小日子的时候，这个瑞典男孩——不，男人，阅历已经比她们多了将近10年——他已经在新西兰做过摘果工，在加拿大做过滑雪老师。

这其实也是凯特想要的。她总说想要先工作一年再决定要不要上大学，但据英格丽德所知，她从来没有拿出具体的计划。至少直到尼克拉斯那年初夏来的时候还没有，他当时在做油漆工和杂务工。“他计划去北角[1]。”凯特解释道。果不其然，之后尼克拉斯就消失了几个星期，之后又回来了。凯特这会儿正讲述着他下一次的计划，不过这次她也是其中的一部分。“我爸妈可能会问你们，”她依次注视每个人，“所以你们就实话实说：‘我真不知道他们要去哪儿。’”

她的笑声，像散落的珍珠，落在她们的咖啡杯里，落在皱巴巴的纸巾上，她们的冰激凌似乎也因此融化，不断从蛋筒上滴下来。“英格丽德，别这么伤感，”她的手贴在朋友的手上，“想想我回来之后会给你们分享多少故事！”

她们都点了点头，玛雅甚至憋出一句：“想想就好激动！”而此时英格丽德只有一个念头：就在这里，从这里开始，我们就要各奔东西了。玛雅在哈马尔的师范学院学习，莉斯贝丝在莱维克结婚，西娜——只有上帝知道她闷闷不乐的表情背后是什么。如果她找得到工作，也许也会留在这里。然而凯特要离开了。没有了凯特这股风，我们的船帆耷拉着，只能漫无目的地航行。我们的团队仿佛化作了 100 万粒尘埃，而剩下的只有无尽的沉默的虚空。这里，就在这里，我们将奔向各自的人生。

*

“这想法简直愚蠢！”这是谢尔听到英格丽德说她要去斐济

1 北角是位于挪威北部马格尔岛北端的一个海岬，距离北极 2102.3 公里。——译者注这件事情的第一反应，“你瞎说什么呢？你该不是疯了吧？你已经很——”

他及时打住，但英格丽德还是听到了他嘴里咕哝的那个字：老。你已经很老了。她的弟弟比她小 4 岁，可却觉得自己有资格决定什么样的机会不适合她，显然，他觉得搬去南太平洋就不适合她。

她帮弟弟说完了那句话。“谢尔，你说我太老了？老到只能坐在家里等养老金了？就该整日想着防患于未然和顺应天命，偶尔去趟丹麦游玩一圈是吧？”

“你这是什么意思？你有那么多事情……”

“比如说呢？坐大巴去塔林旅游？一年跟你去一两次瑞典买点儿便宜肉？再疯狂点儿，70 岁生日的时候来次双人高空跳伞当生日礼物？”

“好吧好吧，可是……英格丽德，那可是南太平洋啊！你对那儿了解多少？而且你跟凯特都多少年没见过面了？”

那你呢，你对南太平洋很了解吗？她想反问弟弟，但并没有说出口。实话说，谢尔对任何事情都知之甚少。除了猎狗，还有汽车轮胎。身为轮胎公司的采购经理，他自然对诸如硫化、胎纹深度和平衡这些细节了然于心。

而关于斐济，她的的确确比他了解多了。收到信的那天晚上，她就上网搜索了斐济。这个国家的人口（不到 100 万），岛屿的数量（斐济拥有 100 个左右可以居住的岛屿，全部岛屿的总数超过 300 个），人口构成（40% 的印第安人后裔，其他的是美拉尼西亚人），他们的宗教信仰（基督教，主要是卫理公会派教徒；印度教徒；还有一些穆斯林），主要的产业（旅游业，制糖业，椰干产业）。“我了解不少吧。”她本想这样回答弟弟，但他并没有给她说话的机会。

“英格丽德，这根本就不像你！就这样把原本的生活扔出窗外，这简直……不负责任！”

他就不能听听自己在说什么吗？除了她自己以外，他到底觉得她应该对谁负责？凯特信里的话跳了出来：“丢掉那些解决不了的麻烦！带上你仍然在意的东西！”

“谢尔，我一直都独立生活，我也希望继续这样。贷款我还清了，当我想回来的时候，银行里也有足够的积蓄够我买张返程票。你到底为什么不开心——就不能为我高兴一下吗？你不觉得我值得享受一点儿黑巧克力和椰子肉吗？你不觉得我吃煮土豆和鲱鱼已经吃腻了吗？”

她的弟弟那副呆滞的表情告诉她，他一点儿也不理解——煮土豆和鲱鱼，她在瞎说什么呢？他的手指穿过稀疏的头发，接着换了一套说辞。“可是，我们怎么办？两个孩子——西蒙和彼得肯定会很想你的！还有阿福，”他匆忙地补了一句，“他会觉得你疯了！”

英格丽德难以想象她那个整日恍惚的小弟会对自己的决定有什么意见。阿福倒是经常被别人评头论足。她脑海里闪过一幅关于他的有趣的画面：他戴着走形的棒球帽，穿着蓝色牛仔裤和棕色的拉链夹克。在他靠近大学的公寓里，冰箱空空如也，书架摆满书籍，或许打开冰箱可能会发现一副眼镜，电脑屏幕旁边大概会有一个放了两周的三明治。

“阿福自己还自顾不暇呢。”英格丽德望着谢尔说道，他额头长着雀斑，薄薄的皮肤上青筋突起。

“但你在那边以后有什么保障呢？你想过这个没有，你要是病了呢？要是你——”

“死在那儿？”

她告诉自己不要悲伤，平静地看着他，尽量让自己的声音温柔一些：“他们会为我唱歌，把草席带去我家。”

*

当你从头开始的时候，其实很容易就能形成一套程序。英格丽德从来没有在可可农场生活过，其他人也没有，从理论上来说，这意味着每个人都有可能承担任何角色。凯特和尼克拉斯买下这处庄园也不过 6 年，他们也才刚刚找到了一些运营它的窍门，尼克拉斯就出了事。凯特几乎从不谈论那件事，英格丽德对那件事的细节一无所知。也许是那伤痛太新太清晰？英格丽德知道的唯一一件事情就是，凯特当时不在丈夫身边。

摩西斯做着他以前做的事，管理种植园，负责它的日常运营。凯特曾经说过：“尼克拉斯总是和摩西斯形影不离，他知道的所有关于可可豆的东西，都是从摩西斯那里学来的。”

然而凯特却不像尼克拉斯那样热衷于农场事业，英格丽德暗自心想。可难道不是她满腔热情地在信中说要尝试些新事物，开始生产巧克力？

摩西斯每周过来一两次跟凯特说说农作物的长势，凯特却很少自己出去向他问好。而年长的管理员也从未不请自来地走近前门的四步之内，他只是等在走廊的尽头，直到有人出来迎他。有时候阿特莎会出来，有时候她透过窗户认出来是摩西斯之后，就大声喊道："凯特夫人！摩西斯来啦！"这之后她往往会爆发出一阵爽朗的笑声，英格丽德至今仍未习惯：这似乎没来由的笑声，却往往能持续数分钟之久。其他场合她也听到过这样的笑声：当她和在路边贩卖尖尖的棕色木薯根的女人攀谈时，当夜幕降临她和摩西斯的女儿们坐在房子外面时。有时候，一群小孩路过，突如其来的大笑声会惊吓到他们，她还会爆发出震耳欲聋的"咆哮声"，吓得小孩子们气喘吁吁。之后，孩子们双手拍着大腿，被逗得开心地跪在地上。

就英格丽德看来，阿特莎发出笑声并非想要特意给谁看，即使没被人故意挠痒痒，也没听到什么笑话，她也能不由自主地爆发出笑声。或许在阿特莎的身体里储存了大量的笑声，每天必须释放一下，就好比一些人有多余的胃气？抑或那只是一种她无法控制的痉挛？英格丽德在她那个斐济未知之事的列表上，增加了一条"找出阿特莎如此爱笑的原因"。

凯特对于摩西斯所讲的真菌疾病、啮齿动物和化肥成本的事情都不太感兴趣，而当摩西斯过来时，英格丽德则很快成为那个经常和他聊天的人。她还时常陪那个健壮的弓腿男去种植园检查那些饱满的黄色可可荚，看到有幼虫侵害时，她也会担忧地叹气。她也并非仅仅凭着一丝兴趣，就能以任何方式生活的人，只是每天下午，在翠绿而湿润的可可林里的漫步，化为甜蜜的点滴幸福，注入她的身体，流淌在她的血脉里，洗去了多年以来令人作呕的办公室咖啡的味道。

英格丽德到斐济的这几天，开始欣赏自己的双脚。又大又稳，它们总能履行好自己的职责：确保在秋天的风暴或是其他严酷的天气中，穿着8号鞋子的她仍能稳健如平日。它们一如既往地可靠，而她却因为它们皱皱巴巴并且毛发浓密而从未喜欢过它们。英格丽德修脚的时候，修脚工总考虑着要给这双大脚涨价，她也从未成功劝说 R.Lundes Shoes & Sons（英国一家制鞋及修鞋作坊）帮她预留一双大小合适的带有漂亮的金扣子或是优雅的踝带的鞋子。

凯特之家的前门摆着一堆橡胶拖鞋，有室内穿的和室外穿的，有夹脚趾的和不夹脚趾的。英格丽德得到了三双：第一双黑色鞋子，款式简约，低调内敛；第二双橙色鞋子，鞋底有木槿花的图案；第三双最具魅力，是她们最后一次去拉奇拉奇时买的，鞋子两边有宽宽的银色条纹，而脚趾间则是一串塑料珠子。

英格丽德的脚是注定要过得快活的，这一点显而易见。她赤裸的脚趾愉快地分开，脚底舒适地贴在鞋子的橡胶表面，凭借它们的尺寸就笑傲天下。每根脚趾都朝不同方向张开，毫无愧色地占据着它们的合法领地。而且它们还得到了赞美呢！

“英格丽德夫人，你有双好脚。”一天下午，阿特莎在走廊上说。她的微笑总能换来别人的微笑，阿特莎嘴里缺了一颗犬齿，那个小小的黑洞就像是在一排白色牙齿中间闪烁的一瞥。她跨坐着操作椰子刨丝器，这是个非常有用的有四条腿的小工具。前面有一个半月形的刀刃，是在椰壳裂开时，用来磨椰子肉的。多汁的白色果肉，一条一条地掉进她双脚夹住的一个碗里。

“好脚？”英格丽德惊奇地问道。

阿特莎点了点头，说：“脚很宽，很容易就能夹住这个碗，你来试试。”

看着她双脚夹住的碗里那乳白色的椰肉细条，英格丽德原谅了自己的脚。小学时她的外号是“高飞”，因为她无法踮着脚尖下楼梯，笨拙的双脚也从未学会跳舞。现在，她原谅了它们。这一刻，她更宽容地看着自己如锚般强健的双脚，它们现在沾上了椰汁，她知道它们完全有能力去学习新技能。她朝着阿特莎微笑，也准备好再一次为那翻涌而来的笑声巨浪而吃惊。至少有一分钟的时间——英格丽德后来觉得可能有将近两分钟——阿特莎都在为英格丽德那双好脚而大笑不已。也就是这样，郡公交服务中心的首席会计师就变成了凯特之家的一位普通的椰肉刨丝工。

另外，在记账这方面，她当然也得帮帮凯特。她能做的就是把自己的财务技能利用起来，而凯特的可可种植园也不是多复杂的企业。资金的流向也很简单：流出。距离收成还有几个月时间，不过凯特和摩西斯都向她打包票，苦可可豆完全干燥后，它们的价值跟同等重量的金子差不多。英格丽德心想：要想不仅仅做可可豆出口，而是在这里开始制造巧克力，到底要投入多少资金呢？

她坐在客厅办公区的写字桌前，活页笔记簿在她面前摊开，有一瞬间，她觉得自己看上去像卡伦·布里克森[1]和艾伦·奥哈拉[2]。怎么这么傻，她晃了晃头，自己又不掌管这个种植园，而且还没遇到自己的丹尼斯·芬奇·哈顿呢。这里时常停电几小时，有时候几天，因此常备着煤油灯，这大概也称得上浪漫吧。风和雨掌控着庄稼的长势，女人们把命运掌握在自己手中。英格丽德确信，这种感觉是来自眼前真实存在着的树林的绿荫中，来自树干上的蚂蚁和蜘蛛，而不是记账的活页本里。

有些时候她提醒自己，别那么激动，你又不是农场的主人。这是凯特的地盘，真菌也好可可甲虫也好，要担心也该是她担心。不过为此担心的人也可能是西娜——英格丽德记得，在莱维克的时候，有好些年她都活跃在园艺俱乐部里。关于腐烂还有寄生虫这些的，她肯定比英格丽德知道的多得多。然而不知为何，西娜也裹足不前。她很礼貌地跟摩西斯打招呼，但也仅此而已，就英格丽德所知，她还从未踏入过种植园一步。她已经来到这里好几周了，可似乎还是无法放下某些心事。她似乎依然在门前犹豫，无法下定决心。我不了解她，英格丽德心想，接着整件事的疯狂性一股脑地冲进了她的脑海："我到底是从哪儿看出来这件事能成的呢？"无论是西娜、莉斯贝丝，还是即将到来的玛雅，都已经不是46年前高中英语课上的她们了。当然了，她和凯特也不是了。

"这正是我们来这里的原因。"英格丽德大声对自己说。

---

1 卡伦·布里克森，丹麦女作家。她的代表作是《走出非洲》，下文提到的丹尼斯·芬奇·哈顿则是她的丈夫，两人曾在非洲经营农场。——译者注

2 艾伦·奥哈拉，小说《乱世佳人》中的角色。——译者注

去寻找我们需要的，也许跟我们想象中自己想要的完全不同呢！

*

“英格丽德，我不确定你会不会这样做。”

凯特的声音从走廊的黑暗角落里传来。海浪不断冲撞着海边的沙脊，发出的轰隆声随着棉吊床的摆动回荡着。提基火炬——简单的竹握把上面顶着储油容器——的火光摇曳，黑色的烟袅袅升起，女童子军的回忆又浮现了。

“做什么？”英格丽德轻轻地说，傍晚的走廊只适合闲谈，而非深思。

凯特用一只手肘支起身体说：“不管事。”

“什么意思？”

英格丽德不知道自己是更尴尬还是更受伤。为什么自己一时兴起做的决定就会搞得别人很惊讶？为什么自己在别人心里就是那个一成不变的人？对凯特她们来说，认识到维尔瑞德的存在就真的那么难吗？

“你当然知道我什么意思，”凯特说道，“放弃过去没那么容易。比如你的日常生活、习惯和一切你曾经习以为常的事情。还有，家庭。”

英格丽德突然间感到双眼刺痛。她想说，你又知道什么？你差不多50年前就与我断了联系。对于你来说，告别过去只是收拾好行李箱，学一道新菜而已。而我，把生活的一切都抛下，钥匙紧紧攥在手里，来到这里。

她没有说出口。英格丽德·哈根竭尽全力把这些话咽了下去。可是凯特还在等她回应，窝在吊床里，她的双眼闪烁着调皮的光芒，而英格丽德想逗笑她以转移话题。

“也许我并没有你想象中那样一成不变，”她回应道，“也许我也抛弃了两个情人，然后破产了呢？也许我借了俄罗斯黑手党的钱大肆挥霍买了一堆钻石，然后刚从他们手里逃出来呢？”

可凯特没有哈哈大笑，她微笑地看着英格丽德，英格丽德很熟悉这笑容，只是现在稍稍带了一丝狡黠，也更加耐心。

“英格丽德，别沮丧。我不是那个意思，你来了我有多开心你是知道的。我只是说任何选择都会付出代价。”

凯特尝试往边上挪一挪，给英格丽德腾出地方。这是个很考验平衡感的动作，她挪的时候吊床差点儿翻掉。最终她放弃了这个想法，接着朝英格丽德伸出手。“听我说……”

英格丽德握住凯特的手，捏了捏朋友结实温暖的手指。“我没有沮丧。”她说。

4

阿特莎

上帝呀，我该拿英格丽德夫人和摩西斯怎么办呢？英格丽德夫人是凯特夫人的姐妹，我理应帮她。可莉提亚是我的朋友，她对这事很反感。一个外国女人和你的丈夫一起去种植园，而且一去就是几个小时，谁会不反感呢？你看得到他们干什么了，上帝，他们只是交谈。但是他们去的时间太久了，而且出来时两手空空。你赐予我们食物是用来果腹的，可不是用来说的。

摩西斯也遇到了些困难。他很清楚是什么使得可可在合适的时间变成黄金，他揉搓树叶的时候，会去看看树叶的颜色，闻闻豆荚的香味。但他从没听说过英格丽德夫人推荐的那些书，也不会用电脑。你看到他今天下午所处的困境了吧，英格丽德夫人坚持要让他去她的住处，给他看自己电脑上的一些东西。她将屏幕上闪过的图片和文字指给他看的时候，看着他站在那儿，我的心在流泪。他的脚趾用力地抓着地面，我看得出他有多想逃离那里。上帝呀，她问我她是不是做错了什么的时候，我该怎么回答她呢？“阿特莎，他笑什么呢？是我说话不礼貌了吗？”她有些害怕，双手紧紧扣住脖子上挂着的眼镜。“啊，英格丽德夫人，没有的事情，”我说，“只是对摩西斯而言，阅读比较费劲，尤其是在电脑上面，那些字母太小了。”

上帝，他们不理解，我们之所以笑就是不想让他们尴尬。

上帝，请告诉我该怎么办。我该怎么帮助摩西斯和英格丽德夫人，以及莉提亚。

阿门。

5

玛　雅

发件人：kat@connect.com.fj

收件人：evyforgad@gmail.com

主题：玛雅的健康状况

亲爱的伊芙：

谢谢你的来信，也感谢你毫无隐瞒地告诉我你母亲的健康状况。玛雅和我最近这几年都没怎么联系，我对她的状况一无所知，所以我很感谢你对我的信任。这样的情况对你来说一定也很不容易，从特隆赫姆[1]到莱维克也有很长一段路程，你还要兼顾自己的工作和家庭，一定忙坏了吧。我记得上次见你的时候，你才八九

1　特隆赫姆（Trondheim），位于挪威西海岸中部，是挪威第三大城市。——译者注

岁，还是个金发小精灵呢——真不敢相信你都有了自己的女儿！玛雅肯定很疼爱自己的外孙女吧，我知道自你父亲去世后，你们对于她来说比以往任何时候都更加重要。

从你给我发的邮件中，看得出你对于让母亲来斐济这个主意感到很不安，不管怎么说，我并不认为你写信给我就是背叛你母亲。我是得了解清楚情况嘛。但我还是会立刻告诉你，我的邀请依然生效，你说的话我都考虑过了，我觉得并不影响。玛雅的这群老朋友是一个强有力而足智多谋的团队，并且我们会互相照顾、彼此守望，正是这些支撑着我们的决定。

你告诉我说她自己也拒绝了这件事，就我看来，在听到那样糟糕的消息时，拒绝我的邀请是正常人都会有的反应。如果玛雅没有把这当作一个实实在在的问题，或者不想跟我讨论它，我不会逼她。我只会尽我所能，确保她能定期体检，但依我之见，作为她的朋友，我所能做的最重要的事情是在她自己的期望范围内，去支持她帮助她。

可很不幸，确实像你猜想的那样，在斐济，这个领域的专家着实很少，而且我们这个地方是一个小村庄，到最近的诊所也得半个多小时。那里只会用抗生素、降压药和鼓励疗法来治疗大多数疾病。然而如你所说，即使在挪威，也没有什么办法去治疗甚至是减缓疾病的恶化。

你陪母亲来这里的时候，我们会有机会多聊聊。你在这里也会遇到她的其他朋友，我敢说你在莱维克成长的记忆中肯定有她们。你们到这里的时候，我觉得我们最好别把注意力集中在她的疾病上，我们共同进入这个人生阶段之际，对玛雅来说很重要的一点是能够和大家处于平等的位置。如果我理解得没错，她的状况短期内不会让别人察觉到。

我知道你也想让玛雅的南太平洋之旅成行，我也一样，我觉得如果这也是她心中所想，我们就应当尽力促成这次行程。

欢迎你们来科罗托托卡！

爱你的

凯特

6

莉斯贝丝

她转过头，四下查看，想看看情况到底有多糟。白色的裤子还不是最糟的部分——它还能包住屁股，不让它们看起来像两块扁平的面团。即使如此，它们仍然让人忧伤。

与胸部下垂相比，莉斯贝丝更在意臀部下坠。哈拉德曾对她紧致而饱满的臀部爱不释手，她那时挑选裤子的时候，也总是非常在意它们的布料和剪裁是否能够凸显她的臀部线条，但现在已经不复从前了。66 岁时火鸡一样的脖子、像钱包的内里一样松弛的手臂和胸部似乎还不够糟。到了现在臀部开始不断地朝着膝盖的方向下坠，一寸又一寸，实在是令人无法忍受。

她 50 岁生日前夕，哈拉德还曾经拿她开玩笑："看来我得给你买个新屁股当礼物了，有时还用得着，哈哈！"

他笑得那么得意，她真的以为他是认真的。而且说实话，她其实也经常考虑这件事情。

莉斯贝丝扭头幅度太大，脖子咔咔地响。她捏了捏已经几乎没有存在感的臀部肌肉，在面团上看到一丝涟漪。饮食和运动也只能帮你到这里了。在最后阶段，想解决问题还是要靠手术刀。但她等得太久了，而且再也没有人能为她支付费用了。

莉斯贝丝还没缓过神来。她不相信自己真的这样做了！她卖掉了车子——卖给了二手车商，她都没鼓起勇气去给自己的车子打打广告——买了一张机票，就在去机场的路上，依依不舍地放弃了那辆宝马。她告诉哈拉德她去看看琳达，几天就回来，她都不确定他有没有收到自己的信息。她清楚自己的秘密不会从他们父女俩的对话里被揭穿——哈拉德和琳达最多也只是过段时间互相发条短信而已。

然而，最后还是不出意外地出了大麻烦。来回打了几次电话，她也不知道哈拉德怎么就发现了她之前在哪儿，现在在哪儿。过去，现在，将来。她会一直待在这里吗？打电话的时候琳达哭了："妈妈，你不是认真的吧？你不会疯了吧？都有谁跟你一起生活呢？我该怎么跟弗雷德里克说？"

令莉斯贝丝自己都很惊讶的是，她并不太在意他们怎么想。挪威，哈拉德，还有他们那个把自己皮肤涂黑在健身房工作的女儿——自从莉斯贝丝来到这里，就把他们抛到九霄云外了，包括她的儿子约阿希姆以及他的家庭，他的妻子和双胞胎女儿。莉斯贝丝不熟悉自己的孙女们，并不只是因为她住得离哥德堡[1]太远了。她知道这对双胞胎喜欢骑马，所以寄钱给她们的父母，用来给她们买礼物和其他东西，她对送礼物这事情可真是知之甚少。

约阿希姆拒绝加入家族生意，并选择了做一个家庭妇男——家庭妇男！哈拉德对儿子的决定嗤之以鼻："如果这就是他选择的人生道路，我无话可说！"他在学校时遇到了瑞典女孩比吉塔并且结了婚，而比吉塔决定继续在医学院深造，一切就都定了下来：约阿希姆选择居家照顾两个宝贝。哈拉德觉得儿子是个傻瓜，并且对于自己的儿媳是一名内科专家也并没有感到惊喜，反而觉得受到了羞辱。他们很少见面。所以莉斯贝丝对双胞胎姐妹知之甚少，她完全不熟悉她们的生活。

琳达则不同，至少莉斯贝丝了解她的想法，知道对她来说什么事情比较重要。琳达还沿着正常的 35 岁的轨道前行，而且她的身体和脸显得比实际年龄要年轻 10 岁。她经常在各地做一些模特的工作，几年前拿到了市场营销的证书。她交往过很多男朋友，也跟其中几个同居过。

"我不知道。"对于女儿激动之下提出的问题，她这样回答道，"可我相信你会想出来的。"

莉斯贝丝回到床边，看着棉毯上散乱的衣服。连衣裙的肩带如此纤细，腰带也能显出她仍然纤细的腰。衣橱的地板上有两排鞋子：一排中性色的高跟鞋，一排带踝带的露趾凉鞋。她可能是

1　哥德堡（Gothenburg），位于瑞典西南部，是瑞典第二大城市。——译者注

逃到南太平洋的，可即便如此她也不愿意变得邋邋遢遢。放任自己从来不会带来任何好处。她不知道在这里的生活会是什么样的，但她绝对不愿被人看到她穿着那种松垮的牛仔裤，上帝也不允许这样。而在这些华丽的帐篷里，这些已经过了穿短裤的年龄的女人似乎都如此穿着。说到穿短裤的年龄，凯特一直穿着牛仔短裤。她自然要另当别论了。莉斯贝丝哭笑不得，凯特不是经常跟外交官、大使们见面吗？她怎么还不知道该怎么着装？她上中学时不化妆也就罢了，现在也不化。难道这些年她都是这样过来的吗？

莉斯贝丝选了一件粉色背心搭了一条白色裤子。她扭身想从不同的角度看一下自己，但还得爬上凳子——天哪，在这放一个全身镜是有多困难呢？

“你穿得真时髦！”

听到凯特真诚的赞美，莉斯贝丝感到一阵欢喜，也觉得受到了认可。“也就是平常穿的那些啦。”

“你看起来真美，像以前一样，你等我一下！”

凯特三四步就从走廊走到了花园，消失在黑暗中。回来时拿着一朵红花，插在了莉斯贝丝的耳朵后。“这就对了！”

她俯身向前，补充道：“一定要戴在左边，意思就是你单身，别人可以来搭讪。戴左边的人好看，戴右边的人做饭。”

莉斯贝丝咯咯直笑，脸都要红了，下意识地将手举到头上。她在街上见过那些把花儿插在耳朵后面的女人，在马路边，在商店里，在她们提着装满每餐都吃的黄白色木薯的篮子从田里回家的路上。她也见过男人们的耳朵后面别着红色的木槿花、张扬的姜花，还有香味迷人的鸡蛋花，但那时候她还不知道这是求爱的密码呢。

“真的吗？”她不假思索地脱口而出。

“不骗你。”

凯特大笑起来。莉斯贝丝又听到这熟悉的笑声，它在凯特嘴里响亮地回荡，好像要在嘴唇分开之前把音量集中起来，最后一阵一阵强有力地迸发出来。“你每次出去都要记得把它别在正确的一边，这样就永远不会孤单了。”

“那肯定的。”莉斯贝丝也笑了起来，她也知道自己傻傻的。这种感觉似曾相识，于是她脸上泛起了红晕。在注视着她的人群中，传来一两声口哨声。那些眼睛扫视着她的背影，仿佛要将她带走。她用眼角的余光可以瞥见那些嫉妒且紧张的女人，没什么可担心的。鞋子和衣服很搭，这一点她很自信。她也懂得发型和妆容的知识，所以这些自然完美无瑕。

“不，”她轻声说着然后坐到了一个镜面地板坐垫上，这是凯特许多诡异的装饰之一，“毫无疑问，那些时光早已经过去了。”

“有吗？”

问这话的人是西娜，而不是凯特。莉斯贝丝非常惊讶，除了对这个直接的问题感到惊讶，还有问这个问题的人。为了回避那略带挑衅的目光，她点了根烟，当她瞥见自己精心修饰的指甲时，她感到莫名的满足。

“什么意思？”她的声音听起来单调而淡漠，意思是这个问题不需要回答。她的目光没有和西娜相遇，而是望着消失在黑暗中的烟圈。

西娜似乎觉得这就够了，也没有多费口舌。她只是耸了耸肩，凝视着没人看得见但都听得见的大海。

阿特莎拉开纱窗门，头伸了进来说：“凯特女士，我回去了，明天早上见。”

“晚安，阿特莎。”

她要回去照顾儿子了，莉斯贝丝见过他几次。高大的十七八岁的小伙子，鬓角粗糙，健壮的小腿上满是文身。阿特莎胳膊下夹着一个特百惠[1]的饭盒，她把这里剩下的晚餐带回去似乎已经成了不成文的规定。莉斯贝丝想，那孩子肯定吃起来狼吞虎咽，他饭量肯定大得惊人。根据凯特的说法，他的梦想跟这里的大部分孩子一样，是成为一名职业橄榄球运动员。她的思绪飘向了约阿希姆：她的儿子那窄窄的精致的脸庞，他的头发已经开始变得稀疏，她上次跟他说话是什么时候来着？

*

莉斯贝丝仍然坐着，端详着自己的双脚。苍白，有点儿瘦，指甲上依然涂着这些年看上去完美的红色指甲油——没理由换掉。数十年定期修脚使她的脚后跟依旧丰满并且没有茧子。她习惯性地交叉着双腿，将右脚肿大的拇指藏起来。她右脚的拇指外翻，指关节肿胀得可怕，这么多年长成了李子一般大小。那儿经常会

1　特百惠，品牌名。该公司主要生产塑料保鲜容器。——编者注

疼，她会小心翼翼地揉一揉。这就是多年来穿尖头鞋的小小代价，可这也太疼了。她闭上眼睛，深深地呼吸。

“说出来！”凯特脱口而出。

“说什么？”莉斯贝丝凝视着柳条沙发上黑发勾勒出的脸。

“说你刚才和现在心里在想什么。”凯特像喇叭一样大声地笑。

“告诉我们你呼吸的时候在咒骂什么。我可看到啦，脚疼得要命是吧。我先开始：脚疼得要命！”

西娜站在楼梯口旁边，目光重新回到莉斯贝丝那里。莉斯贝丝迟疑了一下才张口说道：“我在想……真的很要命！”

西娜的笑声有些嘲笑的意味，但也带着同情。接着她也加入：“讨厌的静脉曲张！”

“丑死人的蜘蛛网一样的静脉血管！”英格丽德也加入进来。

“天杀的甲沟炎！”凯特又一次说。

笑声环绕在红色的火把间，火苗的影子时隐时现地闪烁。

“膝盖总是见了鬼一样地咯吱咯吱响！”

“该死的松弛的大腿！”

莉斯贝丝伸出右脚，大拇指下面的肿块有些发白。真讨厌，太蠢了。她双手抚平有些褶皱的裤腿，咽下喉咙里正生的闷气，这样笑声才能出来。

*

她记不清哈拉德有没有谈论过她脚上那个畸形的肿块，但他总是会指出很多其他随着年岁增长已经消失了的、下垂的或者晃来晃去的东西。曾经她在镜子前化妆时，他会“鼓励”她说：“这么刷脸也没什么用——最好把熨斗拿出来。”她何尝不知道，脸上的皱纹已经越来越深了，她用的抗老面霜也越来越贵。约理发师的次数也越来越多。这就像一场没有终点的长跑，一切都只是为了保持原样，然而一圈一圈，她的双腿越来越粗。但她还是坚持刮腿毛，擦特制的乳液去遮住蛛网一样的血管，强行把脚趾塞进尖头的鞋子里。裙子自然不如以前的短了，但至少膝盖还算能看。她仍然可以用合适的胸罩凸显自己的乳沟，然而将腰上的“游泳圈”藏起来却成了一个更大的挑战。列表的最后还有一项，就是她失去了从前坚挺的屁股。

他是从什么时候开始不再把拉链往下拉而是往上拉的？他们之间曾经会玩一个游戏，有时他们要出去的时候，她叫他去卧室帮她拉上裙子后面的拉链。而他却把拉链拉下去，把裙子推上去从肩膀脱掉，握住她的胸部，轻声在她的脖子旁说“我们还有时间来一次快的”，耳畔是他炽热的气息。

都是很久以前的事情了，后来她也不叫他帮忙了，他也不来了。

他当然去找别人，他总这样。不是购物时遇到的，就是开会时碰到的，甚至还有店里的暑期工女孩们。莉斯贝丝都已经忘了自己是什么时候开始停止关心这些的，虽然那年夏天过后的一天，发生的事情已经完全是对自己另外一个级别的羞辱了，在车里，他坐在她旁边直接接了电话，根本都没想着要去遮掩。当时他坐在那里，在电话里说去见她——谁还管这次又是谁——就在随后的那一周，去丹麦。“采购会议，”他挂了电话之后说，“我得去哥本哈根待几天了。”他转过脸朝她笑着，她等待着那种恶心和绝望交织出来的黑色痛苦袭来，可她没有任何感觉。除了感到有些羞耻和冷漠之外，没别的了。她身体里好像有个结了冰的池塘，冰霜覆盖其上。一片白色的冰面等待着她的冰刀，等待着她用闪闪发光的钢刃在她身后的冰面上留下深深的疤痕：我在这里，我不是木偶。但她从没学会滑冰，她只会逃跑，跑得远远的，年复一年，站在镜子前，胖了一圈又一圈。

离她的目标还是那么远。

然后那天她回到家，凯特的信躺在信箱里。多特殊的一天。

莉斯贝丝，你那边是否一切都如你所愿，你拥有着王子和半个王国，一直幸福美满。可是据我所知，你拿着我的信，双手颤抖。英格丽德不时会告诉我老朋友们的事情。你我都知道，她并不是大嘴巴，但从她那里我了解到的是，托帕森山上生长的玫瑰也免不了会有刺。王子们并不像他们自己承诺的那样都会变成国王。

所以如果你觉得是时候做出改变，我希望你来这里。你会用你那三间有着全景窗户的客房换一间茅草屋顶下的小房间吗？还是你有太多不能舍弃的东西？

莉斯贝丝环顾四周，看到英格丽德擦去脸上大笑时流出的眼泪。她浓密的灰色头发剪短了，脖子上挂着一副眼镜，看上去很清爽。英格丽德沉稳而沉闷——但她身上有了新鲜的特质：她活泼地摇着头，棕色的眼睛深处闪闪发光。英格丽德似乎远远地关注着莉斯贝丝的生活，英格丽德知道哈拉德在外面鬼混，也听到不少流言蜚语，而莉斯贝丝自己一直都故意装作不知道这些。英格丽德还把这些告诉了凯特，这也成了莉斯贝丝来到这里的原因。此刻莉斯贝丝发间插着一朵花，红色的太阳静静地一路燃烧着，从太平洋的海平面上落下。她忽然有些哽咽，于是去拿她的烟盒。一直幸福？哪里会有这样的事呢？

凯特把腿盘起来的时候，吊床边的藤椅吱吱作响。凯特欢快又活泼，一脸坦率，从来不会耍手段。如果说莉斯贝丝在莱维克高中有一个对手的话，那定是凯特无疑。笑声魔性嘴又大——她莫名其妙地就迷住了大家，抓住了大家的心。但她从来没有利用过这一点。凯特只是大大咧咧地笑着，渴望着那些莉斯贝丝从未觉得自己会去做的事情。每次与凯特共处之后，她总会觉得喘不过气，既兴奋又沮丧。但是她自己也有其他的目标，并且时刻瞄准它们，从不让它们离开视线。她知道自己能依靠哪些武器，也知道她想把什么奖杯带回家。尽管如此，当凯特和尼克拉斯私奔之后，她还是感到轻松了许多。这个变化虽然出人意料，但之后就只剩下那些仍然在相同的曲子下跳舞的人。莉斯贝丝在那场舞会中所向披靡，优雅地进入了“领奖台”的最顶端，而奖杯的名字就是哈拉德·霍伊，前面还有个“小”，后面再加上“导演”。他是家族建材生意的第三代接班人，这生意稳健、繁荣并且安全。一等奖。

*

莉斯贝丝把目光投向西娜，四目相对时，她有些吃惊。西娜注视着她，她将目光移开，一种熟悉的感觉袭来：就是那种来自一个陌生的、难以形容的角度的挑战。从过去到现在，这种关系总让人忐忑不安。她们是最好的朋友吗？是，她觉得她们是。莉斯贝丝觉得，虽然像盐和糖一样不同，但她们需要彼此。她只是没办法解释为什么自己又有了过去那种感觉。西娜的上嘴唇总是有唇疱疹。她的外套敞开着——难怪她总是看起来很冷。她圆肩、平胸，连往内衣里塞上棉绒这种最简单的办法都不会。莉斯贝丝想到这些就觉得很难受，她为什么不试试呢？试着坐直，多笑笑，整理整理头发。西娜也不傻，就是……意志太薄弱。

还有一件事——仍然莫名其妙，莉斯贝丝也已经许多年没感受到或者想到了——不是西娜所说的话，也不是她所做的事。但它一直都在，是莉斯贝丝因为男孩们的那些蠢笑话而大笑时，西娜脸上隐藏的那一丝笑意。在洗手间里，西娜无言地站着，看着镜中的莉斯贝丝，帮莉斯贝丝拿着外套和围巾，此时，莉斯贝丝正艰难地使着梳子，抱怨着她那不可能梳顺的头发。是不赞成吗？不，是唾弃。也不是，是贬低。

莉斯贝丝任由烟雾透过鼻腔散发出去，她还在想着那个正确的词。妄加判断？冷嘲热讽？她找不到合适的词。她只知道它还存在。一种力量，隐藏在有些驼背的身影后，在闷闷不乐的答话中。

沉默而消极，这是所有人认识的西娜。这也是为何毕业后的那个秋天，大家看到已经明显扣不上外套扣子的西娜时，非常震惊的原因。谁也不知道孩子的父亲究竟是谁，莉斯贝丝觉得没人知道这个问题的答案。然而凯特已经离开了；英格丽德开始工作，过着平静的小日子；玛雅和斯泰纳尔已经离开了镇子，去念师范学院了；莉斯贝丝则戴起闪闪发光的钻戒，正筹备着自己的婚礼。可她似乎不可能不去关心、不去为同桌三年的西娜做些什么。西娜似乎提过要去念护理，但仍然没有任何行动——直到这件事发生的时候。莉斯贝丝很难过，甚至很生气。她同情西娜，也有一种莫名的责任感。她最终去跟哈拉德说西娜的事：给她一份兼职工作，哪怕一周就几个小时呢。最好在储藏室，她就不会听到人们的评论（这样大家也不用见到她了——她也这样说过）。西娜没有父亲，母亲身体状况也不好，没办法为她付出更多。哈拉德后来终于同意去跟父亲说这件事，她也终于可以告诉西娜。那时莉斯贝丝的舌尖上尝到了新生活的滋味。忽然之间，她可以为西娜提供帮助了。面对西娜，她便有了新的姿态。

她永远不会忘记，尼尔森咖啡馆里，桌子靠墙，她和西娜坐在糕点柜台的旁边。

“老哈拉德亲口说的！你可以在储藏室那边帮忙，给一些东西定价，再做点其他工作。我不太清楚具体的薪资，但是聊胜于无，不是吗？”

莉斯贝丝穿着这件外套觉得很暖和，想到突然增加的财富，甚至有些无法呼吸。这是掺杂着甜蜜与邪恶的权力。

乌云聚集在西娜的眼神里。她坚定地清了清喉咙，下巴突然向前伸。

“聊胜于无？你凭什么觉得我什么都没有？”

她的头探过桌子上方——气息炽热而暴烈。

“我比你拥有的多得多，莉斯贝丝，所以别觉得你跟哈拉德对我有任何帮助！”

她无比震惊，夹着香烟的手指开始颤抖，笑容开始褪去。“你这是什么意思？我只是想……”

“你很清楚我是什么意思，你觉得我不知道你怎么想的？不就是‘哦天哪，西娜真可怜！’？”

她眉头紧皱，面容扭曲，丑陋而凶狠。

“可怜的西娜怎么到了这步田地。我告诉你，你才是那个需要被同情的人，莉斯贝丝。你才是那个转个身都要担心自己屁股好不好看的人，你才是那个在镜子前面练习笑容的人。你真觉得我想变成你那样，变成一个徒有其表的人吗？拥有真正财富的人是我，不是你莉斯贝丝。”西娜坐回椅子，喝光了杯子里的咖啡，接着又用一种截然不同的语气开始说话。

“当然，我会接受这份工作。无论怎样我确实得生活下去。代我向哈拉德问好，替我感谢他。”

后来回想，莉斯贝丝也不知道自己是如何不顾西娜的发作，回去只是告诉哈拉德，西娜很开心，也很感激，她说真的很感谢你！事后，她也只能劝自己说她误会了。西娜处在那样艰难的境地，自然沮丧万分。她只是心神错乱，不知道自己在说什么罢了。最起码她对这份工作的感激很诚恳，毕竟她在店里待了这么多年。

慢慢地，她们自然而然地越走越远。西娜生了个男孩，然后继续工作，在小小的两居室里过着自己的小日子。相比而言，莉斯贝丝拥有的多得多。她什么都有了，托帕森附近的大房子，还有孩子们。先是约阿希姆，霍伊建材的继承人。接着是琳达，他们的小公主。一切都很顺利，不是吗？忙碌但美好？她身材也保持得很好，没发福，尽其所能抓紧哈拉德。现在的人会这么形容：天造地设。她和哈拉德曾经是不是天造地设的一对呢？她其实并不太清楚这个词到底是什么意思。日子过得没那么多争吵，没太多毛病，是不是就这么简单？有什么不愉快就转移视线？空荡荡的房子和空荡荡的房间，独自度过那些时间，这真的很差劲吗？

生活本可能会更糟，莉斯贝丝这样想，同时她的目光扫过周围的这几个女人。西娜：一生贫困，还带着一个百无一用的傻儿子。英格丽德：坚定、可靠，但她享受过多少乐趣呢？以及凯特……谁能看透凯特呢？凯特，本可以得到任何她想要得到的人，可她却选择了牛仔短裤和居无定所。凯特，失去了自己的丈夫，却从不谈起这件事——有些奇怪，不是吗？还有玛雅，她还没来，但即将搬进凯特之家——这名字，值得商榷——的最后一间，也是最小的一间屋子。莉斯贝丝希望她们能为凯特的房子换个名字。她可不想余生都只能坐在这里当个客人。以前她和哈拉德一起住的那些屋子在她眼前闪过——安静的会客室、空荡荡的卧室。突然有个想法从她的脑海里冒了出来：我只是那里的一个过客。房子里什么都有，一切都那么雅致。可是没有人，很多年都没有人。

7

阿特莎

敬爱的上帝啊，请您助我保护好她们。凯特女士的姐妹们，她们都彷徨无助！她们资金充裕，吃喝不愁，但有太多事她们不够了解。

上帝，我知道万事皆由您掌控，但是我得教她们一些东西。西娜夫人需要往纤细的头发上抹点椰子油；为了让皮肤更好地呼吸，莉斯贝丝夫人可不能再往脸上抹面霜了；还有英格丽德夫人，她想学习这里的一切，但她也想做决定，想发号施令。她决定把厨房的湿垃圾在院子里堆起来，然后把它们和烂叶子、水果皮混在一起。“这能让南瓜长得更好。”她这样说时，我就点点头笑一笑。她到时候会明白的，鱼皮会把甜甜的土豆搞得很难吃。还有啊，您听到她今天问我什么了吗？她问我为什么在晚上女人不能像男人那样端着酒见面。

很快，另外一位夫人也就到了。上帝，我虽然了解她们不那么容易照顾，但我还是会尽我所能地照看她们。她们说起话来抑扬顿挫，衣服颜色单调苍白，问的问题也千奇百怪。她们是好人，但她们是外国人，想问题的方式不一样。

您说我们应将顾虑诉说给您，所以我请您保佑这几位夫人。感谢您伸出援手保护她们。

阿门。

8

凯　特

希望她们不会把这当作一个实验，或者一种基于自己的喜好、一碰到挫折就退出的事情。我不是个天真的人——现实的巨锤击碎了美梦和好意，天晓得我见过多少次这样的事。但我真希望这件事能成，可她们每个人都得准备好去品尝那些即将到来的甘苦！

我们能成功吗？重建曾经有过的姐妹情谊，却从未给它正名？这个问题不断地在我的脑海中盘旋。我们的确曾经有过感情，是某种友谊吗？或者是我搞错了情况？或许只是我一厢情愿和历史的重演，如果是这样，那我可真的让大家陷入了相互毁灭的境地。

我从没想过我需要这些，我曾经以为我有尼克拉斯就够了。他的热情，他极度的乐观主义，将我拉向他，让我爱上他，然后陪伴他。对于这段旅程，我也从未后悔，一如既往！那些我未曾耳闻过的地方，那些我没想到自己会向往的地方。那些我遇到的人们，见过的笑容，听过的声音。那些流下的泪水，心里的恐惧，无尽的绝望。有时候我们能帮上忙，有时候不行。有时离开比抵达更加痛苦。可无论怎样，尼克拉斯和我都并肩前行。我不需要其他东西，前行就是这样简单，永远前行。

那些年也回了几次家，主要是去参加葬礼。细雨霏霏，大家都穿着黑色的衣服，寒冷的社区中心里有牛肉馅饼。我没理由留在莱维克闲逛，那时候巴基斯坦地区的护士训练项目即将开始。一进行完那些必要的礼节，致谢完毕，我就踏上了最近的航班，要么去刚果，要么去马拉维，要么去不丹。父亲去世后，我的哥哥提议卖掉我们小时候住的房子，这也无可厚非。我不得不承认，把所有事都交给他对我来说的确轻松了不少。不说别的，想起在莱维克储蓄银行还有一笔钱存在我的账户里，我就会有种莫名的安全感。

尼克拉斯和我之间唯一有所分歧的事情是孩子。好吧，与其说是有分歧，不如说是我们从来没谈论过这件事。这就是个典型的时机总是不对的例子。总是有些地方急需我们过去，总是有比之前更紧迫、更重要的新项目。洪水污染了村里的饮用水，一群遭到叛军驱逐、背井离乡的人们，迫切地需要带有帐篷和食物的营地。我们两个人的细胞的结合，以及九个月的妊娠期，也因为这些事情从来没有列入计划表。时机总是不对。尼克拉斯自始至终都是我太阳系里的那颗恒星，是我宇宙的中心。是他的道德罗盘指引着我们的方向，他对于需求的直觉带着我们找到前行的路。在发现新的苦难场景和需要我们帮助的人们这方面，尼克拉斯拥有无懈可击的能力，他直挺的脊梁，也不断感染着我。而孩子这件事无法在这样的舞台上竞争，所以我从不提起。我不能成为那个改变他行善旅途的人，我没有权利去提出这样任性而自私的愿望。我们还要为许许多多已经出生的孩子负责。我们还有很多孩子要照顾，很多地方要去。

我们俩的学历都不怎么能拿得出手。尼克拉斯的人类学专业读了个半吊子，而我能拿得出手的只是一个高中毕业证。但在路上的这40年，带给我们的是在原野、在丛林、在船上甚至是在树上的经历。

所以面对可可农场带来的挑战，我们没有退缩。事实上，我们找到了它：一天夜里，在斐济的珊瑚海岸，一个村子的塔诺阿饭店附近，尼克拉斯第一次听说了那个坐落在拉奇拉奇外面的一处农场，它完美地符合我们之前竟毫不自知的退休梦想。在第10杯或是第15杯卡瓦酒过后，围着那个硕大的木碗的其中一个男人开始讲一个长长的故事，这故事是关于他姐夫的叔叔的。这位叔叔许多年前犯了一个错误，把自己的一部分产业留给了一个外国人，一个“来自清澈的蓝天之下的陌生人”。在这位叔叔拥有这片产业的时候，他妥善地利用着它：种下一排排芋头，这是所有斐济人的厨房里必备的根茎类蔬菜。但我并不喜欢那种硕大的芋头，因为它们煮熟后，没什么味道，还有点硬黄油的口感。那个外国人——按照尼克拉斯的理解，是个澳大利亚人——坚持要用可可豆换掉芋头，可是看看后来发生的事情吧：只因一笔几美元的借款引起的争吵，在此之后，他就被暴怒的邻居用砍刀砍倒在地，不仅如此，他的妻子和孩子在乘出租车去拉奇拉奇避难时，车却飞出了主路。“被人下咒了，”那个男人说着话，一口喝干了另一个椰壳里的酒，然后咕哝了一句“布拉[1]”，还郑重其事地拍了三次手。

“那个农场呢？”尼克拉斯问道，“毁掉了吗？”

那个斐济人眼睛通红地盯着他，摇摇头说：“庄稼长势很好，金色的豆子像一袋袋钱一样。可人死了要这些又有什么意义呢？”

他讲完故事的下一周，我们就通过农场的经理摩西斯成功找到了那个农场主的亲戚。“在买卖最终敲定之前，他会一直管理农场，”尼克拉斯说的时候满眼的激动和兴奋，“而且，要是我们想要的话，你想过吗，我们就有一个可可农场了！我们用你的名字给它命名：凯特的可可农场！”

他爱我。只是有时候这种爱也很伤人，让我无法呼吸。我只能闭上眼睛，抱住随便抓来的什么东西，慢慢地用鼻子吸气，用嘴巴呼气。他爱我，他想给我漂亮的东西！他声音里有那份欣喜：“凯特，我们可以学的，没有多难！”他的热情总能点燃我内心的火焰。“我们自己的项目要是成功了，我们能帮助更多人。在当地进行职业培训！小额贷款！季节性的工作！”

他话里总充满激情，不过，我看到的是：这都是为了我。他爱我。这是要花好几个月的时间才能培养出甜美、沉重的快乐，这是一个漫长而艰苦的过程：在闪闪发光的、肥厚的、棕色的可

1　布拉（Bula）是斐济的日常用语，表示问候或者祝福。——编者注

可豆里的爱。

而现在，那时的未来已经成了过去，前途变成了经历，这是尼克拉斯过世后的日子。但他那时总是坚持一个原则，他也遵守了诺言：要可持续发展。这也是我们做事的黄金准则：授人以鱼只救一时之急，授人以渔则可解一生之需。那时，“可持续性”一直是我们的口头禅：长期、持久地帮助。尼克拉斯把一切都安排好以使其可以延续下去。他照顾到了方方面面，把所有事情都准备好。只不过现在，再也没有我们了，只剩我一个。

这就是我没有失去希望的原因。我仍抱有希望，即使我在这里，即使没有他。我失去了我的伴侣，我真正的伴侣，我形单影只地留在这里。

我真的完全考虑清楚了吗？或许并没有。制订计划、预测结果从来不是我的强项。我总是凭直觉走，让我的心跟着，只有在箱子里有空间的时候，才带上脑子。当葬礼过后，叠好的草席扔在一边，房间空荡荡的，像唱赞美诗时还有回声的教堂，担忧之情像磨损的披肩裹着阿特莎的肩膀。

“你需要你的家人，凯特夫人。”

我挤出一丝微笑，说：“我没有任何家人了，阿特莎，你就是我的家人。”

“啊呀！”她满脸震惊又充满同情地继续说，“是的，凯特夫人，你是我的姐妹。但是你需要来自你们国家的亲人，你需要那里的姐妹。”

我家乡的姐妹。我摇了摇头，我能说什么呢？我需要我的姐妹。需要是什么意思？尼克拉斯和我经常忙着搞清楚别人需要什么：确定需求始终是第一步。虽然是阿特莎说的，但我知道，就在那一刻，内心的齿轮得以咬合，就像一只小鸟最终落在了正确的树上。

“你的姐妹可能也需要你呀，凯特夫人。”

所以接下来我要做的事情就明朗起来。只需要写一封信，发出一个邀请，不带附加条件。如果她们之后改变主意了，这趟也就当是来这个天堂一般的地方的一次度假，并且不必考虑花销。我甚至打包票，如果有任何变动，我会付她们回程的旅费。我也没有腰缠万贯，只不过在这边不怎么需要花钱，摩西斯每天下午会送面包果到前门的走廊，我养的一群鸡也会愉快地下蛋，同时还能开心地给南瓜施肥。

当然了，我很紧张，从很多方面看，这件事都不可思议。我能应付得了她们带来的所有行李吗？我半辈子都没见过她们了，也不知道她们是不是有什么问题缠身？

最省心的是英格丽德。要让我说我最好的朋友，那非她莫属。或许这与爱人并没有什么不同：你会被自己所缺乏的特质吸引。那是你并非与生俱来的，而是需要积累的东西。坚持的能力，平和的信念，相信所有美好的事物都会降临到那些愿意等待的人身上，那些努力工作的人最终会得到回报。她用一双有着精心修剪过的指甲的双手把握住自己的人生——英格丽德总是能靠谱地按照计划稳步前进。不需要即兴创作，也不需要不停地按下开关按钮。她的目光里充满着坚韧，像忠诚的拉布拉多犬，极具奉献精神。这种无私会成为一种负担，一种无法满足的期望。不，不行，我这样说太不公平，她不是这样的！英格丽德是我唯一一个主动去不时地联系的朋友——她甚至来看过我们几回。在毛里求斯的时候，我们在计划一个太阳能项目，她来陪我们过了圣诞节。和我们一起开车在伊朗的霍拉桑省考察阿富汗难民营的情况。不，英格丽德不是拉布拉多犬。如果她是一只狗，她就会是一只机警的德国牧羊犬，自食其力却也欣赏优秀的同伴。

另外几个人的关系更加紧密地交织在一起。像一株三叶草一样，摘掉其中一叶，就会牵一发而动全身。到底是什么把我们联系在一起的呢？沉默的、谜一样的西娜，她的手摆弄着围巾上的流苏，这与莉斯贝丝的新发型和紧身上衣形成了鲜明的对比。还有玛雅，从学习德语动词的时态到她的冬装——我还能回忆起她那双结实的靴子，看上去就像妈妈会在冬天缝制的那种——她对一切的态度都很坚定。她向来简单直接、条理清晰。

她怎么会生病呢？可她女儿的邮件里写得很明白："医生很直白地说了，病情肯定会恶化。"我准备好去长期照顾生病的玛雅了吗？其他人有所准备吗？虽然我应该意识到60岁之后，各种麻烦会接踵而至，像高血压或者新陈代谢慢之类的，但是这个状况还是让我始料未及。我觉得情况不会那么糟，她女儿肯定只是为了避免之后的矛盾才把情况描述得那么严重。另外，我也不想吓到其他人，免得这个计划还没开始就分崩离析。当伊芙陪着她的妈妈来到这里的时候，至少她很平静地把玛雅交给了我们。没理由也没必要哭天喊地。

彼此扶持是这里的基本准则！这些仍然记得当初一起度过的青春岁月的朋友，要共同走过人生的垂暮之年。买五副老花镜，争论谁戴哪种镜框更好看。拿嫉妒和弹力袜开玩笑。将脂肪上的涟漪看作充满可能性的激动人心的月球景观。要彼此支持，抛去官僚作风和限时的约定，一切都建立在熟悉与信任之上。找到曾经的感觉，并基于曾经的开始，创造一个共同的未来。

但那一切都是很久以前的事了。也许我所有的记忆都是幻想，只是镜中花水中月而已。今晚，庄园里有只猫头鹰不停地叫着，忧郁的叫声在院子里回荡。如果阿特莎在这里，肯定会说这可不是好兆头，然后祈祷上帝保佑我们所有人。那狂野的、孤独的呼唤在黑暗中一阵阵传来，仿佛大海已经停止了低语，开始用黑银色舌头说话。

9

阿特莎

上帝啊，我把所有的担忧都陈述给您，我最大的担忧便是维利沃。他从学校毕业6个月还没找到工作！他一直在努力去那些办公室和商店求职。他去问过建造跨过魏玛卡河[1]的桥梁的工人，他还找过电力公司。上帝，他们都拒绝了他。整个岛上国王大道沿线的村庄满是找不到工作的年轻人。那些比维利沃文凭高的男孩最后都放弃了，跟随人潮去了苏瓦[2]。千万别让我的儿子走上这条路！他可千万别像那些在集市上推着手推车的男孩，或者更糟的是，沦落在维多利亚大道的某家夜总会里。上帝啊，人们讲了好多关于乘着巴士去首都的孩子们的故事。他们因偷钱包被起诉或卷入酒吧争斗或从建筑工地偷废金属，他们的父母听到这些事之

1 魏玛卡河（Waimakare River），位于斐济的纳迪市。——译者注

2 苏瓦是斐济的首都，也是斐济最大的城市，位于维提岛的东南部。——译者注

后，就再也得不到他们的消息了。

维利沃觉得他将会成为一名橄榄球明星，所有的男孩都梦想成为下一个维塞尔·瑟瑞维[1]。他的梦想太幼稚，不够成熟，就像后院树上缠在一起的尚未成熟的香蕉。上帝，要是我能看到我的孩子跑进苏瓦的体育场，成为身着黑白队服的斐济飞人，我当然以他为骄傲！

但是几乎没人能走到那一步，尤其是没钱的人。他需要肌肉和力量的训练，他需要大量的食物。我房子后面种的木薯长得很好，可这还不够。凯特夫人家的夫人们每天都吃肉和鱼，还吃每包 15 美元的进口的黄椒和芦笋。我很高兴可以把剩菜带回家。

上帝，您也看得出维利沃是个好孩子。请为他指明道路，让他能找到工作，自力更生，成熟起来，组建自己的家庭。

阿门。

1 维塞尔·瑟瑞维（Waisale Serevi），斐济国家橄榄球联盟队前运动员，绰号“小魔术师”，于 2013 年入选国际橄榄球理事会名人堂。——译者注

10

玛　雅

她确切地知道第一次出现这种情况的时间。自从退休以来，玛雅最大的乐趣之一就是读书。她悠闲地浏览着图书馆书架上的书，以及她自己的书架，之前她工作的时候只能忙里偷闲地瞥一眼。如今，她的床头柜上总是放着至少三四本书：小说、传记、游记，甚至还有她尝试去读的诗集。一位前同事邀请她参加一个读书俱乐部，所以每个月的最后一个星期四成了她非常期待的日子。强烈的好奇心使她想要知道其他人对这个月的书怎么看，再加上还有人想要知道她——阿克里夫人，而在这里，她只是玛雅·阿克里——要讲的话。

他们读过一本很棒的书，一本来自印度的违禁小说，里面写到各种颜色和香料，还有音乐和很多写在边缘空白处的诗歌，这是一次 7 堂课的文学盛宴。读完作者简介后，他们会围桌而坐。

轮到玛雅时，可以看到她会用黄色便笺贴在她想大声朗读的段落之间。“我觉得这本书就像一个挂毯，”她开始说，声音听上去有些激动，但非常专注，“对大自然和艺术诗意地、浪漫地描述，同时又结合了一条社会信息，这信息既残酷又有——”

这个词不翼而飞。她的句子中间出现了一个白色的空缺，她的舌头空虚而无助。这个空缺提醒着她的，是一种对自己想说的话的模糊的感觉，像一个滑溜溜的影子。她追着那个词跑去，在大脑最深处的角落把她所知道的字母和音节都搜遍了。当其他坐在桌边的人看着她的时候，她的嘴巴开始因恐慌而麻木，她看得出他们的表情是在说：你停顿的时间太长了。所以她放弃了，不再理会那个难以捉摸的词，含糊不清地说：“是，然后……”她深呼吸，把恐惧赶走，继续讲角色描述。结束之后，在她开车回家的路上，那个卡住的词慢慢地爬出来，又回到她的舌头上。“煽动性！”当玛雅把车开到车道上的时候，她大声地说了出来，吓了自己一跳。

她告诉自己，人都有遗忘事情的时候。诸如忘记钥匙、手机和眼镜放在哪里了。重新找到的时候生气地耸耸肩：“我放这里了？”刚开始有几次她坐在车里，突然发现自己没有目的地，然而她把这想法推开了。可她又会猛然间回过神来：我抓着方向盘呢，我在往斯特迪文街开——我要去哪儿？她胃里的一阵痉挛使她猛踩刹车，转向路边停下车后还在想：我要去哪里？就在几秒钟前，在一个阴凉的地方，她还记得她正在去干洗店或加油站的路上。要想的事情太多，她有些心不在焉，仅此而已。她耸耸肩，把焦虑甩掉，将车子挂上挡。

过去的几个月里，她和伊芙吵得更频繁了。真的很奇怪，她觉得她的独生女长大了，有自己的家庭了，她和母亲应该能找到更多共同点，也能彼此更好地理解。但是伊芙称她们之间的关系为“动态关系”，而现在随着斯泰纳尔的去世，动态变了。现在她独自一人在胡桃褐色的双人床上，她的格子浴衣孤零零地挂在浴室的门后。对于母亲，伊芙心怀愧疚，即使在为她的父亲悲伤的过程中，她也会同情她的母亲，玛雅知道这一点。刚开始的那几周，她很开心有伊芙陪在身边。但是接下来的6个月里，伊芙总是不打招呼就突然到莱维克看她，还总是提各种建议：“这些能让你轻松点儿，妈妈。”玛雅觉得这些建议很烦。每周都有人来做健康访问——她没生病！国家健康服务中心竟然能把资源浪费在能自己站着，并且锋利如针尖，还能把自己收拾得干干净净体体面面的人身上，对她来说这可真是个大新闻。一个接一个的预约，见了好多神经科医生和专家，她简直不敢相信！玛雅的记性跟伊芙的一样好，如果不是的话——是谁记得在5月份布兰可的妈妈生日时送花的呢？30年前她给伊芙织了第一件马瑞斯毛衣[1]，她现在心里还记着那样式。玛雅心里想，不然你问问我英国王位的继承顺序，或者元素周期表上的前20个元素，然后我们就会知道谁记性差了！

在斐济，还可以有其他的解释。她出去散步的时候，别人也

1　此处指一种挪威风格的针织毛衣，颜色多为红色、白色加蓝色，也就是挪威国旗的颜色。——译者注

不能指望她永远知道自己在什么位置，毕竟她到这里不久，路名和地名都还不熟。其他人也经常弄混——西娜都承认她也迷过几次路。

某种程度上，对于始料未及的来自西娜的关心，玛雅心里很感激。不过她的关心可能听起来像抱怨，她会突然说："我的天啊，玛雅，赶快躲到树荫下面，你都晒红了！"不过这依旧可以视为关心。不知为何，她总是把其他人看作两对：西娜和莉斯贝丝一对，英格丽德和凯特一对，而她自己是第 5 个轮子。她倒也不为此心烦，她有斯泰纳尔，他们高中一开始就在一起了。但是现在她和西娜更亲密。她们虽然说话不多，大多关于日常琐事：天气、食物、痱子和肿胀的脚。但在走廊时，西娜会挨着她坐，而她会对西娜时不时地投向莉斯贝丝的目光感到不解。

她坐在床沿上，眼睛闭着，地板上的风扇把温热的空气吹向她的脸。莉斯贝丝和西娜之间有些奇怪。她们的友谊在高中时期看起来就已经不平衡了：白天鹅后面跟着丑小鸭。活泼而时髦的莉斯贝丝轻快地走过，笨拙而单调的西娜跟在后面。莉斯贝丝说话之前都会望向西娜，她精心涂过的嘴唇泛起微笑之前，嘴角总是会不确定地下垂。

玛雅不清楚这些年来她们之间发生了什么。她自己太忙了。先是上学，接着工作，后来有了伊芙，然后又去上学，工作更忙了。当然，她时不时会去找她们。莉斯贝丝·霍伊是莱维克率先拥有自己车子的女性之一，那是一辆蓝灰色的沃尔沃。而西娜·古托姆森总是到哪儿都拽着自己的小孩。她不太确定这两个人在多大程度上保持了友谊。玛雅心里想，无论如何，半个世纪的时间是会让人产生一些改变的。就拿凯特和英格丽德来说吧，她们也不再像以前那样形影不离了。所有发生在凯特身上的事情，不对，应该说凯特主动去做的那些事情，英格丽德都没有做过。但她们之间说话的方式，她们转向彼此的样子，是一种本能的亲密——玛雅看得出来。这是她们从前就有的，玛雅会很羡慕，但又总是耸耸肩：她有男朋友，她很好。但是西娜和莉斯贝丝呢？玛雅睁开眼睛，伸手捂住她的喉咙。她们之间很奇怪，不协调。像是声调极高的叮当声，超出听力所及，又像是两把剑的碰撞声。

这就是西娜总和玛雅在一起的原因吗？她是在建立新的同盟吗？抑或是她看得出来？难道西娜看出来，当现实在玛雅周围崩塌的时候，此时此刻所发生的事了吗？当她周围的一切——道路、房屋、人们——都被动摇了，变成了她无法解决的难题时，她能读懂她的眼睛吗？无论是跟西娜还是跟其他人，她都没有谈论过这些。她们都已经年逾花甲，自然而然地偶尔会忘记一些事，会弄混一些事吧？心灵是一个未被探索的宇宙，充满了巨大的秘密星云。

她其实不想伊芙跟着她来斐济。在伦敦和洛杉矶转机，这有多难呢？就玛雅所知，从来没人会在飞机旅行中失踪。她会的英语足够问路了，而且只要她有足够的时间转机，她就能顺利通过安检、海关和美国移民局（据布兰可所说，这是最为困难的部分）。但伊芙坚持要陪她。她差点儿跟女儿大吵一架——难道一个健全的 66 岁女人真的需要一个保姆来完成这完美的日常旅行吗？

“我记得你是一个从来不会逃避挑战的人，”凯特那封令人惊喜的信中写道，“我知道你已经关上了教室的门，我也知道斯泰纳尔已经离开。你会考虑开始一个全新的篇章吗？”

她当然考虑了。这会在她和伊芙之间的关系中留出一些距离，并远离她并不需要的健康服务的援助之手。因此即使这次跨越半个地球的旅行必须得有人陪伴是她不得不付出的代价，她也只能接受。无论如何，伊芙之后必须回到她的工作中——她不能在斐济待太久。

玛雅站在房间的中央，慢慢地打量着周围的一切。桌子上没有鲜花——如果她有远道而来的客人，她一定会把花弄得很漂亮。但凯特从不循规蹈矩，她一边想一边有一种可望而不可即的伤感：凯特在那个夏天离开，像从一根魔杖里迸出火花，飞向了世界。而那时她和斯泰纳尔正在庆祝他们被师范学院录取，他们喝着咖啡吃着糕点，各自的父母也欣慰地拍着他们的背。

玛雅回到自己的床上坐着，侧头看着母亲的微笑。母亲俯身看着她，那样熟悉的脸庞，听到母亲说话时，玛雅的脸颊泛红，这声音柔和而清晰：“爸爸和我都为你感到骄傲。”她笑着把头倚在妈妈的胸膛。“谢谢你，妈妈，这就是我想要的。”她手里拿着入学通知，敞开的厨房窗户飘进了稠李树的香味。她母亲的围裙上点缀着黑色和紫色的花朵。玛雅闭上眼睛，呼吸着盛开的稠李花的香味。

有人轻敲房门，门就吱呀一声开了。

“玛雅，你睡了吗？送伊芙去机场前，我们还有时间一起喝杯咖啡。”凯特微笑着看着她，转身离开的时候没关门。

玛雅仍坐在床边。伊芙要去哪儿？

11

阿特莎

亲爱的上帝，玛雅夫人的大脑出了问题，里面为阴影所覆盖，跟我姐姐的公公一样。村子里的每个人都知道，当他拄着拐杖走进别人的田地时，他们必须用一只手臂轻轻搂着他的肩把他带回家。

她的女儿为什么不照看她？还有凯特夫人。她为什么让她一个人出去？她甚至不知道要去哪儿。她可能会迷路，可能会在路边，拖着一条断了的腿。她可能受到惊吓，心跳停止而死去。上帝，我看到过她脸上的恐惧。玛雅夫人并不害怕海蛇，也不害怕猫头鹰的尖叫声，但她眼中的恐惧是会招致死亡的。

上帝，玛雅夫人有时会在天黑后去散步，请您照看她。我想其他夫人可能不明白她们需要温柔地用手臂环绕她的肩膀引导她回家。

阿门。

12

凯　特

我都做了些什么？我睡不着，裹在我周围的床单都湿了，像我的思想一样扭曲。我把自己拖入了何种境地？伊芙的航班都还没降落在挪威，我就已经只想着要她赶快回来了。我到底在想什么，为什么不告诉其他人？过去这两周，我为什么微笑着掩饰玛雅的情况？为什么每次伊芙要提起这件事，我都要打断她的话？现在她把母亲留在这里，我还向她保证不会有事，我送走了我唯一一个盟友。为什么我一开始没告诉其他人这件事？难道我幻想着玛雅到了南太平洋，她的病就会消失吗？难道它们会在阳光下融化，像玻璃杯里的冰块一样吗？

从机场回来的路上，大部分时间她都在副驾驶座上打瞌睡。当我们看到伊芙的身影在安检后消失时，玛雅似乎很平静并且无忧无虑，她向女儿挥手告别时面带微笑。当我们坐进卡车时，她已经很累了，但她在睡着前，把头靠在窗户上，转向我大声说道："妇女公社是一个很好的提议！你的主意真棒！"

当我把卡车停在房子前面时，她醒了过来，我立刻看到了她笨拙的手，她慢慢爬出卡车时的犹豫。她停顿了一下，低头盯着她的腿、裤子、凉鞋——不知所措，仿佛她以前从未见过它们一样。她抬起头来，听着海浪的声音，然后从光秃秃的棕榈树之间走到柔软的斜坡上，接着沿柔软的坡道向沙土的边缘走去。我跟着她，轻声细语地说："你要去哪里，玛雅，现在去沙滩上散步是不是有点晚了？"

她茫然地瞪着眼睛，脸惊恐地抽搐着。她的舌头慢慢地伸着，挣扎着要说话。我等待着，尽管我的手臂迫切地想把她拉回安全地带，把她从摇摇欲坠的深渊中拉出来。最后，她想起了我的名字。阴影从她的眼睛里消失了，将她从长长的浪潮中拉回来，带回到坚实的地面上。"凯特，"她说，声音很虚弱，语无伦次，"你在这里干什么？"

我设法把她带回了房子里，没有太大的麻烦，我把注意力集中在帮助她准备好睡觉上，以此避开她惊恐的眼睛。幸好其他人都有别的事情，好让我能从容地帮她脱衣服，扶她上床睡觉。我吞下了自己那令人作呕的恐惧，对她那含糊不清的胡言乱语和关于伊芙在哪里的问题充耳不闻。她现在睡着了，我刚刚偷看了她的房间，听到了微弱的鼾声。但我还是起来吧。我把床单像浴袍一样裹在身上，然后躺在了吊床里。也许吊床摇成波浪的节奏会让睡眠最终来临。

一切都颠倒过来了。当我们老了，认为我们不再能处理更多的事情时，却没有选择的余地了。黑白颠倒，最年长的得去做年轻人该做的事。像莉斯贝丝一样在吸引眼球这方面赌上一切的人，也只能在找不到眼镜的这帮人面前走最后一回猫步了。一队黑色蚂蚁坚定地从墙上的一条裂缝中走出来，走到门廊的上方。我目不转睛地盯着它们：虽然目标不在眼前，但它们很清楚自己要去往何方。我的目标是什么呢？我到底想实现什么呢？我只是由于害怕一个人在夜里独坐，而想有一群人和我一起团聚在营火旁吗？因为跟我血脉相连的人没有一个在我身边好接管这里的事吗？

我仔细地计划，再三考虑。考虑到了如果有人生病：在拉奇拉奇好歹有家医院或者至少有家门诊诊所。我考虑到了不可避免的胃病：阿特莎知道如何烧开水和洗干净蔬菜。我也想到了安全问题。尼克拉斯一直不想像其他外国人那样有个保镖。“如果我们有了当地邻居的保护还不够，那可能我们并不属于这里。”他总这样说。可现如今这房子里只有女人，因此我雇了阿奎拉晚上在外巡逻。有一两次我发现他在吊床上睡了过去，但我敢打赌，他那粗壮的脖子，他的军队背景，以及他作为一个坚定果断的人的名声，足以让那些心怀不轨的人望而生畏。而且他不会用不必要的闲聊来打扰夫人们。“遵命，夫人。”是他对于多数问题的标准回答。

疾病、食物、安全问题——还有什么其他问题我没有思虑到的？我曾想象过在阳光下，友好热情地微笑，用平静的日常生活打发“斐济时间”——这一切将如何温柔地包裹我的朋友，像温暖的热带用的毯子。这里将让她们告别冬季和关节炎、电费账单和沉闷的晚间新闻，让她们远离电话推销员和冷冻蔬菜。我曾经想象过我们之间亲密无间，充满欢声笑语，互相帮助。邀请她们与我重新建立友谊是不负责任的吗？

然而，当玛雅完全不知道自己身处何方时，她双眼里的恐惧逐渐扩散；在她握住我的手之前，她双手慌乱地挥舞着。我能做得了这个吗？玛雅，这个一辈子都在照顾孩子的人，现在却成了一个我们不得不照顾的孩子。假如尼克拉斯在的话，他肯定知道应该怎么做。但“我们”已经不存在了，现在只有我了，就我一个。孤独的凯特，还不愿将玛雅的秘密说给其他人，即使她们也许能在我接手的这个重大的游戏中提供极具价值的帮助。

我知道阿奎拉会在晚上巡逻，然而，当他突然出现在走廊台阶上的黑暗中，我还是会被吓到。

“一切都好吗，夫人？”

“都好，阿奎拉，我只是睡不着而已。”

他的目光里充满着关切和好奇。“夫人，你不需要担心什么，有我看着呢，你可以安心地去睡。”

我为自己有片刻的恼怒而感到难过，用微笑隐藏了我的懊恼。

“我知道，阿奎拉。”

他在台阶下又站了几秒钟，看上去好像要说些什么。但思考再三后，只是点点头说“好的，夫人”，接着继续绕着房子巡逻。我注视着他那胖胖的脖子，直到他消失在角落里。

也许我应该再去看一下玛雅。难道这就是有一个孩子的感觉吗？大脑的一小部分总是充满着担忧？试图通过预测问题和寻找解决方案来领先一步？

从吊床里出来时不可避免地会发出砰的一声，我糟糕的膝盖会因此而感到剧痛。当我揉着膝盖，试图恢复平衡时，一扇门拉开了，西娜站在那里。我们齐声问道："怎么还没睡？"当她回答说她睡不着时，我听不出她是昏昏欲睡还是有些尴尬。

我在吊床旁边的柳条椅上铺上了被太阳暴晒过的垫子，请她过来坐下。她拿出一支烟点上了。我认出那是莉斯贝丝的皮质香烟盒，顿时哭笑不得——难道这是西娜从莉斯贝丝那里偷来的？忽然间我看到她们站在我的面前，在高中停车场的烟鬼角落里：莉斯贝丝优雅地在粉红色指甲之间轻捏着她的香烟，西娜站在她身边，等待着，直到莉斯贝丝递给她烟屁股，然后才抽了最后几口。

她向后靠在椅子上，把一朵白色的烟雾吹向黑暗。"我应该戒掉，"她说，"这有害健康，而且我也负担不起。"

对此凯特也没什么可说的。

西娜开始谈论她的儿子。

"他开始吸烟时我很失望，但是我又想，如果这就是最糟糕的……"

她的脸变得僵硬，她倾身向前，在门廊的边缘上轻轻拍打着烟灰。"如果我只需要给他买烟，这也没什么可抱怨的。"

我等了有一分钟，但什么也没发生。云间露出弯曲的新月，照亮了摇曳的棕榈叶。自从西娜到达机场的第一晚崩溃后，她就再也没提起过钱的事，我也没说过这个话题。英格丽德和莉斯贝丝都问过我，我们将如何分配所有的金钱支出，但到目前为止，我都撇开了这事，只是说我们最终会解决的。我知道西娜没法跟其他人一样支付那么多钱，因此我得想个办法解决这个问题。这应该没有多难——在这里伙食费可以忽略不计，电费当然是由我承担。

西娜吸完烟后站了起来，走到院子里，走向一棵开满血红色花朵的木槿。她一边摆弄着一朵长长的、奇异的、充满花粉的花蕊，一边转向我。

“对子女的帮助难道不应该到了某个节点就结束吗？你支持他们，援助他们，资助他们，鼓励他们——但这些到了一定时候就该结束了吧。他们应该独立生存……我想过有一天他会反过来帮助我。”

她说着说着，声音越来越小，但最后她定了定神，提高了音量：“但这就从来没停下来过！”

“西娜。”

我不知道该说什么。我赶紧走下楼梯，搂着她，动作有些笨拙，但西娜甩掉了我的胳膊。

“你不会理解的，你没有孩子。”

我稍稍退回去一些。这话我听过，有些人总是自以为是地认为别人不够资格。可它仍然刺痛了我，我想要反击。

“是，”我回答道，“我是没有，但关于责任我也略知一二。”

玛雅惊恐的脸出现在我的脑海里。

“责任是相互的。”

“伪君子”，当我上了四级台阶走回门廊时，脑海里出现了这个词。除非我决定等伊芙一下飞机就打给她，让她回来接她母亲，否则我得让其他人知道这件事，让她们来决定是否愿意去共同承担。

我转向西娜时，这个想法在我脑海里破碎了。在朦胧的月光下，她赤裸的腿有些发灰，她的头皮透过她的缕缕头发显露出来。她还承受着辞职和失望。她的手指蜷曲，很快就会变得像爪子一样。西娜已经 66 岁了，身无分文，充满担忧。我不能告诉她玛雅的事。

13

西　娜

发件人：armandg@noria.no

收件人：sina.guttormsen@hotmail.com

主题：困境

嗨，妈妈：

希望你查看电子邮件时看得到这封信。自从你走后，情况变得复杂起来，特别是我的财务状况。你也知道，我的背有毛病，工作中涉及推和抬的部分都会让它变得更糟。但是我的白痴医生不允许我请假，所以我不得不让我的老板给我些简单的工作，那个蠢货就是不明白，所以我必须告诉他我不会容忍任何事情。我敢肯定很多地方都会欣赏我的技术。

我不想惹你担心。我随时都能找到新工作。我正在看几个项目。

我有个哥们儿正在处理从立陶宛进口的大批货物。他说这项目还有个空缺，我要参加的话得带 5 万克朗[1]的现金过去。既然你也不需要车了，我想着不如把它卖掉。这车车况还挺好，肯定能卖个好价钱，只是我需要你在抬头处签名。

你得记着可不是我让你走的。现在我一个人在这里处理这些问题，我已经尽力而为了。

在那边你和其他夫人应该过得挺好吧。卖车的事情如果你觉得可以的话告诉我一下，我会为你卖个好价钱的。

阿曼德

1 此处指挪威克朗，1 挪威克朗约合人民币 0.78 元。——译者注

14

英格丽德

她的两个兄弟都联系她了。谢尔在工作时给她写了邮件。英格丽德能想象他在办公室的画面，敞开的门对着一个大仓库，那里有成千上万的新轮胎靠在墙上。电子邮件简短而风格华丽，符合他的作风，询问了她的健康和安全情况，还有表面上是伪装得很差劲的警告，实则是密切关注她的钱。英格丽德迅速而尽职地回了信。说她身体很好，在科罗托托卡一切都好，也很太平。没有犯罪行为，没什么好怕的。替我问候格罗。

自从她来这里以后，她只收到过一封来自阿福的邮件，但话说回来，他从来不是那个能装满她收件箱的人。实际上，她都不知道他是不是能记得住她在哪儿——他的邮件内容主要是关于他下个月去布拉迪斯拉发的会议文件。

清晨，英格丽德在屋子里悠闲地漫步。昨晚下雨了，就像大多数夜晚一样，后花园的土地又泥泞又潮湿。她赤裸的双脚重重地踩在豆茎之间，把柔软温暖的泥土压在脚趾间。清新的晨风从她的脖颈上吹起她浓密的头发。当她回到房子前面时，太阳在海面上闪烁，使她无法将视线固定在地平线上。英格丽德笑了，她的嘴角慢慢咧开，露齿而笑。她把苏鲁裙围在腿上，垂至地板的碎花织物随风飘动。在她弯腰把一个深绿色的南瓜从树荫下拉到太阳底下之前，维尔瑞德对她飞快地眨了眨眼。

维尔瑞德一直都想要这样的生活。她就在那里等待着，躲在白衬衫和深蓝色裤子下面，在她的冬衣口袋里等候着。维尔瑞德曾赤脚在沙滩上行走，她知道如何在浅滩捡拾贻贝。她喝光过卡瓦酒，说着“布拉”鼓了三次掌，她会充满激情地跳米克舞。当凯特在基里巴斯的海岸上种植红树时，维尔瑞德和她在一起；当凯特在克什米尔建一座儿童医院时，维尔瑞德和她并肩作战。

“早上好！你在找早餐吗？”

莉斯贝丝戴着太阳镜微微笑着。她尽了最大的努力，英格丽德友善地想，对维尔瑞德在心里愤怒地爆发充耳不闻。“你干吗不拿个篮子，让自己也派上点用场！”

“去看看豆子长得怎么样，”英格丽德说，“我觉得很快我们就能摘一些不错的南瓜了。”

“嗯哼。”莉斯贝丝有些冷漠地微笑着。她的早餐除了咖啡和香烟可能就没有过别的，英格丽德这样想道，感觉嘴角出现了一抹讥讽的笑意。至少她不再向阿特莎要低脂牛奶和酸奶了。

凯特从走廊里下来，走向那辆小卡车。“今天我去拉奇拉奇有点事情，这会儿该出发了。”她说着上了车，在方向盘后面挥了挥手。

“去做什么呢？”

英格丽德为她自己略带的哭腔和黏糊糊的声音感到尴尬。凯特也听出来了，她停下了关车门的手。

“我们需要一些花盆来种幼苗，”她说，“还得看看能不能找到油布，阿特莎家里的地板坏了。”

英格丽德点了点头赶紧转移了视线。维尔瑞德可绝不会这么问她，也绝不会说听起来那么黏人的话，像在发牢骚。当凯特把车转过来，准备出发时，她停下来等着，让发动机空转。前门开着，玛雅急匆匆地跑过去，扑通一声坐在副驾驶座上。她把草帽固定好，系好安全带，然后凯特给卡车挂上挡，她们就一溜烟儿地走了。

当英格丽德把一堆长长的绿豆放在水池边时，阿特莎对此报以赞许的微笑。

“非常棒，”她点点头，很满意，“那些南瓜看起来怎么样，英格丽德女士？需要的话让维利沃今天帮你摘一些？”

阿特莎已经开始让她的儿子提供服务——当有东西卡在排水管里需要爬梯子的时候；当气象学家预测有飓风，要把那些必须固定在窗户上的沉重的风暴百叶窗拉住的时候。英格丽德看到有几次凯特给了他几美元当作帮忙的报酬，这让她有些伤感。那孩子又高又壮，不傻也不懒，却找不到合适的工作，她为此感到可惜。像一个守本分的男孩一样留在这里，为五个在泥地里跑来跑去的女人工作，把自己那个跟鸡蛋形状的球有关的梦想抛在脑后。英格丽德想起了她的侄儿，快活又邋遢的西蒙和严肃的彼得，她从来没想过他们以后找不到工作。

“要不然……”她边说边看着莉斯贝丝和西娜。她们拿着咖啡杯站在那儿，心不在焉地听着。“你们觉得晚餐吃烤南瓜怎么样？”

她并没有掩饰住声音里的几分沾沾自喜，尽管她知道莉斯贝丝只喜欢吃烤鸡和沙拉。莉斯贝丝每次都得检查罐子和包装盒的标签，除非她对里面的黄油或者油或者是——但愿没有的——糖含量了如指掌，否则她绝不会吃上一口。莉斯贝丝皱起了眉头，西娜插话道：“听起来不错嘛。如果你能帮我，我可以试着做，怎么样，阿特莎？”这主意，英格丽德惊奇地看着她——西娜平常可不会干煮饭的活——但是凯特之家的新鲜事每天都在上演。

“太棒了！我去看看我们是不是能搞到点新鲜的鱼。”

*

摩西斯的弟弟乔拥有一艘船，并且他还是科罗托托卡的鱼肉供应商之一。亮红色的船在海滩上极易辨认，“荣耀之船”四个纯白色大字完整地漆在船舷上。英格丽德慢慢地朝小船走去，等着船停好时，她的眼睛有足够的时间去观察：男人拖着一箱箱的今天的收获，女人穿着苏鲁雅巴——花图案的两件套衣服。她们在讨价还价之前，先把鱼挤压一下，这样在称重时价格能低一些，达到可以接受的程度。在树荫下的老人用一个弯曲的金属挂钩，把不同颜色的鱼串起来，就像彩虹一般——几条金黄色，一条橙红色，一条亮黑色，还有几条蓝色。他的T恤肩部有一个大裂口，只见他捧起了一束花，对着她微笑，脸上的皱纹也随之波动。

“来条鱼吗，夫人？”

在海边，她看到了乔，他的肩上围满了网，准备铺到闪闪发光的绿松石上。他涉水而过，水涨到他的腰际，他那波浪一般的头发从旧棒球帽中披散下来。荣耀之船上几个年轻的男孩正在整理工具。英格丽德能看出他们早晨的捕捞收获不大，所以乔才会用渔网再试几次。她一动不动地站在那里，沉浸在眼前的景象里：他那强壮的手臂在空中划出一道弧线，网在风中打开，然后降落在水面，形成一片沉默的网格。

英格丽德对大海一无所知。她从不知道大海是如何发号施令，又是如何无条件地给予的。但现在，她看着乔起伏的肩膀，有什么东西使她深吸了一口气。她看到他肌肉绷紧，挥臂撒网，不断向大海挑战：看你是否敢拒绝我！

在她的脑海中，维尔瑞德踢掉了人字拖，她感到苏鲁裙在她的双腿周围翻动着，坚定的脚步把她带到水边。她内心不就住着一个水手吗？她眯起眼睛迎着海风，用僵硬的手指整理风帆，她的头发在微风中飘动。维尔瑞德站在那里，海带缠绕着她的脚踝，沾有海水、握着刀的手有些酸痛，银鱼一条接着一条，她用灵巧的动作把内脏刮出来。她走向乔，他正抓住那张像蛛网一样跳动着的渔网，在他们都很熟悉的节奏下，把它拉了回来。

英格丽德用苏鲁裙擦干手心的汗水，微笑地看着走过来的乔，他把网搭在肩上。

“今天不太走运？”

渔夫摇了摇头，忽然就笑了，毫无目的，没有意义。这笑声始于他那强壮的肚腩，越过了胸膛蹿到了脸上，他那肥厚的脸颊将他的眼睛挤得凸了起来。笑声在他的皮肤下来回翻腾，从他宽阔的鼻孔里喷涌而出。船上的男孩们也加入了，他们粉色的嘴巴张大了哄笑着，其中一个一只脚踩在船首，双臂忽然大幅张开，英格丽德觉得他要掉下去了。

“是啊，”乔终于打算要走了，“今天什么也没捞到，夫人。”

她转身往回走，手里拿着彩虹鱼串的人还在树下。她买了一条橙红色的大珊瑚鳟鱼，在给她之前，老人用一根尼龙绳穿过它的腮骨，她道了声谢。

英格丽德绕了条远路回家。她沿着海滩走到村庄的边缘，那里的最后几所房子离垃圾堆很近，很不养眼。塑料袋从沙子里探出来，锈迹斑斑的油桶，油漆桶，洗衣机的滚筒，破碎的塑料喷壶，腐烂绳子上覆盖着滑腻的水草，还有瓶子，成百上千的瓶子。斐济水可是国家引以为傲的出口商品，但这就是硬币的另一面：由于这里没有回收系统，累积了大量的空塑料瓶。英格丽德继续走着，离开海滩，穿过一片蓬乱的木薯田，走到路上。两个小女孩站在一个简单的小棚子边上，棚子里面装满了黄色的番木瓜。较小的那个女孩，皮肤比她的姐姐要浅，长着一头金褐色的卷发，她首先开了口。

“夫人，要木瓜吗？两美元一捆。”

英格丽德拿出一张绿色的印有女王伊丽莎白二世肖像的钞票，接过一个塑料袋，里面装着四只木瓜。在凯特的后院有几棵木瓜树，但英格丽德无法抗拒这个小小的居家水果摊，这是她在回家的路上沿着村子走的必经之路上许多水果摊中的第一个。木瓜和长豆角现在都正当季，所以大家都争相售卖自家的。而对于她这样一个多愁善感的外国人来说，紫色裙子、脏兮兮的双腿和金褐色头发下大大的眼睛赢得了她的光顾。她对着女孩们微笑，但只有较小的那个女孩回应了她的笑容。姐姐已经继续从她身旁的一堆木瓜里拿出四个装进塑料袋里了。

叮叮！当啷！叮叮！当她走最后一段路回到农场的时候，一种金属撞击金属发出的刺耳声响伴随着她的脚步。她通过了教堂，目光越过茅草屋顶上的一根横梁，她已经看得到学校后面山脊上的可可种植园了。波纹金属房子外面的小男孩在金属碗里捣碎着卡瓦，他比他使着的那根铁棒高不了多少。他的手臂不断动作着，脸上不带任何表情。把根状的卡瓦根捣碎成细糨糊很需要耐心。

在科罗托托卡度过几个月之后，英格丽德已经学会去辨认村子里的各种声音。黑暗刚刚退却，鸟儿就会用歇斯底里的叫声欢迎新的一天。清晨，她能听到孩子们沿着房子前面的小路跑下海滩时杂乱的脚步声，椰子树顶端发出的神秘的沙沙声，壁虎在门廊上方爬过发出唧唧的响声。周日，三段和谐的圣歌从敞开的教堂大门倾泻而出。但在英格丽德看来，从每座房子外面的粗糙金属碗中发出的，一种沉重的、有节奏的声音，是科罗托托卡的心跳声。卡瓦胡椒的香味令人陶醉，经过捶打后，被混入人们喝下的佳酿中，渗入到血液里，成为每个人舌尖上的故事和歌曲的一部分。这苦涩的褐色饮料承载着神圣的真理，蕴含着鲜活而高尚的神话。英格丽德觉得杵在卡瓦研钵中发出的砰砰声是海浪的回声，舞蹈的节奏就藏在里面。

英格丽德的双脚没怎么跳过舞，但在这里她感到新世界的大门正在打开。她手里拿着一条闪闪发光的珊瑚鳟鱼，还有四只木瓜拍打着她的大腿，她能听到自己咯咯地笑出声来。她想起灰色屏幕上的黑字，那是谢尔的担忧："注意事项……保护好你的财物……"她把那袋木瓜从她的手腕上垂下来，并向正在自家店外忙着堆放西瓜的男人点点头。她脸上带着微笑，心里想着：谢尔，你应该来这里亲自看看这里的安全状况。你该来斐济旅行，穿上一件布拉衬衫，学会打从心底里笑出声来！

*

有件事英格丽德已经考虑了好几个星期，她等着凯特自己提起，但有天晚上在门廊上，她自己脱口而出。

"巧克力。"英格丽德随意地说着，试着让这个词飘荡在空气中。这不算是个问题，更像是在一顿丰盛的晚餐后，心满意足的感叹。"凯特，你有没有进一步考虑这件事——你在信里提到过的。"

凯特正在看书，抬起头问："嗯？"

"巧克力，"英格丽德又说了一遍，"你在信里说过，说我们可以拓展可可制品，做巧克力。这是你跟尼克拉斯原本计划要做的事吗？"

凯特摘下眼镜，缓缓地摇了摇头。"计划……我不知道。我们可能想象过。尼克拉斯想做，他说过要学习怎么做巧克力——上一门课还是怎么样。或许应该找个能在训练和投资方面提供帮助的人到这里来。这毕竟是很重大的一步。”

“所以需要做什么？”

这是维尔瑞德在大声提问。她的鼻子里有一股浓郁的芳香，她的喉咙里充满了甜美的黄金的味道。她的舌头舔了舔牙齿，嘴里充满了唾液，她咽了下口水。

凯特想了一会儿。“我也不确定这些细节。我觉得这些豆子必须经过发酵和干燥，然后经过烘烤和碾碎，才能将果仁和果壳分开。至于碾碎后……我了解的也很有限。可可脂是否必须与可可浆分离？还有一些关于冷却的知识。这些工作应该会相当辛苦，其中的很多步骤都不可控。”

“难道你不想试试吗？凯特，我们就不能尝试一下吗？”

维尔瑞德猛地离开椅子，她的脸上洋溢着热情。“做我们自己的巧克力，想想这会有多神奇！”

大家一阵错愕，沉默中充满无限可能。莉斯贝丝坐在最下面的台阶上，目不转睛地盯着凯特，西娜手指之间的香烟已经燃尽了。玛雅在她的手指间转动着她那顶大帽子，微微地点了点头。

“健康巧克力！”

莉斯贝丝也突然站起来，用她瘦削的双手比画着。“黑色的，低脂巧克力。现在就流行健康食品！”

“对！”维尔瑞德更加激动，“凯特牌可可，凯特牌巧克力——听着不错，是吧？我们可以做点独一无二的东西。不用多复杂或者多奇特。就是干净、纯粹、简单。助你幸福，对你有益。”

“助你幸福？”西娜的笑声带着轻蔑，但她的眼神里有了不同的东西。一种跃跃欲试的欲望，一种参与到在凯特之家里弥散开来的热情当中去的愿望。

莉斯贝丝的声音里充满了活力。“对，就是幸福！有了斐济纯净的原料、清澈的水源，我们可以把巧克力打造成……幸福碎片！”

英格丽德满脸惊讶地看着她。幸福碎片？这真的是莉斯贝丝说出来的话吗？

凯特也是同样的反应。“哇哦，莉斯贝丝！你是上了夜校，学了市场营销还是什么？”

莉斯贝丝有些脸红，但仍然站着。“没，我……琳达做过类似的工作，所以……”

“我对市场毫不了解，对巧克力也一无所知。我所知道的是努力工作，永不言弃。”西娜的声音里没有了嘲讽，取而代之的是一些尝试性的提议。

“好！我们都会像西娜这样。所以接下来的问题就是，凯特是不是愿意尝试一下。”

苏鲁裙在英格丽德的腿上翻动着，她的双手紧紧地按在她的臀部上。在短短几分钟内，一项新的商业理念已经在女性之家中推出，而董事长的椅子看起来还是空的。如果凯特愿意当主要投资人，英格丽德很乐意担任经理。

“你的意思是，我是否有钱投资？”

凯特的声音里充满笑声。难道她觉得这个主意很傻吗？英格丽德快速地环顾四周：她们难道是在开玩笑吗？但看起来不是，莉斯贝丝的脸颊仍然泛红，西娜看起来非常坚定，几乎是固执了，还有玛雅……她是不是什么也没说呢？

“我们会需要漂亮的包装盒，”玛雅说着把帽子戴了回去，“我其实画画很不错的。”

英格丽德又转向凯特——这一切只是一个疯狂的幻想吗？她推开维尔瑞德。如果这并非胡言乱语和白日梦的话，她必须认真地和凯特谈谈了。她意识到，大家又回到从前，这个围绕着凯特的小圈子。我们的想法，我们的计划，都要经过凯特：这个是否重要？是否值得？但这次不一样，我们对她的依赖非常具体，可以量化。如果没有凯特的投资能力，它就只是在门廊台阶上的空谈而已。

“为什么不呢？”凯特说，“为什么不能试呢？我不是说我们要一起去冒险吗？我们先从找个能给我们一些建议的人开始吧，然后我们虚心采纳。”

她的笑声从心底传来，在她的嘴里回荡着，使大家都沐浴在这阵狂喜中。就好像把大家扔上了飞速旋转的木马上，英格丽德不得不双手紧握在扶手上。

15

阿特莎

莉斯贝丝夫人一定是遇到什么好事了，上帝——你看到了吗？她看起来开心了许多，有段时间我经常看到她在镜子前像朱鹭一样探着肩膀伸长脖子。她昨天好像是在跟她的女儿在电脑上聊天，因为电脑屏幕上的那位年轻女孩看起来很像她。上帝，有一些好东西是为莉斯贝丝夫人准备的。比如我家后院的小番木瓜树。虽然现在还没结果，但是已经能看到它开花了。结果还需要些时日。

上帝，摩西斯不太高兴。我知道摩西斯在想什么。夫人们想要做巧克力，而新事物来的时候，外国人总会抛弃旧事物。亲爱的上帝，别让夫人们抛弃摩西斯。请宽慰他年迈的心，让他别再害怕。

我不知道巧克力生意意味着什么，但您看得出来，我对维利沃有信心。或许他能学点用得上的东西，这样就能帮得上忙了。希望他能找到一份工作，这样他就能独立，长大成人，就能组建自己的家庭。

阿门。

16

莉斯贝丝

莉斯贝丝想在镜子里更仔细地看她的耳环，于是弯腰向前。小小的贝壳，像婴儿的嘴一样粉红，在耳朵上挂着的银钩上晃悠。配上她的白衬衫和深紫色紧身裤，它们为这套服装增添了一丝热带风情。她原本打算穿带有紧身带的淡紫色上衣，但她发现那件衣服前面的侧缝很讨厌地裂开了，于是不得不重新考虑。她之前从来没看到过，怎么可能这样呢？这件上衣算是完全毁了。她只能穿白色那件代替了。莉斯贝丝正了正肩膀，最后一次审视自己，终于满意了。就算是琳达也会满意的。

她昨天跟女儿在 Skype[1] 上聊天的时候有些紧张。琳达似乎想主动跟她说些什么，这使她感到宽慰，却又为她的尖刻而焦虑。她

1 Skype 是一款即时通信软件，具备视频聊天、多人语音会议、文件传送、文字聊天等功能。——编者注

的电子邮件里充满了指责："妈妈，你到底在那里做什么？"她的回答则含糊不清，闪烁其词。但那天晚上在走廊里席卷每个人的巧克力浪潮唤醒了莉斯贝丝。难道不是她，以前负责学生报纸的宣传工作？难道不是她，认为即使在单调枯燥的建材行业，哈拉德也应该更积极地进行营销和宣传吗？她从未把自己的想法强加给他，他也并没有对此表示过兴趣。哈拉德打一开始就说得很清楚，她的职责就是待在家里，处理家务带孩子。当约阿希姆和琳达还小的时候，她并没有多想。日子很忙，她享受着她所赢得的奖赏。孩子们长大后，日子变长了，她主动提出到店里帮忙，但哈拉德不想听。"你在财务部工作？这会给其他人留话柄！"当她解释说她有了使产品变得现代化的想法，也许能让商店的装饰焕然一新时，他只是大笑。"你根本不懂这行，莉斯贝丝。"

她学会了保持沉默，把自己的时间交给了女子学院、桥牌俱乐部，还做过红十字会志愿者。但有一天琳达来看她，给她看了自己刚报名参加的营销班的课程大纲，莉斯贝丝觉得自己也产生了兴趣。消费者行为，产品规划——她知道这些东西是怎么回事！哈拉德怎么就不明白这对生意有好处呢？她想更进一步细说，但琳达一关上身后的门，哈拉德就耸了耸肩，转过身去看电视，市场导向和销售渠道还有其他所有无法令他接受的想法都退回到一个满是灰尘的角落。但是巧克力！莉斯贝丝心里虽然忐忑，但是她口中有甜甜的喜悦，她闻到了那股气味，听到了拆开包装纸的沙沙声。凯特牌巧克力，哦天哪　这太棒了。

与琳达的谈话远远超出莉斯贝丝的预料。她女儿一开始板着脸，因为莉斯贝丝搞不清琳达的工作到底是什么：“妈，我不在健身中心工作。我负责整个品牌的产品开发和营销策略，也就是负责全国的 BFIT[1] 工作室。”但是当莉斯贝丝向她解释巧克力的想法时，她的态度有些变化。“那很不错啊，妈妈！听起来真的很酷！让我想想，然后和这里的一些负责人谈谈。”莉斯贝丝从来没听过女儿用这样的语气说话，这是一种表示她要开始认真了的语气。

莉斯贝丝双手掩面，感到脸在发烫。“我要参与其中，”她想，“如果这事真能做成，我在其中也会有一席之地的。”

*

维利沃得提东西，还要组织大家。他的任务是开车带莉斯贝丝和西娜去拉奇拉奇购物。已经 12 月了，凯特之家要举办圣诞派对。莉斯贝丝随便问的一个问题改变了整个节日。“在这里，过圣诞节你们一般吃什么呢？这里的传统菜是什么？”

“地炉大餐，”阿特莎回答道，“我们把各种好吃的放到地炉里：猪肉、鸡肉还有鱼肉。当然了，还有芋头，以及帕卢萨米，”她补充道，舌头舔了舔嘴唇，“用椰奶做的佳肴，这是最好的一道菜。”

莉斯贝丝并没有马上受到诱惑，但确实有些诱人的东西：猪肉、鸡肉和整条烤鱼。她们为宴会摆好桌子。那是她很熟悉的东西！

---

1 BFIT 是挪威的私教健身工作室品牌。——译者注

如果说还有一件事是莉斯贝丝所擅长的，那就是办一个大派对！凯特很容易被说服，于是她们就决定了：在凯特之家用地炉大餐办一个圣诞派对。

“每样东西都多买些，”这是凯特唯一的建议，“所有人都会来的。”

*

一袋袋的洋葱和椰子被拖到卡车上。一簇簇的芋头叶和塔维卡，这些根菜类蔬菜长着硕大的棕色球茎，看起来像超大的脏脏的棒棒糖。油腻的蜡纸包着猪排，一只只的整鸡，还有难以辨认的五颜六色的大鱼。莉斯贝丝把砍价的事交给维利沃，同时她注意到拉奇拉奇的餐巾纸的选择非常少。她想找紫色的——为降临节[1]准备的——但最终只能选择绿色，把它们和粉红色的纸桌布搭配起来，这是她能找到的最接近圣诞红的颜色。她向西娜抱怨，但西娜似乎对这个问题不感兴趣，只是盯着卡车后面堆积如山的蔬菜。

“我的天哪，到底有多少人要来？我们真的要把这些菜全做了吗？”

但莉斯贝丝并不担心做饭的问题。

“阿特莎会帮我们的，”她说，“凯特说她正在召唤一群来自教

---

1 降临节是基督教教会的重要节期，是欢庆耶稣圣诞前的准备期与等待期，亦可算是教会的新年。——译者注

会的妇女帮忙。但是，你觉得餐桌中间的装饰该怎么布置呢？”

“我们需要石头。”维利沃解释道，他朝一所房子走去，几块铝质金属板搭成的房子摇摇晃晃。过了一会儿，房子后面的树林间出现了一个人影，这个男人很瘦，莉斯贝丝很想从卡车上下来，帮他拎着他从树丛后面的一个坑里捡来的大石块。他和维利沃设法把它们拖到卡车的车厢里，旁边还放着几簇干燥的黄褐色木柴。莉斯贝丝数了数，一共有25块石头。

“维利沃，这些是做什么用的？”他惊讶地看着她，笑声开始在他的喉咙间酝酿。“夫人，要做地炉大餐怎么能少得了石头呢？”

她不太清楚这是什么意思——他在跟她开玩笑，还是他们要做什么石头汤？直到周五下午，摩西斯和他的弟弟带着铲子来到这里，在长势惊人的南瓜后面挖了一个洞，莉斯贝丝才意识到她是要举办什么样的宴会。他们要把食物埋了！他们会在光滑的圆形石头上生火，把食物放在上面，然后整个埋在土和沙子里。她在发抖。食物不会在厨房的锅碗瓢盆里煮。它会跟鸟屎和蚜虫一起被树叶和树枝包裹起来，然后在地下的火上烤！她想象中的派对，有桌布和圣诞餐巾的派对，在她眼前消失了。这将会是什么样子呢？阿特莎告诉她说，她们不用担心椅子和桌子的事情，有足够的草席可以用。很多草席？难道她的意思是晚餐会在地上吃？

星期六的下午，阿特莎和其他六个女人盘腿坐在门廊上。在她们中间，有几个硕大的塑料碗，里面装着从椰肉里挤出的白色椰奶，而这些椰子则是乔的儿子们花了好几个小时砸开的，英格丽德也帮了大忙。而此时她正穿着那件向阿特莎借的褪色的苏鲁裙四处游荡，裙子的一边还印着“金宝度假村”的字样。

阿特莎坐在莉提亚旁边。她们把芋头叶做成小包的形状，然后用椰奶和一种叫“咸羊肉”的高脂棕色糊状物把它们填满。根据阿特莎欣喜的表情，莉斯贝丝意识到这一定是期待已久的帕卢萨米。芋头叶和罐头里糊状的高脂羊肉，再加上椰奶？

英格丽德过来了，眼镜上溅满了雾状椰汁，她轻快地绕过一堆靠在墙边的香蕉叶。“阿特莎，我能看看吗？你们是怎么做的？”莉提亚的脸色暗淡下来，她一边忙碌着一边耸了耸肩，在阿特莎后面又挪开了几英寸[1]，远离英格丽德。莉斯贝丝惊讶地皱着眉头，但没有时间去想为什么。她转过身，用目光四处寻找凯特，然后在回家的路上发现了她的朋友，便跑了过去。

“我们怎么布置餐桌？银器还有……我都忘了还有什么。我们需要多少？”

凯特安静的眼睛里有什么东西让她停下了追问，她觉得自己的脸涨得通红，不知为什么。

“我们需要多少？”凯特缓慢地重复着。

“对呀，我得……”

去布置，她想说。她要确保有足够的勺子和花瓶，并且每位

1　1 英寸约合 2.5 厘米。——编者注

客人有折叠餐巾。

但并没有说出口。这些不适合这里，对常年行走在海滩的乔来说，它们没有意义。对于阿特莎的教堂姐妹们来说，与茶具配套的茶灯不会使地炉大餐更美味。

莉斯贝丝又热又慌张，逼着自己直视凯特的脸。那么她还有什么可做的呢？

她特别期盼这次派对。这是她熟悉的事——安排、计划、装饰、展示。除了叠餐巾之外，她还能贡献些什么呢？她缺乏像英格丽德一样接受泥蟹和其他挑战的勇气；而西娜似乎满足于在没有太多台词的情况下扮演配角；玛雅则像一位客人，徜徉在属于她的书的小世界里，与文字进行着开明的对话。凯特则是船长，莉斯贝丝甚至都不知道自己是不是够格当船上的一只猫——供大家不时地踢几下。

"我只是想……"

只是想做点什么，她想说。想有点存在感。

突然，她听到自己的声音，它来自门廊上的巧克力之夜，当她站起来的时候，"幸福碎片"，她那时说。这是她自己的主意。那个时候大家安静地听着，英格丽德眼里满是赞许。凯特也惊讶地"哇哦"！

她们的目光相遇了。"我知道，"凯特说，"但你不需要做什么的。大家只是想高兴一下。他们不需要服务或者取悦或者印象深刻。确保他们玩得开心也不是你的责任。我们就只管提供足够的美味佳肴，好好地陪伴大家，其他的就交给他们自己吧。"

美味佳肴和好好陪伴。当男人们用铲子挖出一堆泥土，挖出一块又一块香蕉叶包裹的东西的时候，莉斯贝丝已经忘记了蚜虫和蜗牛。热气腾腾的叶子包里满是肉汁，一片充满期待的芳香的薄雾包裹着院子和门廊。灵巧的手把烧焦的香蕉叶剥开，把鲜嫩的肉和多汁的烤鸡放在塑料托盘上。

帕卢萨米是从一个巨大的绿色盆里舀出来的，饱含脂肪的珍珠在椰子汁中游泳，一层薄薄的块状物在顶部漂浮着。莉斯贝丝四处张望，看着那些不知羞的手往自己的盘子里堆了更多的东西，人们庞大的身躯慢慢陷进草垫里，向酒足饭饱后舒服的肚皮投了降。彪形大汉和魁梧的女人们短裤下面露出光滑的小腿肌肉，孩子的光脚丫在大人盘着的腿之间轻快地跑动着。有人在用吉他弹奏和弦，笑声传出了门廊，邀请来萤火虫在院子里飞舞。

再也不会了，莉斯贝丝想。我以后都再也不会叠餐巾了。这荒谬的想法使她突然大笑起来，发出一种沙哑、陌生的声音。她捂着嘴，却遇到金棕色刘海下一双暗淡而忧郁的眼睛。在路边卖木瓜的小女孩站在她的面前，上唇有芬达的橙色残留。她在说些什么，莉斯贝丝俯身去听。

“阿姨，你好漂亮。”她说。她伸出瘦削的手，抚摸着莉斯贝丝的长裙，这条长裙是用闪闪发光的蓝色泰国丝绸做的，是属于她的苏鲁裙。她不明白这个女孩对她的称呼，因为那是一个斐济词，于是不由自主地想后退一步，把孩子黏糊糊的手指从她的裙子上拉下来，但她并没有动。这个女孩的另一只手里拿着一个贝壳，她把它递给莉斯贝丝。一件黄白色的珍宝，在她的手掌里展现着善意。莉斯贝丝无言地接了过来，手指在光滑的螺纹边缘上抚摸着。淡粉色的贝母嘴巴张开着，那是通往秘密和未解之谜的通道。

她单膝跪地，泰国的丝绸裙沾上了门廊的楼梯下的污泥。“谢谢你。”她说。

她毫不犹豫地摘下了自己的项链，那条哈拉德送的，有威尼斯风格图案的金项链。当她小心地把它戴在女孩纤细的棕色脖子上时，她能感觉到她的手在颤抖。

“你叫什么名字？”她问。

“玛丽亚，”小女孩回答道，“它的意思是海之星。”

几个小时后，这里就很难分清谁是主人谁是客人了。有8到10个女人——莉斯贝丝在她们中间认出来了乔的妻子和儿媳们——在清理食物残渣和空盘子，同时放声大笑。从厨房到后院的门一直开着，丙烷罐被带进来，垃圾袋被扔出去。有人在喊阿奎拉的名字，并将放着一块鱼和一些厚片芋头的盘子递给守卫。音乐从门廊里流淌而出。凯特坐在最下面一级台阶上，轻轻地跟一个女人说着话，她的女儿靠着她的大腿睡着了。是那个拿着贝壳的女孩，金色的项链在火炬的光芒下闪烁着。

两个年轻的男孩坐在那儿弹吉他，莉斯贝丝觉得他们唱的歌既熟悉又陌生。她不知道歌词的意思，但旋律让她想起学校的合唱课。它混合了忧郁的民谣、乡村歌曲和救世军军乐队所演奏的歌曲。偶尔一个男孩唱，有时两个合唱，有时来自厨房和树下阴影中的声音也会加入，形成一种突然的、美丽的和声。

“你们听过《奇异恩典》吗？”

英格丽德穿着她那件亮绿色的苏鲁雅巴，站在两个男孩旁边问道。莉斯贝丝有些害怕，她非要和当地人穿得如此一致吗？但英格丽德好似被光芒包围着。巨大的花朵图案似乎使她的脚步更轻柔，使她的脸更温暖、更精致、更开阔。

两个男孩商量了一下，其中一个试了几个和弦之后找到了正确的调子，于是开始拨弄琴弦。

“奇异恩典，何等甘甜，我罪已得赦免……”

这首歌不只是每个人都知道的一连串单词那么简单。它是一种和谐的声音，一种共同的呼吸，一种愉悦的音符，宽广而壮丽。这是一种恩典，莉斯贝丝想着。奇异恩典，何等甘甜，我罪已得赦免。在这里它意义重大。

一位年长的男人走出了九重葛[1]的影子，这些九重葛在栏杆上沉重地下垂。他穿着一件白色短袖衬衫和一件灰色的及膝的苏鲁裤，这是所有担任官职的人的装扮。他个子不高，赤着脚，随着年轻吉他手的演奏，他挽起裤子露出粗壮的双腿。他的声音虽温和，但当他张开嘴时，他的声音是清晰而从容的。莉斯贝丝听不懂，但当她看到她周围的人在鞠躬时，她明白他正在引导他们祈祷。充满响亮、圆润的元音的歌词，在那充满渴望的旋律中翩翩起舞。她旁边的一个年轻女子闭着眼睛默默地动着嘴唇，玛丽亚

1　九重葛，一种藤蔓。——编者注

的母亲抱着她的女儿。当男人停下，门廊里回荡着“阿门”的回声时，有片刻的沉默。吉他变调前，又是一个节拍，一次换气，南十字座也闪烁了一下。

“安静的夜晚。”圣诞客人们字正腔圆地朗诵着。

“神圣的夜晚。”莉斯贝丝细语着，她用拇指抚摸着海贝那柔软而充满希望的嘴。

17

凯　特

我们一头扎进了我们的事业中！虽然这并不疯狂和鲁莽，但我们确实需要做一些长期投资。我们需要一个烘焙豆子的烤箱，还有用来研磨碎块和挤可可浆的设备，以及做巧克力棒的精压机和磨具。英格丽德和我粗略地计算了一下，我继承的遗产加上卖掉挪威房子的钱就足够让我们开始了。

难道我这么做更多是为了尼克拉斯吗？因为我想听到他在我脑海里为我鼓劲吗？我不确定。我很难知道我欠他什么。

我跟其他人说的都是真的：我们曾一度想过要迈出下一步，尝试一下制作巧克力！我只是一直没有精力去做。除了让庄园在摩西斯的管理下正常运转之外，我提不起劲儿去做其他事情。

当然，我一直为尼克拉斯会因我而失望的想法感到烦恼。他认为我和他一样对农场充满热情，至少他愿意这么想。他不会理解我的被动，我的退缩。是不是因为我的内疚而让英格丽德把我说服了？有时我从另外一个方面去看，这似乎极其荒谬：一群笨手笨脚的、胆小的老女人，拖着她们最重要的行李，聚在这个远离家乡的房子里。我在这里都做了些什么？这事真的能成吗？

也许是其他人的热情吸引了我。显而易见，她们在科罗托托卡过得很开心。看着她们向着太阳伸长脖子，在沙子里弯曲自己裸露的脚趾，我每天都会为此而微笑。但是，英格丽德提到巧克力时言语中的火花超出了这些：感觉她就像个恋爱中的少女！那笑容布满她的整个脸庞，她的头发欢快地上下摆动。莉斯贝丝也兴奋得跳了起来，开始附和英格丽德的想法。那可是莉斯贝丝！但这难道不是我这些年从尼克拉斯身上学到的东西吗？一个团队项目不仅促进了团结，还带来了一种新的幸福？通过意想不到地掌握新事物来重新发现自己。嗯，我希望我们把凯特牌巧克力做起来。

说服摩西斯加入非常重要。没有他就不会有凯特牌可可豆，凯特牌巧克力就更不用想了。说实话，走在种植园里，走在茂密、潮湿、令人窒息的灌木丛中，是一件我不太喜欢的苦差事。如果我能侥幸逃脱，我很乐意把这个任务交给摩西斯，然后告诉他："尽你所能，我相信你能做得很棒的！"但我必须偶尔和他一起巡逻——那些是我的树，这是我的责任。

在我前面的那个瘦长的身影不停地走着。我把眼前的虫子轰走，然后几乎看不见他了。出于实际原因，他将可可树修剪到与视线齐平。可可豆正处于不同的成熟阶段。巨大的、滴状的豆荚在金色、黄色、橘色、灯红色、棕色和紫罗兰色斑点中闪烁。我不是一个经验丰富的可可农，但据我所知，神的食物——可可树上的可可豆——是一个挑剔、敏感的女人。温度必须在 24 到 29 摄氏度之间，这样她才能茁壮成长，还得保持恒定湿度。当水银柱升到 29 摄氏度以上的时候，这在维提岛的北海岸是司空见惯的事，我像读温度计一样读着摩西斯脸上的焦虑。

尼克拉斯一如既往地总是只看事情积极的一面。“这就说明了拥有一个已经长满了大树的农场是多么天才的主意，”当我们考虑购买时，他兴奋不已，“高大的树木——木瓜树和香蕉树，以及其他形成树冠的植物——能保护可可作物，并控制湿度。这样我们都省得灌溉，这农场都可以自行运转了。”

说得婉转些，自行运转的表述有点夸张。摩西斯每天都会在种植园里巡视，切割和清理豆荚，主要是为了控制两个最大的威胁：真菌，它会将豆荚变成黑色并会毁掉它们；老鼠，如果你不修剪树枝周围的灌木丛，它们就会顺着爬上去糟蹋果实。只有在忙碌的收获季节，种植园才需要额外的人手来帮助采摘、发酵和干燥。

在树林里，在摩西斯后面，我总觉得自己像个学徒。但是他对我的尊敬，或者至少是对尼克拉斯的尊敬太深了，所以他从未对我生气。他只是耐心地分享着他所知道的，一遍又一遍。“在这里，凯特夫人。”我看着他指着的那棵树：从树干上长出来的豆荚又黑又瘪。虽然我已经知道答案，但我还是问道：“我们怎么处理它呢？”

他摇摇头——真菌实在太难消灭了。但接着当他从另一棵树上拿起一个橙色的豆荚时，他眼睛突然亮了起来。“凯特夫人你看这个！这里面一定有30多颗豆子！”他飞快地挥了一下刀，把豆荚切成两半，递给我一半，里面全是亮晶晶的果肉，灰色的果肉里藏着棕色的珍珠。当阳光透过树梢闪烁时，芳香立刻袭来。我指间托着的是一个圣杯。

摩西斯耐心地等待着，他棕色的眼睛周围布满了皱纹。当我哽咽的时候，他只是点点头。

*

这几乎是一个笑话——莉斯贝丝的女儿将成为我们在挪威的联络人。莉斯贝丝跟我提起她们的谈话时，我心怀疑虑——我的确没有把琳达当成过一个商业方面的专家。但当我直接和她交谈，听到她的想法时——尤其是她的精力和热情——我知道我在莉斯贝丝的脸上看到了什么。当灯光亮起时，一些模糊的、萌芽的东西变得清晰起来。如果我们开始做，琳达·霍伊将成为凯特牌巧克力的一个联络人和分销商，她还是我们在挪威的市场主管！这听起来不可思议，但这一切比起最近发生的事情都不算奇怪。例如，我在苏瓦的一些朋友让我和约翰尼·马特森联系，他愿意给我们培训。这位退休的巧克力制造商曾经走南闯北，现在从事海洋捕捞工作，他的船停靠在兰巴萨[1]，他享受这里的生活。

1　兰巴萨，斐济瓦努阿岛上的主要港口城市，为马库阿塔省首府。——译者注

“要是我大老远地跑过去，你们恐怕得多忍受我几天了，”我邀请他过来时他说道，“我年纪大了，今天过去明天回来的话我吃不消。”

我想的是把玛雅也拉进来。不是专家们已经证明了参与活动和项目可以减缓痴呆症的发作吗？我知道她的思绪经常远离我们，去某个地方待很久之后，突然又重新集中注意力。我试图在我写给伊芙的邮件中把这些凌乱的事情做一个综合描述，让它们听起来既真实又显得不那么危言耸听。即便要实话实说，难道我们不能说玛雅在这里过得更好吗？这里每天的生活节奏很缓慢，她周围的人有时间，也有耐心。

我想她并不害怕。我不能眼睁睁看着恐惧把她撕成碎片。有些日子里，她对周围的一切都有一种轻微的惊讶，就好像她会花好几个小时躲在一块柔软的面纱后面，她给我的感觉就是这样。当然，我在书里读到过，困惑和焦虑往往是相伴而生的，而为此迷失是不可避免的。但阿特莎看起来好像对此有种第六感。就好像只要她抓住玛雅的手，就能传递她的那份冷静，仿佛她那结实的棕色手指里的一些力量流进了玛雅纤细的白皮肤里。这是我在这里学到的一课，我必须记住要依靠的东西。那就是去信任，让船掌握自己的航向。

很奇怪，斐济似乎带给了她们一些东西，我观察着，疑惑着。当玛雅变得更弱小时，西娜变得更强大了。她掏出了一种新的同情心，在她粗糙的外表下掩藏着一些深情的东西。没有斯泰纳尔的玛雅，没有莉斯贝丝的西娜，这是一种奇怪的新形态。我有时会在自己的肩膀上轻轻地拍一下，对自己说：西娜在这里过得不是挺好的吗？远离她的儿子，不用听他那些关于钱的牢骚话。还有英格丽德，她简直像是重新绽放了一般！她的苏鲁裙上绣着鲜花，她的耳朵后面别着鲜花，她的手里捧着鲜花——很令人惊讶的是，这么多年来这双洋溢着青春气息的手一直被埋在郡公交服务中心的账簿里。即使是阿特莎，虽然她对英格丽德的许多计划持怀疑态度，但是她也承认今年的南瓜和西红柿看起来特别好。我曾经把英格丽德比作狗吗？那现在她是丛林植物了！强壮、坚韧并绽放出斑斓的色彩！

但也许拍肩膀只是为了安慰自己。这难道不就是我想要的生活吗？一个有喜有忧、话题不断、偶有争执、歌声不断的房子。这样就有人能伴我左右，我也能陪伴她们左右了。

“你需要你的姐妹们，凯特夫人。”阿特莎以前说过。没错，她说得对。

18

西 娜

斐济人说话的时候西娜会竖起耳朵仔细听，那些词就像是烟花一样，声音带着颤音轰轰作响。这语音对她来说太陌生了！但应该不难学——语法很简单，而且发音也有几个小技巧。

“在单词里的‘d’会发音为‘nd’，”凯特解释说，“有个城市叫南迪，只有游客会叫那迪，记住这个。还有，你也听到阿特莎的名字是怎么发音的了。不叫阿特卡，而念阿特莎。那个‘c’跟英语里的‘th’发音相似。”

读音也好奇怪！每隔一个字母就是元音，一连串的“c”或者“a”像连珠炮一样。句子像哄小孩的旋律一样，同一个音节会不断地重复。斐济的每一个人都能说英语，但她大部分时间听到的都是斐济语，这种像唱歌一样的元音口语听起来好像他们在计划什么大事一样。就好像这些词被赋予了全新的含义，说英语可达不到这种效果。科罗托托卡卫理公会教堂的牧师用斐济语在他们的地炉派对上祈祷，这可绝非巧合。

她并没有经常将阿特莎“据为己有”，跟英格丽德和凯特也走得比较近。但一个下午刚开始时，当女管家坐在客厅的地板上叠衣服时，西娜逮到机会提起这个话题。阿特莎立刻点头表示她明白西娜想问什么。“我们谈论事情的时候用斐济语还是英语很重要吗？嗯，是不太一样。用斐济语说会……”她想了一会儿，“从某种方面来说更深入。”

“更深远吗？”西娜不太确定是不是理解对了。

“是的。但也不是……深入，应该说更地道。”

“地道？”

阿特莎点点头。“是的，你说斐济话的时候，它就好像属于你一样。就像这片土地，对我而言，它是我的家乡。你懂我的意思了吗？”

“这个词不能直译，”凯特试着解释道，“家乡是你和你的族人们的归属地，但不仅仅是这样。这是他们世世代代生活的地方。这是他们拥有的传统和他们唱过的歌。这是他们相信和热爱的地方，是一种归属，一份回忆。对初生婴儿的喜悦和对死去之人的悲伤。”

西娜觉得自己明白了，至少明白了一部分。她在村子里和周围的小路上看到了它，她从大大小小的方面看到了它：她看到人们将甘蔗刀自然地握在手里，手掌贴着额头挡住阳光，双眼望着这片风景。心胸开阔、心怀感恩地拥有着这片土地，人们因为在这里成为它的一部分而生出安全感。这就是家乡。

“我懂了。”西娜说。她明白阿特莎所说的了。要表达真正属于你的东西，你需要用一种更深刻的语言来讲。

她熟悉的唯一一件事就是守护。留心并时刻关注着，试图预测问题并避免危险。当发生损失时，恢复剩下的东西并物尽其用，尽最大努力承担主要的责任。在别人需要安慰时出现，握住他的手。可这些天她都是在安慰自己。她很久都没有再握过阿曼德的手了——她清楚地记得那瘦瘦的、不安分的手指，像小松鼠的手指一样。现在，感谢有了线上银行转账，他要拿走她的钱时，他们的手都不用再相遇了。但他的话还是跟以前一样：“谢谢，妈妈。我保证下周一定还你。”通常都只是发一条短信，偶尔急匆匆打个电话。

奇怪的是她可以跟玛雅谈论这些，或者说对玛雅说。时光以不同的方式对待我们，西娜想。在斐济的玛雅，戴着一个大草帽，望着海浪沉思，这比起记忆里高中那个自信务实的朋友来说，更加疏远更加安静。棋子在棋盘上移动，改变着整场比赛。

“开始的时候，我们得摆脱我们的父母，”西娜告诉玛雅，她在帽檐下点了点头，“现在我们又得摆脱我们那不成器的孩子。”

整个高中，以及之后在莱维克的很多年里，西娜和玛雅·阿克里从不属于同一阵营。玛雅和斯泰纳尔有自己的工作，有同事，有他们的圈子。西娜从来没有过属于自己的圈子。一位花费时间在储藏室里摆放密封剂和亚麻籽油，并按价格分类壁纸样品的女人，没有圈子这种东西。在街上遇到时她们会彼此打招呼，问问孩子们的情况。玛雅的语调十分礼貌，而西娜的声音里则带着可耻的嫉妒。如果自己生的是女儿，事情是不是会有所不同。玛雅的女婿是一位艺术家，有一次他在莱维克举办了一场名为“色彩和风景”的展览——西娜记得报纸上广告的标题。她想去，她知道画廊在哪里，在摄影工作室的二楼。但她没有去——她哪懂什么艺术呢？虽然入场是免费的，但是万一别人想让你买点什么呢？买幅画得花多少钱呢？西娜家里的墙上挂的是阿曼德的照片：羊皮地毯上的婴儿和穿着坚信礼长袍的青年。还有她自己做的日落图案的编织挂毯和几件刺绣。有一次，商店进了一批预先装裱好的画作，画作中的花瓶里插着一种日本风格的花。但这东西卖得不好，一年后，她被允许将其中三个带回家，几乎免费。不，“色彩和风景”恐怕不适合她，所以她没有去。之后她在超市碰到玛雅时什么也没说，只是点头示意，然后接着推着购物车前往下个通道。

但是现在她开始和玛雅说话了。玛雅的肩膀弯了，她的语速慢了，西娜就陪在她身边，随时准备伸出援手。她和玛雅每天都走同样的路：下到海滩，穿过尽头有个梯子的短码头，回到山坡上，她们有时会坐在墙边休息一下，前面就是村长草屋。

它位于村庄的最高点，有茅草屋顶和墙壁，但没有窗户。她们去问了当地人，西娜发现当她和玛雅在一起的时候，跟别人说话都简单了许多。她的朋友常常沉默不语，站在那里，戴着一副巨大的墨镜，她的卷发藏在帽子里。但西娜可以为她们俩说话，这成为她履行的义务，一种同情的行为，也是为了玛雅这个退休的文学和历史老师。她发现除了村长之外，谁都不许从这屋子的前门进。没人在村长草屋生活或者睡觉，但重要的决定却都在这里做出。西娜和玛雅通过一扇侧门朝里面窥视了一下，这证实了她们所听说的：墙上挂着有几何图案的帆布——桑树的薄树皮上涂有黑色和棕色的图案；房子的中央，放着一个巨大的碗，那是一个用抛光贝壳装饰的大卡瓦碗；地板是可可色的，上面放着最高档的垫子，墙上挂满了棍棒、斧头和长矛，它们是战争的象征。西娜对她听到的有关古老的食人族武器的事情感到不寒而栗：斧头将头骨劈开，大棒的尾端有一个钩子刺入大脑。她们礼貌地说了谢谢然后离开，并且彼此不会讨论她们刚刚听到的事情。玛雅开始评论的时候，她们已经差不多回到了那个门口堆满西瓜的店了。

“那些大棒看起来很重。要是用的话也只能迅速地用一下。”

西娜点了点头。如果你要锤某人的头，那可是得分秒必争。

她们下午回到房子的时候，发现院子里停着一辆卡车。车的一边写着“拉奇拉奇制冷服务——我们为您制冷”。

玛雅回了自己的房间。西娜立刻也想睡一小会儿，但莉斯贝丝正坐在走廊里，于是西娜在她身边坐下，指了指卡车。

“制冷公司来这里干吗？难道冰箱又坏了？还是凯特的房子要装空调了？”她自鸣得意，好像开了个有趣的玩笑。

莉斯贝丝摇摇头。“我觉得不是。但是如果我们要做巧克力，我猜我们得给糖果屋做冷却。”她用了英格丽德为闲置棚屋起的名字，而这棚屋即将成为一处生产基地。“他们可能是来这里了解隔离和冷藏之类的事情。我敢肯定，把这间不管是旧鸡舍还是什么的屋子变成巧克力工厂可不便宜。”

西娜点点头，自顾自地从莉斯贝丝的烟盒里拿走一支香烟。

“我们的菜园主人去哪儿了？”

莉斯贝丝四处瞧了瞧。“英格丽德？我不清楚，可能在后院呢？”

西娜没说话。她没有参与英格丽德为了让南瓜长得更大、西瓜长得更甜的努力中去。她没有精力去竞争，她在莱维克的园艺俱乐部的经历，与英格丽德坚定地让她自己了解热带农产品的一切的决心相比，显得不值一提。

就好像莉斯贝丝看出来她在想什么一样。“她以后成了巧克力负责人的时候，会需要考虑更多南瓜和豆子之外的事情。”

她们沉默着坐了一会儿。西娜的目光追着海平面的一艘船，莉斯贝丝突然问道：“玛雅最近怎么样？”

西娜转向她说道：“挺好的，怎么突然问这个？”

莉斯贝丝耸耸肩。“没什么，只是她好像很累的样子。”

“每个人都会偶尔觉得累的，我们散步的时候天气太热了。”西娜有些生气了，莉斯贝丝为什么一定要碰这颗钉子？她用嘲弄的语气模仿她的朋友：“‘玛雅最近怎么样？’她又不是个小孩！你怎么不自己去问她？”

莉斯贝丝惊讶至极，她的语气充满歉意。“我没有任何其他意思……我只是想——”

“你想什么？”西娜生气极了，“玛雅是我们所有人中最敏锐的人，她一直都是。年龄不会改变这一点。你自己现在也跟20岁的时候没法比了吧。”

这话有些过分，西娜说完立刻就后悔了。自己应该闭嘴的，可莉斯贝丝还在担心她的外表——她已经老了啊！这太惹人生气了，太蠢了。一段回忆在西娜内心沸腾着，她几乎抑制住了自己的羞耻感：独自一人站在莉斯贝丝房间里的镜子前。贪婪地抓住她的丝绸衬衫和高跟鞋，试图挤进修身的铅笔裙和紧身夹克中。淡紫色的上衣不适合：胸口宽松，腹部太紧。突然接缝处裂开了。裂开的洞穿透了衣服，无法修复。她将衣服挂回衣架时竟然漠不关心。

西娜也不清楚自己为什么如此激动地为玛雅说话。她的朋友可能比以前更安静，但她拥有和以前一样的权威气场。关于南太平洋群岛的知识——它们的历史、地理、文化和政治——她可比其他人知道的多得多。不过这些人里可能不包括凯特——虽然西娜怀疑，他们全球流浪时在各种国际项目方面的专业知识事实上十分浅薄。玛雅的知识没有经过实践和测试，但是它被交叉引用并被记录下来。西娜想到，在走廊里的晚间聊天中，她通常是那个建立有趣联系的人。例如那天晚上，当他们开始谈论星座，说到南极星和北极星的时候。“小熊星座，”玛雅说，“我们通常叫小熊座。北极星是那个星座里最亮的一颗。它的拉丁语是 Stella Polaris。但你们知道吗？它在中世纪也被称为 Stella Maris（海之星），这实际上是他们用来称呼圣母玛利亚的名字之一。”

莉斯贝丝饶有兴趣地看着她。“真的吗？跟那个小女孩说得一模一样。她说她的名字就是海之星。”

玛雅点点头。“是的，没错。‘海之星’是圣母玛利亚的名字之一。”

她重新靠回椅背，对那天晚上的谈话十分满意。这是她们熟知的玛雅，博闻且能干。

有时候她不是这样。当玛雅的脸变成一张空白的画布时，当她的眼睛变成一扇关上的门时，只微微张开的一点儿流露出恐惧，每当此时西娜的内心都战栗着。她不想与任何人分享她的不适。西娜控制着她的声带，并驱使她自己开口向朋友保证这一切都会好起来的，她能处理好。当玛雅不知所措时，西娜会帮助她。

西娜是唯一一个看出玛雅有问题的人吗？她觉得是的。她是唯一一个看透高中时的公主莉斯贝丝·卡尔森的人。她看到那微笑和乳沟的背后并非自信流露，而是焦虑缠绕。那是一条西娜随时都可以轻弹并使其颤抖的弦：一束严厉的目光就能扼杀掉那通过粉红嘴唇发出的假笑声。西娜从不嫉妒莉斯贝丝，她的钱，或者她那看起来休闲的生活。但是，如果她还不知足，那就招人厌了。权力藏在认知里，特别是决定是否使用时。

可事实上，西娜为莉斯贝丝感到遗憾。这猜谜游戏的意义到底在哪儿？她已经厌倦了这一切。

19

阿特莎

亲爱的上帝，您知道我相信我的梦，它们总会告诉我一些事。今晚我做了一个可怕的梦。我梦到雄伟而神圣的双体船。我站在甲板中间船长的位置，看着两边的船体和舵桨。我当时很害怕，因为我知道这位置不属于我。我不应该是那个当大海颠簸时负责调整船帆的人，但我动不了。我们航行的速度飞快，海面惊涛骇浪，当鲨鱼神陡然间自海底腾出时，整条船上只有我一个人。接着我变成了托卡罗赫——上帝的儿子——带着拥有魔力的鱼钩。这鱼钩可以捕捉到大海里的所有鱼——除了鲨鱼神。我的脖子上挂着项链，项链由鱼骨做成弯钩的形状，黄色、蓝色和紫色相映生辉。然后鲨鱼神排山倒海般冲了过来，朝着我飞身一跃，用他可怕的牙齿咬住了项链。但他的牙齿竟然没碰到我——我一点儿也没受伤！鲨鱼神从波涛中消失不见了，带走了项链。而我的脖子上，一条细细的金项链取而代之。

我被这个梦吓得不轻，上帝，请让我相信你会保护我吧。

阿门。

20

玛　雅

可怕的不是记不起事情，而是当她想起自己记不起事情时，头晕就变成了令人恐惧的恶心。而当她意识到自己在外面，在一个未知的地方时，她站在那里，茫然地张望，嘴唇颤抖着，只能对着那些陌生的面孔喃喃自语。

后来，她不知道她为什么站在这里，手里还拿着一把没见过的雨伞或她已经不记得的一袋刚买的杂货。当大门在她身后关上，把她推离熟悉的环境和面孔时，她的喉咙收紧，感到恐慌在脑海中如雷般的巨响中袭来：我在哪里？

不过玛雅也很烦恼。恼伊芙，因为她离开前努力地把担忧隐藏在鼓励的言语中。“记得避免暴晒，妈妈。晒太多了不是什么好事，你知道的。”也恼英格丽德，因为她在菜园里总是像老板一样警告着所有人：吃太多木瓜胃会不舒服。恼凯特？不，并没有。

凯特已经知道了。那晚她们送伊芙去机场，真的只是几个月前的事吗？当她在卡车里醒来时，突然不知道她为什么在那里。大海的声音，它那诱人的歌声。凯特的脸，如此熟悉，但她就是没法把她和任何言语或想法联系起来。那晚凯特送她上床睡觉时她哭了。心乱如麻，她流下痛苦、恼怒的眼泪，那是失去控制的绝望感。凯特知道的，但玛雅觉得她并没有告诉其他人。

她向吊床上的朋友瞥了一眼，在午后门廊的热气中，吊床默默摇摆着。它还在那里，没有人能用语言将它表达出来。凯特对大家的吸引力，仅仅是站在她旁边浑身都会兴奋起来，你会希望她的笑只属于你——这份感觉仍然存在着。凯特的银发跟她的一样多，粗糙的布满青色血管的手上正拿着一本书。但是，玛雅的金戒指松垮地套在无名指上，而凯特的手指上则戴着一个蓝绿色的花环样的戒指。用永恒的墨水证明她属于尼克拉斯，这是他们独特的方式。凯特穿了一件亚麻衬衫，里面则什么也没穿，玛雅可以透过薄薄的衣服看到她小小的乳房的轮廓。即使是在莱维克高中拥挤的教室里，她也似乎总是散发着一种自由的气息，而现在的凯特琳·薇儿依然如故。一股强烈的情感冲击着玛雅，她的嘴里有一种苦涩的味道。在她意识到这是什么之前她得思考一下，这种感觉是自她忘事以后期盼已久的。一个词不足以形容它，它是嫉妒、钦佩和自卑混合在了一起。而现在她又在这里，在凯特的圈子里了。也正像从前一样，大家一直以来都不知道自己真正想要的东西，其实就是成为像她那样的人。

凯特用胳膊肘撑起身子，叹了口气。

“太热了是不是？玛雅，我都不知道你坐在太阳下面怎么能受得了——你不觉得热吗？可怜的约翰尼明天就要来这里蒸桑拿了，我猜他已经习惯了在船上的凉爽环境了。不过到时候能听他说说对我们计划的看法，想想就挺激动的。”

约翰尼，这是谁呢？难道她正坐在阳光下面吗？玛雅双臂抱住自己，闭上眼睛。她感觉自己快要失去控制了。那扇门刚要滑开，此时却就要砰地关上了。一盏灯闪烁着。她的思想变得像面纱一样，布满了空洞。她好想念斯泰纳尔，她整个身体都弓了起来。他会理解她有多害怕的。

仅仅是下午的一次漫步，晚餐前出去透透气。每天的日落都如此仓促，正好在六点一刻，太阳就会向你挥手告别，几分钟后就变成了一场粉红色和金色的狂欢。

“我去海滩上走走，”玛雅没有特意对某个人说，只是走下门廊，“不会太久的。”

没人回应她，即使她想要有人回应一下。她透过厨房的窗户瞥见了阿特莎，在她即将大步穿过海草和干棕榈叶时，她向阿特莎挥了挥手。她的双腿把她带向右边，当午后的光线照射到从未关闭的宽阔的玻璃百叶窗时，她穿过的房子闪耀着金色的光芒。一个女人坐在地上，正在编织一张垫子，她朝着玛雅的方向亲切地说：“你好啊！”她的头发像浓密的、卷曲的光晕一样覆盖在她头上。玛雅可以透过棕榈树，瞥见社区会堂。几个男孩在外面的广场上来回扔橄榄球。一只小狗在她身后跑了一会儿，然后失去了兴趣，急忙奔向一个破塑料袋。

她打算绕着港口走一圈，穿过垃圾场，走到她认为是村子后面的地方，然后沿着主路回家，走到通往小房子和庭院的土路上。就在她经过港口的时候，阳光开始从天空俯冲下来，透过云层，形成一道道光束。“我们上帝的手指”——她突然想到了她的母亲给这种穿过灰色天空的细长光柱起的名字，它们使大地从那些沉闷的下雨的午后焕发了生机。当它们遇到水的时候，这些柱子就融化了，成为一处颤动的光点。当光被吸进大海时，周围变得一片漆黑，一片片粉色和橙色翩翩起舞，在天空中展示着激情昂扬的舞步。舞蹈在玛雅心里继续着，她仍然站在那儿，放任自己沉浸其中，让歌词褪色，屈服于旋律，多么可爱啊！

“阿姨，你还好吗？”

当一只温暖的手抓住她的手指时，她的脑海里依然充满了色彩。玛雅低头看到一双大大的眼睛。傍晚的微风拂过那个叫她“阿姨”的小女孩的头发，将它吹得在窄窄的近乎半透明的耳朵边上舞动。她身上的裙子像船帆一般在身后翻动，玛雅认出来这是圣诞派对上的女孩。她叫玛丽亚，莉斯贝丝送了她项链——西娜和英格丽德后来嘀咕这件事来着。

“我没事情。”玛雅笑着，见到她之后心情很好。“你是玛丽亚，对吧？”

“是的，”女孩回答。她的声音像她的双眼一样清澈。“意思是海之星。”

“我叫玛雅，”玛雅说道，“意思是梦想。”

玛丽亚点了点头。

她们仍然站在那里，玛雅和玛丽亚，同时仿佛有一只看不见的手从天空中挤出最后的颜色，将它腾出来，放进海洋。黑夜开始在她们周围蔓延，玛雅有些饿了，头昏眼花，欣喜若狂的光之舞搞得她筋疲力尽。她不确定地眨眼，试图回忆她要去的地方。但对上帝手指的惊讶和迷恋仍然谜一般地围绕着她，她内心的某些东西不想被重新开启。玛雅紧握着小女孩的手，试着调整呼吸。可她到底要去哪儿呢？

女孩抬头看着她，双眼像两个灯塔一样闪烁着无可辩驳的光芒。

“我可以陪你走，”她说，“走吧，阿姨，我们回家吧。”

手牵着手一起走让她觉得很安心。一边是安稳可靠的大海，一边是玛丽亚，小女孩不发一言地引着玛雅回去。回凯特的家，不，现在也是她的家了，她生活的地方，她们大家一起生活的地方。她们到门口时，她问玛丽亚要不要进去。

“要是你喜欢的话，我们一起吃晚饭吧。”她说。

但海之星摇了摇头，一步接着一步迅速离开了，走进了黑夜里。

21

莉斯贝丝

莉斯贝丝四处张望。她看着从桌边站起来的英格丽德。她绑在腰间的那块布料褪色了，边上有一个模糊的、难以分辨的边线。凯特银色的头发四处飞舞，她今天可能还没照过镜子。西娜从来没什么可显摆的，莉斯贝丝一边想一边透过窗户看着她的朋友，但至少她总穿着胸罩呢。英格丽德 T 恤里的乳房则松松垮垮地晃动着，而她完全不在意。莉斯贝丝深深地叹了口气：她难道非要这样不羁吗？

忽然间玛雅出现在了门口，凯特激动地大声欢迎着她："你可回来了！我们可都快吃完了！"

玛雅微笑着，而莉斯贝丝则挑剔地扫视着她粗壮的身形。她穿了一件不成形的蓝绿色布袋裙，裙摆落在小腿中部。经常戴着的草帽盖在扁平的卷发上。她坐进桌旁的空位，莉斯贝丝觉察到一种类似同情的情感缓和了她的脾气。

尽管如此，西娜事实上已经承担的角色——该怎么说呢，玛雅的私人助理？——已经不止于此了。她总跟玛雅保持两步的距离，也总是会在玛雅戴上那顶草帽想去散步的时候丢下一切陪着一起去。当玛雅说她要出去，而西娜也准备跟着一起去的时候，莉斯贝丝觉得今天必须说一下这件事了。

“你要让我一个人准备晚餐吗？”她不得不说出来，“今天星期二——轮到我们了！”

西娜没有回答，只是继续切洋葱，但莉斯贝丝觉得这种敌对情绪就像一阵阵风不断吹过。我的天！就好像作为一个成年女人，玛雅连独自去海滩散个步都做不到似的！现在她站在门口，她们已经差不多吃完了，可这又怎样呢？她走得有点远，回来花了点时间，对吗？

“玛雅，是不是走得很远？”她不经意地问道，给玛雅的杯子里加了些水，“你迷路了吗？”

她没有任何其他意思，她真的没有。她自己已经在这里迷路了好几次，尤其是在晚上，在黑暗中很难在这些又小又相似的房子之间穿行。所以当凯特隔着桌子厉声说话时，她完全惊呆了。“让她清静会儿行吗？她刚回来！”

莉斯贝丝惊讶地眨着眼睛，她真的没有任何冒犯的意思！她刚想张口解释，西娜却冷冷地看了她一眼，然后走上前，想把玛雅和其他人隔开。

“你饿坏了吧，”她对玛雅说，“希望饭还热着。”

西娜看起来也很担心，她举起双臂好像要去做什么，但停在空中。只有英格丽德看起来泰然自若，她戴上眼镜，坐在台灯下的椅子上。

这时候莉斯贝丝忽然觉得再也没法跟其他任何一个人多待哪怕一分钟了。“我出去买点烟，”她说，然后猛然站起来，“萨洛特肯定会开门的。”

*

莉斯贝丝对于科罗托托卡灵活的开业时间非常赞赏。顾客一到，商店准开门，也不用担心食品安全检查员。当有人在萨洛特的粉色波纹金属的房子外面，喊一声“打扰啦，有人在吗？”门就会滑开，不管是5点7点还是9点半，萨洛特肯定会出现，手里拿着钥匙。钥匙打开了小侧门的挂锁，露出后面墙上摆着几个架子的柜台。萨洛特会溜到柜台后面，将一盒完全融化的人造黄油取出，或者把蚂蚁从一袋红糖上拂下来，或者拿一盒火柴或一包奶粉下来。而她拿给莉斯贝丝的，就是一盒金边臣[1]香烟。

“谢谢。”莉斯贝丝说，然后把香烟和零钱塞进包里。这家小小的店以某种奇怪的原因而闻名，她在萨洛特的小卖铺外面逗留了一段时间，观察着店主，看着她拿起扫帚，开始在门上方的电灯泡的微光下打扫楼梯。

1 金边臣 (Benson & Hedges) 是英国的卷烟品牌，隶属于加拉赫集团。——译者注她为什么这么做呢？为什么本来可以直接回家却偏要去教堂呢？她本应该原路返回，穿过芋头地，经过阿特莎的房子，还有门口和门廊都铺着鹅卵石的乔一家的房子。但莉斯贝丝没有。她临时决定走一条远路，去码头的尽头抽支烟，在微风吹拂中结束这个傍晚。走在大路上，这个时间路过的屋子大都一片漆黑。在一个茅草屋前面的木甲板上，正在举行一场烈酒派对。一只强壮的、有文身的手臂举起酒杯，没人注意到莉斯贝丝。她被一阵突如其来的笑声吓了一跳。她腋下夹着手提包，走上那个虽然不陡但路很长的山坡。

而正当她经过村长的草屋准备回去的时候，在海浪冲刷着海滩的那个方向，一个人手里拿着一把刀朝她走来。这是一把巨大的甘蔗刀，经常可以看到女人和男人们从种植园——这是为他们家人的胃提供食物的一小块土地的宏伟名称——里走出来的时候手里拿着这种刀。这是所有工具中最有用的，由一个木柄和一个钝头的刀片组成，但她看到这刀时仍然会觉得不舒服。穿着脏兮兮的橡胶靴、头上裹着破布的瘦弱老人，走路轻轻摇晃、扛着装满土豆和木薯的编织篮子的妇女，肩上扛着麻袋、赤脚的小男孩——他们都带着这种刀，它看起来很可怕。莉斯贝丝每天都会看到这种刀，摩西斯每天给她们送芋头或面包果的时候总是会带着一把。但是她仍然情不自禁地战栗。巨大的拳头，紧握钢刀的手指，这都是她曾在网上和玛雅的书里看到过的画面：那些人手里拿着棍棒和斧头摆出威胁姿势，脸上是打仗时才会抹上的颜料，还戴着可怕的鲸鱼牙齿项链。凯特解释说，在游客们最喜欢的纪念品中，迷你的食人族叉子是其中之一：一个雕刻的手柄，上面有四个长叉子，形成一个整齐的方形，可以完美地将大脑中被压碎的颅骨挖出来。凯特当时笑着跟她们说的，可莉斯贝丝却感到一阵寒战。距离最后一个人在这个国家被杀害和吃掉以来，已经有 150 多年了！

那把巨大的刀在那人的手里晃来晃去，与此同时他从山下向她走来。恐惧在她的胃里翻腾，莉斯贝丝突然意识到它一直在那里咆哮着。现在他就在她面前，她可以看到他很年轻，他的脸温柔而坚强，皮肤下的平滑肌十分紧致，深蓝色的文身绵亘在他强大的肱二头肌上。他宽阔的身姿挡住了她的去路。那只手提起刀时，尖叫声在她的喉咙里响起。

22

阿特莎

敬爱的上帝，好像玛丽亚和玛雅夫人在一起的时候，光都改变了颜色。今天下午我听到她们一起唱歌。玛丽亚的高音和玛雅夫人深沉而放松的音调同时响起。她们坐在地板上，中间放着两块棕色和绿色的小块布料，她们将布料折叠成有身体和脑袋的小动物的形状。

“我们为海龟歌唱。”玛丽亚说。她一定告诉了玛雅夫人缇娜卡波公主和罗德莱斯公主的故事，她们在坎达武[1]的一个村庄被渔民绑架时变成了乌龟。她们找到了一条逃生之路，但不得不继续像海龟那样生活在远离海岛的海湾里。玛丽亚也知道这首歌，公主村的女人们在海滩之上的悬崖边向两位公主歌唱。

---

1 坎达武（Kadavu），斐济第四大岛。——译者注

那穆阿[1]的女人们身着盛装，
她们带着装饰诡异的神杖，
罗德莱斯，上来让我们看到你吧！
缇娜卡波，上来让我们看到你吧！

当女人们唱歌的时候，巨大的海龟会浮出水面仿佛在倾听她们的歌唱。

玛丽亚一家并非来自坎达武，但她有着充满智慧的双眼和各方面的知识。我觉得玛雅夫人可以去了解大海是件好事。也许她是她们中最接地气的外国人呢，是吧上帝？玛雅夫人已经放下了许多，这也是她之所以能够接纳更多的原因。

敬爱的上帝，感谢您将这些彼此需要的人带到一起。感谢您让玛丽亚与玛雅夫人一起唱歌。

阿门。

---

1 坎达武岛上的一个部落，部落里传承着唤龟仪式。女人们穿上传统丧服，拿着特制的击鼓棒来到悬崖边唱唤龟的曲调，随着歌声，海龟就会在下面的汪洋中缓缓浮出水面。——译者注

23

莉斯贝丝

她为什么一言不发呢？为什么她没有一回到家就冲上台阶然后大吼着她遭到袭击了？凯特会帮她的，她会找出来那个人，他的家人是谁，这个村庄自己的处罚机制会解决其他的部分。为什么她只是在走廊里简单地对英格丽德和凯特点了点头？她跟对方说了声“嗨”，西娜站在客厅里，手里拿着一个咖啡杯，脱口而出心中的疑问。

“你出去有一会儿了——发生什么事情了吗？”

她并没有跟西娜说那个提着大刀的年轻人，而是逼着自己克制住情绪然后冷静地微笑。

“发生什么？没有……我走得比较远而已，晚上出去走走真的很舒服。”

她也不知道为什么。她知道的只是对于这些人她实在无法理解。无法理解他们的笑、他们狼吞虎咽的大胃口或他们的语言。而在村长草屋旁的路上发生的事是她无须去理解的。当那个年轻人丢掉刀，然后双手抓住她的手提包，她尖叫着抓紧自己的包，接着看到了他的眼睛。她惊讶于她所见到的眼神。没有疯狂的愤怒，没有对她的渴望，也没有强烈的欲望。当他拉着包，想把它从她的肩膀上拽下来时，他的眼里充满了悔恨。

莉斯贝丝从没遇到过抢劫。当她读到关于老人被人抢劫和殴打的故事时，她吓了一大跳，但她从来没有想到自己会站在一个斐济村子边上的石子路中间，在一个英俊的、身材魁梧的年轻人的面前，顽强地、默默地挣扎着。显然，他想要抢劫她，但他没有拿刀来威胁她，而是选择扔掉了刀，他的眼神里写着："求你了，别反抗。"

当他从她手中抢过包时，她失去了立足点，摔倒了，他转身朝另一个方向跑去。她的手指抓住了地上的东西，他的刀。当他把包扔到一边然后回来时，她自然地抬起了她的手臂。他手里拿着她的钱，一小沓钞票，在他慢慢走近的时候，目光落在她仍然高举在空中的那把刀上。

"把我的钱还给我！"

她首先说道。

他摇头。"不行，我需要它。我也需要我的刀，你得还给我。"

"除非你把钱还我。"

他站在她的上方，伸出他的手去扶她，一股汗珠从他身上冒出来。她轻微地摇晃着站了起来，他温暖的手掌将她的手包裹在刀柄上，她没有挣扎就松开了。突然，她感到喉咙一紧，温暖而迷惑的泪水从她的面颊上滚落下来。他笨拙地拍了拍她的肩膀。

“没事没事，还好还好。”

我不想让事情只是还好！这些话在她脑子里闪过。我想要的是感觉到你的手臂环绕着我，让你温热的呼吸紧贴着我的脸。我希望你的眼睛看着我的时候会放光，你的嘴唇会去探索我的。

莉斯贝丝靠向他的胸膛时，她的心怦怦直跳。她看不见他的脸，但当他推开她时，她觉得他的身体变得僵硬。

“夫人，你还好吗？要我送你回家吗？”

“不，不用，我没事，把包还给我。”

她飞快地在包里翻找着，找到一块手帕擦了擦脸。她的银行卡还在她的钱包里，那个年轻人手里拿着她的现金，很清楚地把它看作是他的财产，不管他对这些钱的前女主人有多关心。

莉斯贝丝没有再索要她的钱。她慢慢地伸出一根手指，渴望触碰他那圆圆的、结实的脸。有那么一会儿，他一动不动地站着，等着她。然后他后退了一步，黑暗吞下了他礼貌的告别。

“祝你健康，夫人。晚安。”

她仍然站着，脉搏在她的喉咙里跳动着。“我需要这些钱。”他刚才这样说过。是真的，她脑海中闪现的是：分享。当那些拥有太多的人不想分享的时候，这就是接着会发生的事情。他眼里的悔恨并不是关于发生的事，仅仅是由于事情发生的时候吓到了她而已。

其他的记忆碎片在她的脑海中闪过，然后她想起了：那天下午她称赞了摩西斯的妻子莉提亚的手提包，一个用稻草做的简单的单肩包。莉提亚的回应是清空里面的东西，把包递过来，莉斯贝丝吃惊地盯着她。“不，不，谢谢！我只是说我喜欢它，不是想……”但莉提亚已经走了，留莉斯贝丝红着脸尴尬地坐着，手提包放在她的腿上。

她站在路中间，一动不动地站在那里，凯特的解释在她脑海里闪过：风俗和礼节是如何鼓励你用礼物来回馈别人对你的仰慕之情。突然间一切都解释通了，你本应分享。我们坐在这里，带着我们的财产和钱，执着于拥有，而不是分享，所以这种事就会发生。

她还是一直走到海滩上，按照计划走到码头，按原计划点燃了香烟。但感觉距离从萨洛特的小店里买香烟已经过了好久，事实上只有半个小时。

莉斯贝丝想，会发生什么呢，如果我说了，他会怎么做呢？“我能拥有你吗？我想要你，我能占有你吗？”

24

英格丽德

巧克力专家的头几乎秃了。他裸露的头皮被均匀地晒黑了，他的衬衫在肩膀上绷得很紧。凯特已经从拉奇拉奇找来了约翰尼·马特森，英格丽德觉得自己几乎都能闻到可可块的芳香味道了。维尔瑞德也闻到了，她的苏鲁裙飘扬着，脸上带着热切的笑容，第一个从走廊跑下去见他。“你能来教我们一些知识可真是太好了，我们有无数个问题！”

他们立刻就开始了，从查看那间她们起名为糖果屋的房子起步。凯特解释了她打算如何在这里安装一套冷却系统，包括一个新的水箱和水泵。约翰尼点点头，为在哪里安置长凳和水池提了建议。他在英国就读于他所说的“巧克力学院”，并在比利时一家大型巧克力生产商那儿做了多年的产品开发工作。英格丽德看到莉斯贝丝正认真听着。她自己更专注于他的手，在他说话时，他会用双手热情地强调他的观点。他的双手非常强壮，棕色皮肤，指甲短而宽。

“你直接参与巧克力生产了吗？”她问道，甚至不知道为什么问。也许是因为她无法想象他那双粗笨的手在摆弄柔软的焦糖和细碎的甘草粉时的样子。

“是的，每一个步骤都参与了。白巧克力、牛奶巧克力、黑巧克力。”一个年轻得多的男人突然透过他眼周布满皱纹的棕色眼睛露出微笑，“吸引我的是那种甜蜜的诱惑。”

英格丽德对他报以微笑，她感到乐观就像一阵风吹过她，不，就像是舌头上的味道一样！维尔瑞德能感觉到她牙齿后面的唾液、清新的薄荷味在她的舌底蔓延着，咸味的焦糖粘在她的臼齿上，辣椒巧克力在她的脸颊上燃烧，朗姆酒和姜一起融化在她的喉咙里。

“菠萝松露！”她说，“芒果牛轧糖！杏仁盖奇异果！”

约翰尼看着她露出微笑。“我记得你还说你想慢慢地小心开始呢？”

其他人则安静下来，英格丽德也停了下来，为刚才的唐突有些尴尬。它像是用玻璃纸包裹的情诗。

“好，不如这样！”凯特首先打破了沉默，她那欢快的笑声充满了这个小棚子。“我们一起先跳到可可脂上！”

“但那不是我们讨论过的事情。”

是莉斯贝丝在反对。今天，她穿着平底鞋，穿着宽松的裤子，从头到脚看起来都很理智，她简洁地提醒他们所有人都赞同的基本观点：“如果想要进入健康行业，我们就得坚持‘少即是多’。”

她到底从哪儿学来的这些东西？英格丽德想，接着看到莉斯贝丝继续说的时候脖子上的红色斑块：“我们得关注于干净、纯粹。”让人们想起的是一种不复杂的、轻松的生活方式——与奢侈相反。简单、纯粹的体验，琳达说现在人们就想要这些。英格丽德知道莉斯贝丝是对的，并且甩掉了巧克力包杨桃这个想法泡汤带来的沮丧。维尔瑞德也点着头，没说话。

她喜欢他，真诚而简单。约翰尼既不调情，也不试图给人留下深刻印象，他身材敦实而又不显得臃肿。当然也没有吹牛。当他们坐在门廊上时，空气中充满了兴奋，他对她们进行生产方法上的指导。英格丽德觉得自己坐得更直了，头发微微地竖着，还闻到一股不熟悉的味道。那是大海和着风的清新味道，充满着新的可能性。他平静的声音描述了整个过程：首先是她们已经知道的发酵和干燥。

“然后烘焙，可可豆得在高温中烘焙一个小时左右。”

“我们可以用普通的烤箱吗，对流烤箱行吗？”凯特问道。

“那肯定可以的。”

英格丽德找了个笔记本，迅速地记录着，约翰尼讲到了研磨，可可豆被研磨并加热，直到形成一种液态可可浆。

“这个阶段它的味道还不太好，只是又浓又苦。”他解释道。

提取黄油并将它与适量的可可浆、脂肪、糖、牛奶等混合在一起。

“还有你们想加的任何东西。”

英格丽德记着笔记，维尔瑞德没再把山竹、番石榴或菠萝说出口。

“你得考虑一下防腐剂。据我所知，你计划出口，所以在产品送达客户之前需要一段时间。但是你也想要一个健康的品牌形象，所以配料里面你是不是不想要太多的防腐剂？”

莉斯贝丝看起来陷入沉思，英格丽德知道她明天会和琳达商量一下。多好啊！她一边想一边对莉斯贝丝报以鼓励的微笑。我们在这方面也有专家呢，只用发封邮件就行了。

“真正重要的是混合搅拌，”约翰尼继续说，“这一步能提供丝滑的感觉和入口即化的口感。这会让你想要不停地吃它。”

他停顿了一下，当他与英格丽德四目相对时，英格丽德看向了别处。她的目光落在木地板上赤裸的双脚上，忽然间感觉它们有些抽搐。“跳舞吧。”维尔瑞德悄声说道。

“那种美味的口感。”约翰尼说。

他接着谈到了调和与塑形，但英格丽德已经不再做笔记了。他说得太多，一次性根本记不完。他们得在过程中进一步了解。

“马特森，”第二天，她向约翰尼要了一杯早咖啡。“你是不是有挪威血统？或者瑞士血统？”

他啜了一小口咖啡。“你猜，”他笑着说，“你觉得我是从哪儿来的呢？”

英格丽德突然害羞起来，觉得很为难，好像她应该知道答案似的。

“我不知道，”她迟疑道，“我猜你可能是……澳大利亚人？”

他大笑着说："我像吗？是鼻子像？还是头发像？"他抚摸着头顶上稀疏又卷曲的灰白头发。

她被逗得大笑起来，羞怯也消散了。"也不剩什么了，所以不太容易猜！但是……"

"可能我没有你想的那么黑？"他咧嘴一笑，举起双手。"你明白我的意思！我本应该去责备你的好祖先。"

英格丽德饶有兴趣地听着他出生在密克罗尼西亚联邦的一个小岛科斯雷[1]的故事。她试着回忆地图，这小岛是在北边？还是西北？

"这个姓实际上是马特森－易提迈。"他说，"我的名字是优西沃·约瑟夫，但在大部分地方用约翰尼·马特森这个名字更方便。"

她仔细看着他的脸，思考着。尽管他和这里的人有相似的特征，但他的肤色比科罗托托卡的大多数人都要浅得多。他鼻子宽阔，衬衫领子下面的脖子厚而结实。他面带笑容地望着她。像是一份随和的邀请：只管看吧，这就是我。

"我不太清楚血统，"他说，"但我的奶奶总是说我们家跟挪威有些联系。"

"你是说挪威吗，马特森？"

他点了点头。"有可能，你听说过在这片海域会有人捕鲸吗？显然，曾经有一个挪威的捕鲸站在科斯雷。也许有一个挪威捕鲸人爱上了密克罗尼西亚的一位美人，然后定居在岛上？也许还有

1　科斯雷岛（Kosrae）是太平洋中的一个小岛，自然环境优美，隶属于密克罗尼西亚。——译者注

维京人的血液在我的血管里流动？”

他的目光这时落在了她的脸上，她迅速点头。“有可能。”

“不过，”他补充道，“我想维京人的血和密克罗尼西亚人的血一样热。”

他的微笑又出现在他的嘴角上了。英格丽德觉得自己脸红了，但并不愿意移开视线。她把话题引向不同的方向。“你经常回科斯雷吗？”她结结巴巴地说出了这个名字。“那里是什么样的呢？”

约翰尼想了一下，回答道：“有一阵没回去了，那里也没亲人了。”他的目光移开了，“但那里很美。”

他的笑容又浮现出来。“多年来我一直在兰巴萨做自己的事情。我在那里有间小房子，不过我大部分时间都在船上。”

她等着他继续说。

“深海捕鱼，”他解释道，“我自己租船，坐在船长的椅子上，寻找那些大块头。金枪鱼，鲭鱼——大量的鱼群仍然能让我这个老头心跳加速！”

“你可不老！”

英格丽德意识到自己大声地说出这句话后，她的脸开始烧起来了。她急忙抓起她的杯子，大口地喝了一口温热的咖啡。

他没有笑她，只是看着她。她看得出来约翰尼明白她的意思。

“谢谢你，”他说，“你有时间可得去我的船上看看，你准备好了就告诉我。”

他们必须在三天内从他那里学到大部分知识。因为约翰尼周末得跟几个“狂热的捕鱼老头”一起出海，他最迟得在周四晚上回到兰巴萨。“我们得好好利用我们的时间，”他说，“你们可以放心问所有想到的问题。”

他轻轻摸了下他的头顶——他总是用左手，英格丽德注意到了，并以鼓励的目光看着她们。

她知道她应该问商业方面的问题，比如经营、执照和规章之类的。但维尔瑞德想让她问的却都是关于味道的。关于甜甜的口感和挥之不去的香气。英格丽德紧咬着牙齿把这些话挡在后面，没有问任何问题。莉斯贝丝询问了有关添加剂的问题，玛雅想知道包装的重要性。英格丽德和维尔瑞德坐在房间的后面，嘴里充满唾液和期待。

吃过晚饭，凯特跟她说的时候她的心跳几乎都要停止了。其他人收拾桌子的时候，凯特把她拉到一边，语气如常。

“你其实可以上去找他。”

英格丽德盯着她，感到血液冲上脸颊。“什么意思？”

凯特保持着她说话的轻快，但她的声音里有一种深情，让英格丽德喉咙一紧。

“约翰尼。他明天早上就走了。半个小时后大家睡着后，你去找他，他会很高兴的。”

英格丽德惊呆了。“他……说什么了吗？”

她本想说：你想什么呢？你瞎猜什么呢？

但她在朋友的脸上没看出一丝批判的意思，也没有任何轻蔑或怜悯。只是一种希望她获得幸福的期盼。

“你过去爱得太少了，英格丽德，”她说，“去找他吧。”

她没有盛装打扮，离开房子的时候甚至连镜子都没看一眼，没有特别小心地打开前门，也没有蹑手蹑脚地下楼。这在任何情况下都可以称之为疯狂，可事情就得是它本该有的样子。路边有几所房子亮着灯，但外面空无一人。只有她自己的脚步，尘土在夜色中沉寂，一只孤独的鸟儿简短地叫着。

萨洛特租的店铺就在房子后面。它有一扇通往后院的门，但英格丽德仍然要沿着车道走下去，穿过小商店和篱笆附近的木薯田。如果现在萨洛特出来看到她就完了。“不，不。”维尔瑞德悄声说道，“就假装你是在梦游。”

他房间的门关着。她可以的，她可以敲门。可以向郡公交服务中心的英格丽德和过去的一切说再见，成为她从未想过的自己。她举起手，感觉到黑巧克力的味道在她的舌头上蔓延开来，然后吞了下去。“你过去爱得太少了，英格丽德。”

她用力敲了两次门。

他开门后，双眼欢快而明亮。

“我一直在等你，”他说，“我猜你会来的。”

他的手紧紧握住她的手腕，把她拉了进来，温暖而干燥。

25

西　娜

阿曼德究竟想要什么？

西娜很紧张也很尴尬。紧张的是得告诉凯特和其他人，尴尬的是阿曼德计划过来，没人想让他来，也没人邀请他来。自然也没人欢迎他来，她想。她任由想法在脑海浮现：我不想让他来。

她琢磨这封邮件两天了。一会儿担惊受怕，一会儿又生气。他没有提前问时间合不合适，也没有问这里有没有合适的地方给他住，只是自以为然地觉得所有事情都会为他安排好的：“我要去趟斐济，29 号到南迪机场。”

他对立陶宛进口的大量货物只字不提，也没有说他是否卖掉了她的汽车。

她的儿子怎么可能还会让她感到紧张和尴尬呢？在阿曼德这里她真的还有脸可丢吗？他不是早就榨干她了吗？

这是你选择的，西娜提醒自己说。她脑海里重复着她母亲的话语，当这个男孩整夜哭泣，清晨，西娜肩上挎着手提包站在那里，疲惫不堪，正要去霍伊建材大楼签发油漆样品并记录油毡地板库存时，她的母亲言辞犀利。“你自己选的，西娜，这真是见了鬼了。”

是的，她选择了孩子，这是她的路。她听说过，不只是从莉斯贝丝那里，他们说这是“路”。她的母亲写信给一位朋友，询问西娜是否可以在一切风平浪静之前待在朋友家。但她不想这样！一向意志薄弱、毫无野心的西娜·古托姆森——她知道别人会怎么看她——坚持了自己的路：她要生下孩子，而且就要在莱维克。

她并没有想到莉斯贝丝还有哈拉德会帮她，起初，这足以让她不得不对自己的疯狂决定耿耿于怀。在莱维克，她不是这样做的第一个人，也不会是最后一个。但西娜不像能无忧无虑地笑的凯特，也不是能搞定一切的英格丽德或者理智的玛雅。她也不像莉斯贝丝那样长发飘飘、身材迷人，她永远也成不了那样。

所以她拥有了这个孩子，还拥有了秘密，以及她成为所有人的焦点这个令人眩晕的胜利。西娜的所作所为让他们战栗，给了他们窃窃私语的谈资。

她也不曾想过钱的问题——想得不多。毕竟一个 19 岁的女孩哪里知道生活的开销有多少呢？从学校午餐的香肠三明治、滑雪靴和公交车票，到足球球星卡交易和游泳池门票。但她努力学着去经营，她竭尽全力保住她找到的那套小公寓，她去上班，自己付了房租。心里一阵刺痛，西娜仿佛掉入一个深渊：他看不到她为他做了什么吗？为什么阿曼德从来不会感激这些？她到底哪里做错了，让一个 47 岁的男人仍然觉得他的妈妈是他的钱包？一个没有任何成绩能拿出来说的中年男人，有的只是无穷无尽的失望和接连不断的失败。而且他从来都说那不是他的错。

她曾经对阿斯特丽德寄予厚望。阿曼德二十几岁的时候遇到了她，那时候他在念大学，他感觉整个世界都围着他转。但是，在她的马尾辫和乌黑的眉毛下，有来自南海岸的年轻姑娘的坚定和可靠。带给西娜希望的是，她透过阿曼德那扬扬得意的傲慢看到了别的，并为之鼓舞。

圣诞节期间，他带着她回家过了几天，而西娜注意到了他们说话的语气，认为自己看到了一些真实的东西，一些值得尊重的东西。但当春天来临的时候，他再也没有提到阿斯特丽德了，到了秋天，学生生活也失去了光彩："再念两年，只为了一张纸，我拿着那张纸能去做什么呢？"那时，他的几个朋友创建了一个品牌，财富和机会都在伦敦，他们需要阿曼德。"经理，有个好的经理，这几个人能成大事！"

她没看到这生意有任何回报，但这还不是最让人伤心的。她从来不期望他变得富有，她的孩子从来不需要成为名人。他只要沉下心做份工作，买间公寓，开始自己的生活，这对她来说就心满意足了。

当哈拉德·霍伊把儿子约阿希姆逐出家门后，莱维克谣言四起。当时，西娜已经被晋升为店里的前台，并在莉斯贝丝偶尔到访时向她简短地问好。哈拉德的办公室在楼上，西娜通常看到的就是莉斯贝丝穿着名贵外套上楼的背影。董事长和他的妻子早就搬离市区，住到托帕森山上的一座定制的宫殿里去了。但她听说了一些事，总有人在谈论老板的事：关于这位夫人在商务旅行和会议上从未出现过；关于谁又看到什么听到什么以及有人又给了他这个那个的；关于哈拉德·霍伊因为他的儿子想成为一个护士而放弃成为建材公司第四代接班人而暴跳如雷。

如果阿曼德能像约阿希姆·霍伊一样，找份工作；要是他学会了运用知识，表现出同情心，她会多么为他骄傲！文凭和头衔，目标和动力，阿曼德一样都没有。所以西娜才会尴尬。

*

“你紧张什么呢西娜？连抽三根烟了——怎么了？”

玛雅把她的责备隐藏在窃笑的背后，但她鼻子上笑出的皱纹可真真切切。西娜条件反射地扔掉香烟，抬头看着玛雅时眼里充满内疚。如果是其他任何一个人问，西娜都会耸耸肩，继续抽烟，但玛雅仍然有着老师的权威气场。她在她的太阳镜背后，评判着我们做的每一件事，西娜想。

“没事！我就坐会儿，然后……”

然后怎么？担心阿曼德的到来？因为她不知道他想要什么？她当然知道了。阿曼德来斐济肯定是在家里那边做事又失败了，钱又用光了，他希望在这边有什么简简单单就能获利颇丰的好事情落在他头上。他会让自己为某个生意着迷——他还不知道是什么，但他就是迫切地想抓住机会。巧克力，她突然间想到，那个她即将参与的冒险。她，西娜，而不是阿曼德。

“好吧，你脸色很糟糕，”玛雅说道，“跟我去散个步吧，会好很多的。”

西娜叹了口气。“太热了，我实在没力气。”

玛雅并没有放弃。“温度和昨天一样，来吧，外面肯定有风。”

但西娜已经准备好了她的理由。“我真不能去了，我得去看医生。你还记得我跟你说过我今天已经预约了吗？维利沃会开车带我去拉奇拉奇。”

玛雅摘下太阳镜，清澈的浅蓝色眼睛里闪耀着坚定的光芒。“你想让我陪着你吗？”

西娜摇摇头说：“不用了，没事的。只是体检而已，然后取一下上次检查的结果。”

她还是没能直接跟她们说那件事。她生命中的那一阶段早就结束了，所以可能没什么，只是反复无常的几次发作而已。从一个被遗忘的地方传来的黑暗、令人不悦的信号，从一个她早已不需要的器官那里传来的不受欢迎的信息。一件她选择忽略的讨厌事。她现在没有时间生病，而应该专注于巧克力生产。所以她尽可能不去想这件事，或许什么事也没有。

但是玛雅并没有绕圈子，而是单刀直入。

“把它摘掉，”她说，“我很多年前就把它全部摘除了。”

她淡淡地说着。“我也曾一次次出血，摘除后就轻松多了。”

她耸了耸肩，看着西娜。“别害怕，有它或没有它，都没什么区别的。”

西娜只是点着头。已经有好一阵子，没有什么事值得她忧心。“或许没什么，”她说，“我不担心。”

玛雅审视着她。“不，你还是担心，”她下了结论，“但我跟你说，真的没什么好害怕的。”

维利沃把西娜送到了一个灰黄色的建筑外，墙上的红十字已经褪色了。门牌上写着“健康中心”，螺丝上的棕色锈斑直往下掉。他们说好他会在一个小时后回来接她，西娜急匆匆地赶到候诊室。

“妇女的医生。”在这里他们都这么叫他，他每周只来诊所一次，每次来的时候墙边的椅子上都坐满了孕妇。大着肚子，脚肿胀着，脸也因为荷尔蒙和高温而松弛。她们看起来好年轻！其中的一部分有亲属陪同，他们有的在看手机，有的坐在椅子上烦躁不安，而母亲和姨妈互相交谈，会突然发出阵阵笑声。

西娜找了一个空椅子，桌子上没有杂志，角落里也没有带杯子的饮水机，柜台旁边的地板上只有一个大型的体重秤和一个支架上的血压计。

“夫人，麻烦……”

她打量着每一个人，只是想确信他们肆无忌惮的目光并不是在衡量她的体重，而仅仅是对周围人感兴趣。每个人在这里都得说些本来不想说的话。她耳朵里的耳温体温计很快就测量出了数据，护士让她坐在椅子上等着。很明显，得等会儿才能轮到她。

西娜的思绪又飘回到阿曼德身上。阿曼德真是讨厌！她一边想一边环视候诊室，似乎害怕别人听到她在想什么似的。她儿子是从哪里弄来15000克朗买机票的？我的天哪，突然一个想法袭来：他最好已经买了回程票！想到阿曼德来斐济可能没有买回程机票，她就觉得恶心。她不能再等了，今晚必须告诉凯特。

“西娜夫人，请！”

她起身太快，血液也跟着冲向头部，不得不站了一小会儿才能去医生的办公室。

“手术，”医生说，“这是最佳选择，万全之策。”

也许玛雅跟她谈过后，她已经对此有所准备了，但是西娜此时却茫然地看着他。手术？

“全部切除，”他继续说道，“包括卵巢。”

他微笑着，脸上笑出了皱纹。“宫颈涂片上显示情况可能不太正常。”

可能。她没有听懂剩下的话。从各方面来看风险都很低，只需要做手术就可以治愈。“之后你就完全没事儿了。”他说。

风险低？是在说癌症吗，还是他不确定？她自己问不出口，只是在他一边说话一边用笔敲桌子的时候点了一下头。

“对于您这样年纪的患者，最好是全部切除。”

她张着嘴，含糊地回答着。

她得计划，得思考，得想办法筹钱。她说她决定好要怎么治疗后会打电话过来。

26

凯　特

其他人并不知道西娜每个月出的钱没有她们多。她来的第一晚就崩溃了——我怎么能再打击她的信心呢？怎么能在棕榈树在夜晚的微风中摇曳时，向她们透露西娜到达后的第一个想法就是她是否负担得起？伊芙·福加德会准时把玛雅那一份款从挪威打到我的账户上。英格丽德给我本地的现金，莉斯贝丝则是从一个叫“宝马基金”的账户转给我，然后让我在这个账户的钱用完后提醒她。而在机场的那一刻，西娜告诉了我那不断蚕食着她的需求，这跟任何人都无关。

显而易见的是，她并不能对阿曼德说不。当她咕哝着说她的儿子“想过来看看她怎么样，他真的想亲眼来看看我在这挺好”的时候，她显得异常沮丧。上帝啊——他难道就不知道羞耻吗？都几乎 50 岁的人了，钱花完了还要来这里跟妈妈发牢骚。怎么到他这儿找份工作独立生活就比别人都难呢？

他来的时机再糟糕不过了，就是这样。现在我们把全部精力投入到糖果屋上，我也已经打算去劝摩西斯加入我们。我的经理仍然对巧克力业务持怀疑态度，但我已经向他保证，他的职责将保持不变。唯一不一样的是我们将从以前会用来售卖的可可中取一部分自己用。我这样向他描述我们的产品：黑巧克力，纯正的斐济味道，用玻璃纸裹起来，再装进精致的盒子里。然而摩西斯不是巧克力爱好者，他检查可可豆时会亲自去尝尝，味道又苦又新鲜，这是他唯一知道和关心的标准。

无论怎样，我们对阿曼德都无能为力。他要来科罗托托卡了，阿特莎和我安排他跟莉提亚和摩西斯一起住。我完全没打算给他在凯特之家安排住所。

英格丽德试着往好的方面想："我觉得他不会待太久的，跟我们这些老女人在这里，他肯定慢慢会觉得无聊的。"她想逗我笑，"我们可以安排他做家务，当他知道自己得参与轮流准备晚餐的时候，他肯定会吓到的。"

可我没心情听笑话。"他肯定会来这里蹭吃蹭喝，想都不用想。他还能去哪儿？他名下可能一分钱都没有了。"

英格丽德点点头。她的笑容褪去，看了一圈确保附近没人。"你说得没错，"她说，"但我更担心的是他怎么处理自己的嫉妒心。嫉妒加依赖可不是什么好组合。"

嫉妒——她什么意思呢？我正要问，玛雅从转角处走来，上楼梯来走廊这里。她慢慢脱下凉鞋，坐在一把椅子上。"西娜？"

她问道，然后四处张望，“西娜不在这里吗？”

*

很大程度上我觉得这是一个梦。就好像你看到你小时候的照片，已经搞不清这是你记忆中的场景，还是只是一张照片。你摇摇头，告诉自己这是不可能的，你太年轻了，你只是看了很多次相册，所以你以为你还记得去过那里。只有画面是真实的，记忆是虚构的。

最后一个巴洛洛夜晚的照片并不在相册里，但我却让他们一次又一次地给我描述，直到细节无比丰富，他们把他拉出来的时候，我仿佛清楚地记着自己站在海边。就像我蜷缩在一艘被拉上岸的船的阴影下，在寒冷的白色月光下，我亲眼看见了。只是这现实——他早上再也不会躺在我的身边——不断地提醒我，事情发生了。然而我不在那里，我不可能在那里。

每年都是一样的：村子里充满着忙碌和兴奋的气息，每个人都准备好了迎接巴洛洛的到来。9 月是为那个巴洛洛夜晚做准备的一个月，沿途的所有房子里都会放着已经准备好的自制渔网、篮子、水桶和钓鱼线。每年的这个晚上，数百万的巴洛洛，那微小的海虫从深海中升起，将海洋表面铺上一层上下翻腾、起伏不平的地毯。这种小的深水蛇，在这个神奇的夜晚被满月所吸引而浮至水面，人们把它们的卵子和精子放在一种凝胶状的汤里——这是一种美食佳肴，科罗托托卡的人们怎么吃也吃不够。

我永远忘不了我们第一年来到这里的时光，我听说了巴洛洛梦幻般的色彩，它们会从红色变成蓝色，再渐渐变成绿色、棕色和黄色。当阿特莎解释说只有蛇的躯干浮在水面上的时候："它们的头颅被留在了海底的洞穴里！"我的兴奋劲才稍微下去了一点。

她热切地描述着一个人狼吞虎咽地吃着这些黏糊糊的小虫子时的样子，这让我感到一阵恶心。"我们爱巴洛洛，凯特夫人！我们用手把它舀起来——像这样！"她用手做出一个舀的动作，把一大把空气送进张大的嘴巴里。"或者和草药一起煮，或者煎一下，或者放到地炉里。"听到这，我不禁作呕，想象着那黏糊糊的、游动着的几百万条虫子在黑暗中发着光。尼克拉斯则全然相反，他全神贯注地听着阿特莎继续讲。她解释说，关键是要在适当的时刻，在浅水里或在独木舟里，当大海突然在满月下变颜色，海面上浮起一片彩虹色的虫子的时候。它们只有短短几小时来完成受精周期，接着它们一边被渔网和水桶追赶，一边要应付贪婪的鱼群。"我们的时间也很有限，"阿特莎继续描述着，"太阳升起后，巴洛洛就会沉入海底，把头再装回去。"

我瑟瑟发抖，但尼克拉斯听得饶有兴致："你们怎么能准确地知道发生的时间呢？"

阿特莎耐心地看着我们，好像不清楚应该如何透彻地解释给我们。

"尼克拉斯先生，我们是通过月亮的形状来判断，通过月份而得知的。当香蕉成熟的时候，就到了提沃利收获的时候了，这时巴洛洛就该来了。”

我点了点头。为什么还非要她解释更多呢？

我从没想过要跟他们一起出去。如果尼克拉斯想坐在浅浅的独木舟里，在布满虫子、鱼卵和精液的海洋里来回晃动，那就让他去吧。

他当时有不开心吗？会因为我对此缺乏热情而失落吗？第一次的时候，我试图用去海滩来弥补。当我们被敲门声叫醒——“巴洛洛！巴洛洛来啦！”——我下床跟着他一起去了。波浪起伏的大海，原始的来自海底的无头生物。岸上一片混乱，男人们跳进他们的小船。萨洛特一手提着一个篮子跑着，阿特莎和维利沃一起，莉提亚和她的儿媳们一起，尼克拉斯和乔一起爬上船的时候，脸上充满了期待。我站在那里，向着大海望了一会儿，看着他们的船越行越远，在五彩缤纷的虫群中摇摆着。这段旅程我没有选择跟他共同经历，回去的路上月亮跟着我，照亮了回家的路。

他回来时我睡得很沉，甚至没感觉到他躺在我身边。他醒来后，我给他泡了咖啡，问他昨晚怎么样。“那，你有没有和乔还有维利沃一起吃生的巴洛洛？”

他听了大笑起来。他甩了甩又厚又白的头发，捧腹大笑。“如果你选择不去冒险，你就没有权利在事后提出问题！”

自此以后他就再没问过我想不想跟他一起去。只是当巨大的敲门声响起时，他就立刻溜下床，第二天早上他蹑手蹑脚地回来时我都听不到。

一年半前，那个 11 月的夜晚的场景，现在成了一系列闪烁的失焦照片。浮木在波浪上跳舞。但我清楚自己是醒着的，知道自己听见阿奎拉低沉的声音在外面叫着："巴洛洛，尼克拉斯先生！我们现在过去吧！"我知道自己躺在那里，安静地躺在黑暗中，他出门的时候我看到了他的背影。

我看着他走了，但什么也没说。他一个人出去了。

那晚还留下了什么呢？梦境的碎片以及谎言和希望。还有我所听到的，不再被讲述的故事。但我确定我在海滩上时并没有跑向船只。我想象那里会是什么样子，但是没有行动。我知道我想像莉提亚和她的饼干盒，她闷闷不乐的愁容被一顿美餐所消解。当乔命令他的儿子们的时候，我听到了他的声音，我想像维利沃急忙跑到海滩上，抓了几把虫子塞进篮子。但我没有下去。当赛带着有一头棕色的卷发和金色皮肤的小女孩跑过来的时候，我不在那里。尼克拉斯经过这对母女时，我不在那里。他一步未停地从他们身边走过后，笔直地坐在阿奎拉的独木舟上，开始准备他的摄影器材。当赛站在阿特莎和其他一些妇女的旁边——莉提亚带着她的饼干罐，乔的女儿们在两个竹竿上绑着一个细网渔网——我在床上，在我的卧室里。然后当阿奎拉的独木舟返回来的时候，水桶和盆子都是空的，船头转到另一边，我完全想不到尼克拉斯那时站在水边："你们先走，我在这拍几张照片，我今天已经吃了太多巴洛洛了。"他声音里含着笑意，我没有亲耳听到，只是想象着。当他转身前快速地瞥了赛和那个小女孩一眼时，我不在那儿。

关于这件事，我听到好几个版本。有简陋的警方报告，有阿特莎绝望的哭泣。“我问了每一个人，凯特夫人，没人看到。每个人都以为他回家了，他跟阿奎拉说他吃了太多巴洛洛了。没人听到求救声。如果他需要帮助，他会喊叫的，对吗？但大家什么也没听到。你只能相信是他心脏的问题，凯特夫人。就像警察报告里说的那样。他的心脏停止跳动了，他跌倒了，被红树林的根缠住了。凯特夫人，那些根又长又乱，尼克拉斯先生……他们认为他的头卡在水下了。乔的儿子发现他的时候……索洛蒙带着他的网在海滩上走了没多远，就在这时，他看到了尼克拉斯。就在那儿，在水里。”

阿特莎讲这件事的时候，我总是不得不点头。而每当这时，我们就交换了位置，我变成了要去安慰阿特莎的那个，向她保证，她没有什么可以做的，没有人可以。

我不在那里。这是我脑海里的场景，是睡梦中出现的画面，使我臆想出许多事情，让我重新回到窗前，看到他背着黑色的相机背包，走到船上，和那些欢呼雀跃的人群一起消失了。是别人告诉我的事情在我的脑海里形成了这些画面，我穿上一条牛仔裤和一件格子衬衫，坐在黑暗中，穿戴整齐。对这些场景，我的情绪没有丝毫波动，脑子里没有任何想法。就像一部电影，我看着自己坐在那里一动不动，过了好久。然后，我走到外面，沿着走廊的楼梯，向岸边的喊叫声走去，但是我仍然待在阴影里，在茂密的草地和椰子树形成的分隔带后面，它们将海滩和内陆的房子分开。我知道这只是我的困惑，是愿望和恐惧的碎片，在我的脑海里，在夜晚的时候，电影在我的脑海里回荡。我没有坐在船只停泊位置后面的黑暗里，没有看到一个高大的身影背着一个背包在红树林旦慢慢地走出来，他的眼睛紧紧地盯着取景器。我没看到他绊了一下，挥舞着手臂向前摔倒。他伸出双手去支撑自己，相机掉了，他头朝下沉入齐膝深的水中，溅起柔和的、无声的水花。我没有站在那里，无动于衷，一声不响。不是我，我不在那里。

27

阿特莎

上帝啊，有些事我不明白。西娜的儿子要来科罗托托卡，为什么不跟她一起住呢？凯特之家有不少空房子，但夫人们好像并不想让他住进来。萨洛特提出其他的猜想，所以我告诉凯特夫人摩西斯和莉提亚那里有间空屋子。但我后来就后悔了，上帝。凯特夫人到斐济也很长时间了，但她仍然不理解，对于伊淘凯人来说，让客人感受到宾至如归是一种义务。她不知道摩西斯是没法拒绝这件事的。

西娜夫人得知儿子要来也不高兴。她的脸色僵硬，就像房子地基上的石头。西娜夫人老了。从前她给儿子做饭，为他提供上学和买衣服的钱。可他现在也是成年人了——难道他不应该担负起照顾母亲的责任吗？我问西娜夫人他是不是生病了，她说没有。我还问是否在他们住的村子里年轻人不太好找工作，她的声音里夹杂着笑声和泪水。“阿曼德不年轻了，”她说，“他快 50 岁了，但他就是不懂。”她的儿子怎么会不懂，他年纪多大？难道他没上过学吗？

也许西娜夫人很羞愧，我可以理解。我在凯特夫人面前也很羞愧，上帝，但这不关维利沃的事情！尼克拉斯供我儿子上学，但即使他得了毕业证，还是找不到工作。这我不能理解。道路那样糟糕，雨季的时候桥梁会垮塌，海床上到处都是中国人愿意花大价钱买的海参，他怎么还是没有工作呢？

许多征兆使我害怕，上帝。我已经听过很多次猫头鹰的叫声了。那空洞而冰冷的声音警告着危险即将来临。我想今晚会打雷，我能感应到蛇神在山腰上翻来覆去地扭动。

敬爱的上帝，让西娜夫人的儿子知道他自己有多老吧，让她为儿子的到来感到快乐吧。

阿门。

28

英格丽德

不仅仅是她的脚在斐济枯木逢春。她的思想、她的肩膀、她的笑容——英格丽德感到一切都变得轻松而顺利。世界存在一种平衡。这不就是她内心深处一直明白的道理吗？那些工作、等待和坚持下去的人最终会用巧克力填满他们的嘴巴。

糖果屋需要的设备有一部分已经运到。她和凯特昨天一起拆了箱子，里面装着新的炉子，还有磨粉机，它将精细研磨可可块。阿特莎保证维利沃可以将其全部组装起来，英格丽德只是希望他能在不破坏任何东西的情况下做到这一点。她的思绪飘向了约翰尼，要是他能再来这里一次就最好了。只是帮我们启动这个项目，她告诉自己，没有什么隐秘的动机。共度一夜并不会自动地变成惯常之事，快乐也不是一位你想请就能请回来的客人。

有时感觉它根本没有发生。萨洛特房子里的狭窄的床，他们没有打开的灯。没有窗帘的窗户被蚊帐罩住了。汗水的味道，他的，她自己的。当她走回家的时候，晨光已现，那只鸟又叫了起来，清脆而响亮。她的步伐也轻盈了许多。

它确实发生了。英格丽德知道，维尔瑞德每个晚上都把那些画面在脑子里过一遍。凯特也知道，谢天谢地凯特知道这件事。

可一想到西娜，她的早餐盘上仿佛罩上一片阴影。西娜可才尝到一点自由的滋味，英格丽德想。她不像从前那样总固执地说我才不关心，她会花越来越多的时间在厨房跟阿特莎学习包芋头叶的窍门——这种又大又糙的芋头叶子是如何经过腌制和搅拌后，达到一个不会让喉咙不舒服的柔软度的。她甚至还试着学了一两句斐济语，这让阿特莎又爆发出那标志性的大笑——而西娜平常可不总逗人开心。

但是现在的情况是，阿曼德要来了。还有她的出血，她的病情更加严重了，从西娜之前的轻描淡写已经变成医生坚持要她认真对待的问题了。她昨晚居然能坐下来，毫无保留地告诉她们医生所说的话。这都是斐济的温暖阳光所带给她们的改变。阳光温暖着她们，使她们敞开胸怀。而现在，对西娜来说，一切还未真正开始就要结束了吗？

她不能让忧虑的阴云占据整个上午。当英格丽德拍掉膝盖上的面包屑时，她低头看着自己的手：她的手指关节皱巴巴的，静脉凸起像粗壮的蠕虫一样。但她的皮肤健康且滋润，毛孔充满了热带的甘露，这是斐济特有的空气，像一种有机的胶原蛋白注入每一个细胞，没有副作用，并且能够长期保持。

英格丽德站起来。新的体验等待着她。周日了，她要去教堂。不是因为她觉得钟声不可抗拒，而是因为这是她想要为斐济经历增添的另一块拼图。

她从一开始就注意到，礼拜日在这里是神圣的，就像她童年时的记忆一样：柔和潮湿的日子，即使是有坏天气，有风雨或烈日的影响，这份神圣感依旧。不同的是，这里的人们很快乐，英格丽德想。人们在去教堂的路上，眼神里发出期望的光芒，显然他们即将参与非常棒的活动。这种状况曾出现在莱维克教堂里吗？在她去过的那几次，一个个在长凳上坐着的单身女人的脸像黑色雨滴一样。教堂不时地举办坚信礼和婚礼，她上一次去教堂还是在10年前，当时彼得受洗。同样的快乐信念在那里被藏起来了吗？藏在圣歌书后面的苍白的脸上？她很少考虑到这一点，教堂和宗教在她的生活中扮演的角色并不重要。

但这里的情况截然不同。教会不仅仅在斐济扮演重要角色，它还是经线和纬线，是社会的基石。“当然，还得加上地方长官的制度。”玛雅在前一段时间讨论过这个问题，她已经详细阐述过了。虽然她有时会偏离主题，但英格丽德认为，玛雅关于当地文化的小型讲座在处理意想不到的情况时，往往比凯特的不成熟的解释更有帮助。

“大部分伊淘凯人，也就是斐济本地人，都是卫理公会教徒，并且相当一部分印度－斐济人也属于该教派。”那天晚上，玛雅大声读着她无数的关于斐济的文章和书籍之一。当凯特接着开始讲自军事政变后，自封的总理姆拜尼马拉马与教堂之间棘手的关系时，英格丽德的思路断了一下。她明白政变领导人掌握实权，总统是一个有名无实的首脑，卫理公会教堂不得不同时受到审查和政治干预。

但是真正吸引英格丽德的，也是她今天早上坐在这里，穿着新熨过的雅巴，等待阿特莎的原因，是每周路上的游行。每个星期天的早晨，离教堂钟声响起还有很久，村民们就会涌出他们的家，前往上帝的房子。他们中的大多数人都去了伊赛法神父的卫理公会教堂，有些人去了白色的教堂，那里是神召会的聚集地。于是一幅引人入胜而又收敛又壮观的景象出现了：男人们这一天总算不再穿着图案浮夸的布拉衫，而是换上了白色短袖衬衫，系着领带，再穿上深色的及膝的正式苏鲁裙。女人们则穿着自己最好的雅巴，大部分是白色的，布料闪闪发光。刚洗过的卷曲的头发还潮湿着，耳朵后面别着新鲜的花，《圣经》装在专门为它编织的长方形袋子里。打扮整齐的孩子们穿着节日用的鞋子，小女孩梳着密密麻麻的发辫，男孩们穿得像他们父亲的微缩版，穿着深色的苏鲁和笨重的凉鞋。举过头顶的是用锡纸覆盖的盘子：里面盛着烤饼或木薯饼或煮过的芋头，供人们在仪式结束后的公共午餐上享用。在周日早上前往教堂的路上，人们微笑着，热情地聊天，但没有人如往常般捧腹大笑。这是一种祥和的快乐，英格丽德心里想着。去教堂并非出于恐惧或强迫，而是在一个神圣的日子开始时，一种安静的期待。

阿特莎从路上挥手致意。“英格丽德夫人，早上好！准备好了吗？”

他们称之为海之星的女孩站在她的旁边。她拿着一个篮子，朝英格丽德点点头，并没有微笑。

“今天我带玛丽亚去，”阿特莎说，“她姐姐生病了，赛离不了家。”

英格丽德笑着说：“玛丽亚，你真好，能陪我们去教堂。”

女孩的眼睛里充满了金色的光，她微弱的声音非常坚定。“别人叫的话，我们必须去。”

斐济人对待事情就是这样，英格丽德居然一时没想到。她断断续续地学到了一句话，但她知道她不能坚持一段很长的布道。她学着阿特莎和其他人的动作踢掉了她的鞋子，赤脚在教堂里似乎是司空见惯的事。但是，当风琴开始演奏时，就像记忆中在家那边一样极度平缓，在吹奏第一首赞美诗时，她忘记了担心语言不通的问题。小合唱团的成员们托着乐谱，站在祭坛旁边的一个角落里，看上去可怜巴巴的，但是当他们张开嘴，把第一串音符带出来时，她吓了一跳。在她身后，在她的面前，在她的周围，一支完整的声乐管弦乐队在演奏，在柔和、完美的协调中奏出深沉、响亮的声音。人们站满了整个教堂，一部分人吟唱着一段又一段铿锵的诗句，风琴和唱诗班都消失在了背景中。英格丽德双手抓住她前面的长椅，歌声响彻教堂，直冲天花板，迎着阳光从敞开的侧门倾泻而出。歌声在她的身体里跳动着，歌声拥抱着唱诗班旁边墙上的木质十字架。当最后一个音符滑到一个长长的“阿门”时，她惊讶地瞥了一眼阿特莎。

“你们配合得像一个……天使唱诗班一样！你们怎么学的？”

阿特莎耸了耸肩。“耳朵和声音知道哪些音符属于彼此，它们是朋友，彼此都知道对方需要什么。你要做的就只是唱出音符，让它们从你的唇间自然地流出。”

她微笑着，双手放在膝盖上。这时一个又迟钝又胖的人走到中间过道，开始读一张纸上的内容。英格丽德听懂了几个名字，有男有女，周围的人们都一边点头一边叹息。阿特莎朝她靠过来。“他在告诉我们谁需要帮助，谁家在哀悼，谁家有人生病，我们应该为谁捐赠。”

如果是在挪威，英格丽德可能会看向别处，礼貌地微笑。但在这里，赤脚穿着长裙，她耳畔仍然萦绕着朗朗的歌声，她唯一能做的就是不住点头发出“啧啧”的哀叹。

“我要回家了。”她轻轻地对阿特莎说，此时祝福已经完成，神父伊赛法领着队伍沿着中间的通道走到门口，向每一个会众问好。他胸前的银十字架在白光下闪闪发光。

“但午饭时间到了！”

“我知道，阿特莎，但是我答应了凯特回家帮她……”

她说不出话来完成她的善意的谎言，但这无关紧要。阿特莎也知道，早上的仪式和歌声已经让她有些疲倦了。

阿特莎灿烂而平静地笑着说：“明天见。”

圣所里可以听到杯子叮当作响，一个男人迸发出一阵爽朗的笑声。

她绕了远路走回家，没有路过村长草屋，没有走主干道，而是走了小路，穿过一片木薯地，来到海滩。

她知道自己想要留在斐济，对于过去郡公交服务中心的办公室，灰色的小隔间和角落里嗡嗡作响的打印机，她没有丝毫留恋。她不怀念每个人永远都坐在同一个座位上的午餐时间，也不怀念她的同事絮叨着关于他的达克斯猎犬[1]得了肾结石的故事。

她的公寓现在空着，但她计划在秋天开始时让谢尔安置一个房客。并不是因为她缺钱——她的存款够在这里用很长时间——只是她不再考虑回家，不再需要一间房子来提供安全感了。谢尔会抱怨个不停，毫无疑问，但他还是会帮忙。她的弟弟将会看到在闲置的资产上获得回报的智慧，而这资产原来只能在那里堆积灰尘而已。房地产是唯一真正安全的投资。他不会帮助她卖房子，所以英格丽德只能把它租出去。

而维尔瑞德想卖掉，她从不回头，不需要这旧的安全感。维尔瑞德想卖掉这房子，然后入股凯特牌巧克力。投资乔的船，在凯特的房子后面的地里种上黄色的香瓜——为什么拉奇拉奇的市场不会接受新的东西呢？维尔瑞德没有耐心去学习编织稻草的细致技术，但是她想在柔软又结实的垫子上面跳舞，然后盘腿坐着，把拳头砸在地板上。与英格丽德不同，维尔瑞德可以跳舞：因为她的大脚一直都是赤裸的，她可以用合适的力量和直觉的节奏跺脚，伴随着鼓声唱歌和拍手。维尔瑞德完全掌握了臀部的摆动，骨盆旋转跳动，使苏鲁裙上的马西布在空中猎猎作响，她在唯有时光能够讲述的古老故事里舞蹈。维尔瑞德要挪威的公寓有什么用呢？

1　达克斯猎犬是一种短腿长身的德国猎犬。——译者注

她快要买一件用椰子壳做的胸罩了！

英格丽德绕过似乎无人占有的木薯田，瞥见了大海。一闪一闪的白色浪花出现在她的视野中，在她的眼睑后面闪烁。维尔瑞德大笑着张开双臂。

英格丽德回来时，凯特坐在缝纫机旁边。针穿过一片五颜六色的布，红色和白色的花朵点缀在橙色的背景上。当她在门口看到英格丽德的时候，她停了下来，拔掉缝纫机的插头，站起身来。“我们出去坐会儿吧，你介意看下冰箱里还有冰茶吗？”

这个下午，凯特之家又热又闷。桌上的水罐周围凝结着一圈水珠，凯特闭上眼睛，几乎睡着了。但是，一个重重的、跳动的节奏仍然在英格丽德的臀部上荡漾，她把问题抛了出来。“你会跳舞吗，凯特？”

当她意识到自己居然不知道答案时，她感到脸上微微刺痛。她和凯特，难道不是一直都是好朋友吗？然而，20 世纪 60 年代的高中时期依稀记得有过跳舞的经历，但这并不是她的本意。她是想知道凯特是不是会……“跳舞”？

凯特把太阳镜推到前额，斜瞥了一眼。“你是说斐济舞？米克？”

英格丽德点点头，表示正如她所说的那样。

“不，不太会。我倒是看过很多次米克舞，但是它实在太复杂了。它是一个故事，从某种意义上来说，是关于历史事件或者某件事情。相同的舞步和动作不断地重复，但我觉得这不是什么能够”——她抬起双手比画了一个双引号——“‘学会的’。”

英格丽德等着凯特解释。“米克舞超越了舞蹈，它是……一种传递故事的方式，确保神话和传统能够存活下去。”

“就像我们的民间传说。”玛雅的声音响起来。她突然出现在台阶下面，凝视着凯特和英格丽德。在卷曲的红头发下，她苍白的额头上布满了汗珠，手里拿着一顶草帽。“天哪，太热了！”

“当然啦，你选了一天中最糟的时段出去散步，”凯特说着从阴凉处的椅子上站起来，“过来喝点茶，我给你取个杯子。”

她向纱门走去，但却停了下来，转过身来。“它其实也不完全跟我们的民间传说一样。米克舞更关注精神层面，关注与另一个世界的联系，可以理解为祖先生活的地方。”

英格丽德躺在吊床上，她闭上眼睛，来回摇晃。玛雅坐在椅子上安静下来，海浪冲刷着沙滩，发出的隆隆声响是此刻唯一的声音。一股沉重的隆隆声滚滚而来，低沉而震动，然后随着海浪掀起，发出更轻快的音符。交响乐包围了英格丽德，吊床飘浮在一串歌声中，充满了她的耳朵，血液涌向她的头部。

维尔瑞德正光着脚跳舞。她在编织的扇子后面低下头，这时舞者们列队行进，并用弯曲的手掌拍着砰砰跳动的舞鼓，拉里鼓[1]。一个由粉色花朵和鲜嫩的绿色叶子做成的花环戴在她的脖子上，芳香像面纱一样扑面而来。她的臀部开始旋转，讲述古老的故事。脸涂成黑色的男人们挥舞着长矛；酋长的漂亮女儿们，曾被用来交易昂贵的鲸鱼牙齿，独木舟上的桨有节奏地划着；

1　拉里鼓是斐济的一种木质狭缝鼓。——译者注诸神狂暴而战，直到岛屿沉入海中。曾经在这里的，永远不会被忘记。

英格丽德星期天穿的雅巴上绣着紫色的花朵。在寂静而闷热的门廊里，它们来回摇晃着，硕大的花朵绽放着，像一个人大声说出来的愿望。

29

莉斯贝丝

“太恶心了，”莉斯贝丝一阵颤抖，接着点了根烟，“太恶心，就这么简单！什么样的浑蛋能干出这种事情？”

这些标题几乎每天都出现在当地报纸上，通常被隐藏在页面的底部：“爷爷性侵孙女被判 18 个月”“10 岁女孩遭性侵”“儿童性侵案，39 岁嫌疑人被捕”。

“我不敢想象，但是这种事是不是全世界都有？”她叹了口气，吹出一团烟雾。

“嗯。”凯特看着她说，“是的，但是南太平洋地区的数据高于世界其他地区。全球范围内，三分之一的女性一生中会经历强奸或性侵，在南太平洋，这个数字是五分之三。”

“我的天，为什么啊？”莉斯贝丝皱着眉头，“我以为这里的文化在某种程度上强调……保护自己？”

“这倒没错。”凯特想了一会儿说道，“但‘文化’这个词可以掩盖很多丑恶。在这里，男人对女人甚至小女孩实施性行为也是‘文化’的一部分。而且大量的强奸和性侵案并没有被报道出来。”

“为什么没有？”

“因为性侵者通常都是家庭成员。这里的儿童身边总是有哥哥、叔叔、表哥和爷爷来来去去，这些人看着孩子们成长。所以如果一个女孩被她熟悉的叔叔强奸，把他送去警察局难道很容易吗？这会让整个家族——甚至很可能整个村庄——蒙羞。所以他们宁愿息事宁人。”

“好吧，这种事也不仅仅发生在这一个地方，真是浑蛋！”

西娜的声音生硬而粗糙。莉斯贝丝带着询问的眼神看着她。大多数时候，在凯特之家，所有人都不会太投入到她所谓的“迷你演讲”中，通常都是凯特和英格丽德，有时候是玛雅来讲。但现在，所以目光都投向了西娜。

“男人管不住裤裆里那东西，这也不是什么新闻了。一直都是这样。”

她那简短的话语下隐藏着一些陌生和伤痛。莉斯贝丝盯着她，但西娜没有看她。突然的沉默包裹着门廊。西娜身子向前倾去拿莉斯贝丝的烟盒时，椅子嘎吱嘎吱地响。“而我们还相信他们，不是吗？这也不是斐济独有的现象。”

莉斯贝丝靠向椅子后面，看到西娜拿着火柴的手微微颤抖。

“惹我生气的是，”西娜的声音冷静了一些，“他们还告诉我们要怎么穿衣服，指导我们的行为举止。我们！好像是我们做错了什么一样。而且——”她迟疑了一下，“也不光是穿短裙的大胸女人会引起色欲。”

莉斯贝丝愣了一下，难道西娜暗示的是她吗？她说得好奇怪，“引起色欲”。这就像突如其来的暴风雨，像一场突然的车祸。她等待着西娜继续说。

但西娜并没有继续，而她在令人感到意外的突然爆发过后变得悲伤起来，这情绪在灰色的香烟烟雾中飘过头顶。

“你是说强奸？”莉斯贝丝忍不住问道。

西娜耸耸肩，好像突然失去了所有兴趣。“随你怎么叫吧。”

“其实我们大部分人也喜欢——引起他们的色欲，就像你说的。”凯特咯咯直笑，“但是在你情我愿的情况下。”

西娜又耸了耸肩。她显然不想再继续这个话题。

“可这是我们在这世界的其中一个目的，不是吗？”莉斯贝丝鼓起勇气再次说话，“不然孩子们怎么来到这个世界呢？”

“我的天，莉斯贝丝，做爱并不只是为了生孩子！”

莉斯贝丝不安地扭动身体，喃喃说着：“不，不是……”但在下一刻，凯特的笑声在门廊里迸发出来，莉斯贝丝确信她误解了凯特的意思，她的朋友并不是有意要责备她。

“我没有孩子，但我也引起过色欲，就像西娜说的一样，而且乐在其中。你们不都是吗？”凯特用挑衅的眼神四处张望，但她的笑声在墙壁上回荡，落在地板上。她坐在那里，脚踢着地板，就像一个泄气的气球。

“就像车库摇滚。”

玛雅的语气像是在回忆传统的、用全黑胡椒调味的、辛辣的煮白菜和羊肉骨头。

“如果你隔段时间来一次的话，那是极好的。得有所节制。就好比如果每天都吃羊肉，你也慢慢会对它失去兴趣的。有时候浅尝辄止即可，或者只在脑海里想想就会很满足。”

莉斯贝丝现在并不是唯一一个笑嘻嘻的人，她知道凯特和西娜正在想象同一个画面：斯泰纳尔浑身赤裸，耳朵像扭曲的公羊角。他尖尖的鼻子颤抖着，嗅着白菜和胡椒。

“什么满足了你？”

英格丽德出现在房子的拐角处，脸上闪烁着一种不经意的微笑，拿着一大碗绿豆。“晚餐吃这个就挺好。你们在说什么，什么满足了你？”她在楼梯下面踢开她的拖鞋。

“没什么，”凯特说，她的声音里仍然满含笑意，“至少我希望到现在为止还没什么。”她直接把问题抛给了英格丽德，“你呢？你做过爱了吗？”

英格丽德在最下面的台阶上僵住了。她满脸惊讶地转身，看着凯特好奇而单纯的笑脸。莉斯贝丝此时却在内心产生了同情之心。可怜的英格丽德！她笨重的身躯和那一双大脚，那双锐利的眼睛，以及那身急需帮助的搭配。可怜，太可怜了！凯特怎么能这么狠心呢？

但英格丽德似乎并没有感到冒犯，她没有拿起碗生气而僵硬地走进屋子。相反地，她拿下裹在头上的头巾，把脸擦干。

“没有，怎么了？”她反问凯特，“我才刚刚开始啊！”

她愉快地笑着，好像单独和凯特分享一个笑话一样。“难道你们都觉得那艘船是因为一个苍白的外国人而起航的吗？”

莉斯贝丝盯着她一再确认，这真的是英格丽德在说话吗？

是，也不是。浓密的头发绝对是英格丽德的，但头发的末端闪烁着向外伸展，突然占据了更多的空间。她那双褐色的眼睛总是像往常一样自由自在，但她的眼睛里住着另一个人，那个人涂着闪闪发光的眼影和亮红色的嘴唇。她的臀部在褪了色的苏鲁裙下显得又宽又大，但莉斯贝丝却感受到了那种强烈的摇摆的节奏，这是一种无所畏惧的宣示。

“在进行到关灯那一步之前，一切都还没有结束，”英格丽德一边说一边神秘地笑着，接着拿起豆子闪进屋里，“而且我也不想进展得太快！”

猛地合上的门砰砰回响了几秒。

“好啊，期待进展！”

西娜率先打破了沉默。“我感觉如坠云里雾里。”

凯特笑了。“英格丽德很懂怎么讲嘛！”

莉斯贝丝环顾四周，顿感困惑——她是不是错过了什么？但在她继续思考前，凯特的目光又落在她身上。

“你呢，莉斯贝丝？你也不会要更多孩子了，所以性对你来说就算结束了？”

莉斯贝丝拿出香烟，把瘦骨嶙峋的双手放在膝上。回想起她强壮、敏捷、红指甲的手指在哈拉德的背上跳着复杂的舞蹈。他喜欢莉斯贝丝抓他的肩胛骨，不要太用力，不要抠出血，这样她就不只是“像块面团一样躺在那里”。“那绝对是最糟的，”他们刚开始在一起的时候，他曾经这样说过，“如果女人只是躺在那里，像一袋土豆一样。”她听了点点头，笑了，接着确保自己不断在动。她小心翼翼地用指甲在他背上的雀斑皮肤上抓着，当他要她翻过身来结束时，他会将她的手腕紧紧地锁在她的头上。过后他会打她的屁股。“你可真是个性感尤物。”作为他的性感尤物，她曾经还感到无比感激。

“当然不只是为了多要孩子，”她说，感到自己的脸迅速变红，“当然那对我们有好处。它只是……它很自然。”她最后有些结巴。她没法说那事情很性感。那事性感过吗？她非常享受自己的性感。可认为做那事很性感——她这样想过吗？

她的鼻尖突然感受到了，那是年轻人汗水的味道，那是黑暗中辛辣的刺痛。他扶她从地上起来时，臂膀的肌肉收缩着。她紧靠着那强壮而坚实的胸膛。可她感到了羞耻——他推开了她！但他的热量仍然留在她身体上，她无法记得她上一次是何时感受到这种炙热了。一种条件反射似的愿望使她放在大腿上的双手紧张起来，她强迫它们保持镇定。要是我说出来呢？我想要你，可以吗？

*

一周后，她又一次看到了他。莉斯贝丝和英格丽德坐车去了拉奇拉奇，维利沃开车。英格丽德坚持说她开得了车，但凯特还是将信将疑。“由于糖的丰收，现在的交通非常糟糕，卡车像疯子一样在通往工厂的路上排队。”她是对的。后来他们跟在载着摇摇晃晃的甘蔗塔的卡车后面，不断被更多的卡车超车，这些卡车不但更高，载的货物也更多。

眨眼之间，水泵的新垫圈就躺在车厢里了，还有一袋凯特喜欢的进口大米，以及用于柳条沙发上的垫子的新装饰材料。当他们快到科罗托托卡的时候，莉斯贝丝被热浪击倒，半睡半醒地靠在窗户上。突然，维利沃猛踩刹车，在安全带拉住她之前，她向前冲了一下。

“不好意思，夫人，我得去跟我的朋友萨莱西说几句话，他就在那个橄榄球场。就一分钟！”

她向后看，英格丽德正在后座上熟睡。于是她又转过来，目光追随着维利沃，此时他正慢跑在那片被蹂躏过的草地上。看起来好像比赛暂停了：大多数人都坐在阴凉处，有些人把球胡乱地来回扔。他们肩膀宽阔，都穿着黑色运动短裤，大手握着橄榄球。他们欢呼、嬉闹、互相推挤着。其中一个跳起来，以背着地，张开双臂。这时候莉斯贝丝看到那里也有女孩，站在圆圈的边缘。细长的棕色手臂，她们的头上绑着神气的发髻，羞涩地发出阵阵笑声。她们穿着牛仔短裤，盘腿坐着，啜着塑料瓶的黄色汽水。维利沃走近那个圈子，一个男生开玩笑地将一个女孩推倒了。她咯咯地笑着，朝他的方向踢去，长长的小腿在树荫下挥舞。那家伙弯下腰抓住她的一只脚踝，假装要把她从其他人身边拖走。她尖叫着抗议，把瓶子朝他的方向扔去。当维利沃走到他们面前时，他放开了那个正在挣扎的女孩。他站起来，转向维利沃，向他的朋友咧嘴笑着。莉斯贝丝觉得她脸上的红晕像一阵骤雨般向身体其他地方蔓延。她想沉到座位里去，消失在她的太阳镜后面。是他，带有拙劣的蓝色文身的光滑的上臂。他眼中曾经有真诚的关切："夫人，你还好吗？"他脚上的鞋又亮又新。黑色，边上有霓虹绿色条纹。

男孩们聊够了。那个"袭击"女孩的男生跟维利沃击了下掌，转身朝女孩走去。他撕碎了一簇草，朝她扔去，然后张开手臂去搂她。她大声呼喊，一连串的元音和他的笑声混合在一起。

30

凯　特

他看起来跟我想象中一模一样。衣衫褴褛的牛仔和可悲的生意失败者的结合——我是不是太残忍了？他的手臂上挂着一件黑色的皮夹克，穿着一件淡蓝色衬衫，背上有汗渍，纽扣解得实在有些多了。他的肚皮上垂着闪亮的皮带扣。

但是当阿曼德·古托姆森拥抱他母亲时，那是一种类似幸福的感觉。他个头很高，遮住了西娜丰满的身影，他紧紧地抱住了她。我一直保持着距离，直到重逢的时刻已经过去，他握手时坚定而长久，这让我感到惊讶。“这就是种植园的拥有者了，”他的声音低沉有力，“谢谢你能来接我。”

去接他——我有什么选择吗？他面带微笑的礼貌使我很难像我计划的那样只是寒暄一下，而我脱口而出的是：“这是我理应做的。”他的笑容更盛，显然对此表示赞同。

在车上，他大部分时间都在打瞌睡。一天半的长途旅行确实很熬人，他的背还有毛病。这是他在乘客座位上来回扭动时告诉我们的，说这毛病已经有好几年了。“而且在飞机上，座位那么窄，根本伸展不开。如果买得起商务舱，当然会不一样，但是……”

西娜尴尬地把身子转到一边，好像阿曼德坐经济舱是她的错一样。“没多少人能买得起机票来斐济，本来票价就够贵了，不是吗？”

阿曼德没有回答，而是转向后座上坐着的母亲。“你的车没卖多少钱，生锈的地方比我想象的要多。”

他放低了自己的声音，但我仍然能听得到。“当我的合伙人开始在立陶宛做生意时，你会拿回属于你的钱。带利息，我保证。”

我透过后视镜看到西娜茫然的眼神，她扫过儿子的脸，看向窗外。而他又转向前面。“如果可以的话，我想小睡一会儿。你这里没有喝的东西，是吗？水或者什么的？如果要我说，现在有一杯啤酒可就太棒了。”

我们到家时，莉斯贝丝和英格丽德已经准备好了午饭。她们对阿曼德的赞美报以微笑，莉斯贝丝不断给他的盘子里添饭菜。她涂了比平时更多的眼影，脖子上戴着一串巨大而浮艳的钻石项链。他调情似的向她眨眼时，她咯咯直笑，莉斯贝丝到头来还是和从前一样啊。但即使是英格丽德也嘲笑他那蹩脚的俏皮话。我发现自己需要透透气，于是编了个必须去完成的差事。“我大概一小时后回来，”我告诉阿曼德，“然后我带你去摩西斯和莉提亚的房子，你可以看看你住的地方。”

“不急，”他看都没看我直接回答说，“我觉得这里挺好的。”

他靠向他母亲那边，拍了拍母亲放在桌子上的手。声音响亮而愉快地说：“看到你在这里过得挺好的我就很高兴啦，妈妈。”

萨洛特坐在她房门口最上面的台阶上。我走过去时她朝我挥挥手。“你好啊，凯特夫人！你需要买点儿什么吗？”

她站起来，拿出挂锁的钥匙。

我摇了摇头，告诉她我只是想出来散散步。“我今天坐在车里太久了，萨洛特。”

店主的消息还是一如既往的灵通：“是呀，你去了机场。”

“是的，西娜的儿子今天来了。”

“是的，澳大利亚来的大老板。”

我试着解释：“西娜的儿子不是澳大利亚人，他跟我们一样，从挪威来，在欧洲。”

萨洛特点着头，她说得没错。在科罗托托卡，只要是外国人就从澳大利亚来，因为那里已经够远了。

“而且阿曼德也不是谁的老板。至少据我所知不是。”

萨洛特将信将疑。“但他有自己的生意？阿特莎告诉我的，他有自己的生意，跟我一样。”她自豪地指着挂锁，“西娜夫人告诉阿特莎说他做很多种不同的生意，还是国际化生意。”说到最后一点时她脸上还带着自豪的微笑，好像她自己在做大型进出口业务，就在她那满是灰尘的饼干盒和火柴盒的柜台前面。

天哪，如果阿特莎是这样跟别人说的，摩西斯和莉提亚对他们的新房客的期望大概就没有尽头了吧。阿曼德·古托姆森才到这半天，却已经让我头疼了好几次。但这些都没法跟萨洛特讨论，我挤出一个微笑。

“西娜为她儿子感到骄傲，”我很快说道，“我想所有的母亲都是这样吧。”

我们坐在她前面的台阶上。

“阿特莎说他身体很好，虽然有些白头发。”萨洛特说。

我们都觉得健康状况良好是最好的。她想知道阿曼德的妻子在哪里，他有几个孩子。我告诉她阿曼德没有结婚，也没有孩子。

“为什么不呢？”

又一次，我想知道阿特莎是怎么说的。我告诉她说很多外国人都不结婚也不生孩子。他们会从父母家搬走，独立生活和工作。萨洛特开始大笑，笑得咳嗽起来，我只得拍着她的背。

“可是这样做的意义是什么呢？”她缓过来后问道。

晚上我们以一杯红酒庆祝阿曼德的到来。英格丽德扮演着女主人，拿出院里种的豆子和南瓜，甚至莉斯贝丝似乎都喜欢上吃鸡肉了，虽然它被泡在浓稠的酱汁里。我在储藏室里藏着的那两瓶酒一眨眼就喝光了，当阿曼德提出再喝一轮时，我不得不摇摇头。“我想敬妈妈一杯，她很幸运地找到这群很棒的母鸡，并且没有公鸡来打扰你们！”

他被自己的笑话逗得大笑起来，似乎都没听到我带着歉意的回复，女人之家的红酒已经喝光了。

“所以，”他边说着边放松地靠回椅背，“你们这些天在忙什么呢？可可豆？”

我点点头，感到我的笑容逐渐僵硬。我们是在忙可可豆的事。

“赚得多吗？我的意思是，这里的生意规模大不大？”

我受不了这样的冒犯了。我知道我永远不会和阿曼德·古托姆森在农场的商业方面进行严肃的谈话。

“我们还在经营。”我只说了这么一句。

他皱起了他那苍白的、几乎是粉红色的眉毛。“我只是为我妈考虑，”他说，“我只想确保她生活无忧。”

我必须得咬着舌头才能把咒骂的话咽回去。他坐在这里说什么屁话呢？我现在成那个应该在财务方面对西娜负责的人了？还是他想确保我能胜任这个任务？我的目光投向了西娜，她正盯着桌子，手里摆弄着勺子。我的睡意消失了，我找寻着合适的措辞。

但不用我说任何话，英格丽德跟西娜的儿子讲了我们的商业观念。

“我们要开始做巧克力了，”她说，“我们自己的配方，斐济味道。纯粹而简单，幸福的碎片。”

她说出来的时候，她的声音突然带给我一种苦乐参半的领悟。英格丽德终于知道一两件关于幸福的事情了。黑色、多汁的那种，是你下了赌注的那种。

阿曼德没有再问更多的问题。他看着我和英格丽德，思考着、谋划着、算计着。

玛雅已经打了几次呵欠，现在她起身离开了桌子。西娜把椅子推到后面，跟着她走了出去。阿曼德惊讶地看着母亲。“你这就去睡了吗，妈妈？”

我正要提议大家今晚就到此为止吧，但莉斯贝丝先我一步。“玛雅累了，”她说道，“她晚上眼神不太好，西娜很贴心，陪着她出去防止她路上绊倒，特别是在她喝了些酒之后。”她笑着看着阿曼德。她抛给他的眼神毫无疑问并不适用于她——莉斯贝丝无论何时都能喝一两杯酒，而不会让她失去平衡。她突然站起来。“我可以送你去摩西斯那里，”她看似随意地说，把她的绿色衬衫拉到臀部，用手指梳理她的头发。“那样我回来还能抽支烟。”

阿曼德推开盘子。“好吧，谁能拒绝这样的提议呢？”他报以微笑，“我能来一支吗？”

他说完看向我。“非常感谢准备了这么丰盛的饭菜。你能告诉妈妈我说了晚安吗？明天我再来看她。”

他跟着莉斯贝丝消失在门口。

我晕头转向。眼前的两杯红酒似乎在不断地转来转去，我知道我该睡觉去了。但英格丽德还在这里，我也知道她在想我正在想的事情。我向着她转过去，由于转身太急，椅子在地上刮出刺耳的声音。“你敢相信吗？”

英格丽德翻着眼睛。“他真是极其粗鲁。但我们之前就知道了，或许我不应该告诉他巧克力的事情，我也不知道为什么就告诉他了。”

我耸耸肩。英格丽德告不告诉他巧克力的事情没什么差别，不管怎样西娜的儿子都贪得无厌。

英格丽德深深地叹了一口气，把她的双肘支在桌子上。

“我觉得没要孩子或许是件好事，”她说，“我要害怕各种事情可能发生在他们身上，还要担心他们的未来。”

我完全知道她的意思，补充了一句：“还可能会对长大后的他们感到失望。”

说完便是一阵沉默。可能是红酒的作用，也可能是阿曼德，我不太清楚我为什么会说这个：“要是我的话，我更想要个女孩。”

她会有一头焦糖色的金发，小小的细细的手掌放在我手里。

英格丽德没说什么，闭上眼睛过了好久，直到我开始担心她是否已经睡着了。

“可能，”她终于说道，“那样的话，你就能明白她们的心境。我也不知道。”

她继续说话前停顿了一阵。

“你没见过西蒙和彼得，谢尔的孙儿们。我和他们毫无共同之处，一点儿也没有。他们生活的世界我真的什么也不懂。但他们来看我的时候，我们过得很愉快，很简单。他们除了好吃的东西也不奢求别的，我也没有想要了解他们的思想。没有太多剧情，也没有得到满足的期望。只是……一段愉快的时光。”

这一天搞得我筋疲力尽，晕晕乎乎的，我不知道英格丽德之后要说什么。“你的意思是，因为他们是男孩？”

我惊讶于自己声音里的火药味。

“没有感情……没有希望和梦想——是的，如果你喜欢的话，可以夸张点说——我们之间没有亲密感！”

一片阴影落在英格丽德平静的棕色眼睛上，她使劲摇了摇头。

“不对，我爱两个孩子。我一直在他们的生活里。能这样相处的有几个人？爱与责任，本就相互交织在一起。”

*

这个夜晚我没得到任何安慰。我有一个无法忍受的梦，其中的一部分我知道我在睡觉，可那不是真的，但我不能撕裂另一个，把我的一部分从噩梦中惊醒。我躺在沙滩上，腿浸泡在海水里，潮水来了，我动弹不得。我的胳膊和腿都瘫痪了，我不能说话，我不能呼救。我身上的水越来越高，它温暖而舒适，温柔地向上拍打着。然而，恐惧在我身上荡漾开来。我身上唯一可以动的是眼珠，我把它们从一边转到另一边，希望能找到救援。海藻粘在我的腿上，白色的小螃蟹从沙子里钻出来，奔向我的身体。现在只有我的脸浮出水面，我绝望地用鼻子吸气。一只巨大的、闪闪发光的蓝色海星随着海浪冲过来，拥抱着我的喉咙，好像在安慰我。但我不想要安慰，我要呼吸，要站起来，要自由！我降低瞳孔的位置，朝蠕动的海洋生物看去，眼神里闪出一个信号：走开！别在我身上！我的下巴上有一种柔软的东西在挠我，接着随着浪花一起流淌在我脸上，把我淹没在金黄色的卷发里。海之星悲伤地看着我，泪水灌进我嘴里。

31

阿特莎

敬爱的上帝，我知道，在天堂里，我们都将生活得富足而自豪，所以现世拥有多少无足轻重。请让我谦卑，教我珍惜我所拥有的。

可是贫穷让人生活得如此艰难，上帝！你知道我有多想给予维利沃他所想要的。他从不要那些不需要的东西，他没有工作也不是他的错。但现在他得到了新的机会！在下星期六科罗托托卡客场对阵瑙索里的时候，为客队出战。但他在真正的橄榄球联盟里打球可不能没有球鞋啊！他也没有跟我要特别贵的。“只要 89 美元，妈妈，那双鞋非常棒！黑色加绿色条纹，跟萨莱西那双一样。”但 89 美元几乎是一周的工资了，上帝。而阿曼德先生确实提出要给他买！他无意中听到我向凯特夫人提起这件事，这不是我的错。“你不让我做他的橄榄球赞助商吗？”他说，“来感谢阿特莎为我提供这么好的住宿？”他的笑脸挂在空中，又大又圆，像煎锅里闪闪发光的煎蛋。我看一开始夫人并不喜欢这提议，她的语气里透露着不满。但阿曼德先生不断要求，直到我最终答应了他，然后感谢了他。之后我就止不住地大笑，笑声从我嘴里滚滚而出。阿曼德先生都害怕了，赶紧从厨房溜走了。

我觉得西娜夫人也不太喜欢这件事。她好像听说了这个坏消息，下午看起来不太高兴。上帝，原谅我吧，如果我不应该接受这钱。但这不是为了我！而且我觉得阿曼德先生应该挺富有的。

我晚上告诉维利沃，我们再不能接受阿曼德先生的任何东西了。他肯定理解，虽然他只是默默地把钱揣进口袋。请帮帮他，上帝。帮助他，使他找到工作，让他可以供养自己，真正成长并组建自己的家庭。

阿门。

32

玛　雅

她走的那条沙路越来越窄了。高高的草从山上向海滩蔓延，一个个茅草屋变得越来越小，消失在玛雅的后面。一堆堆海藻、半腐烂的绿色椰子和食物垃圾的臭味使她皱起了鼻子，停了下来。

她站在一处海滩上，低头看着她的脚趾。她黑色人字拖的带子上撒了一层沙子。她停下来，脱下鞋子。提起长长的花裙，系在她的腰间，小心翼翼地走入水中。她在那里站了一会儿，让泛着白色泡沫的波浪的温暖包裹着她的脚，接着又向外走了几步。然后她不得不把裙子提得更高。她低头看着自己的膝盖，圆形膝盖上的皮肤爬满了皱纹。

她把目光从水面上移开——她要去游泳吗？不。玛雅转身蹚水走回海滩。她将脚趾放在坚实而柔软的沙滩上休息。突然那柔软刺痛了她的脚底，痛感传向双腿。她心神收敛，感受沙粒在她体内循环，跟随血液在细胞之间流动。玛雅在她的脑海里看到了一幅画：一张泛黄的她在黑板上画了很多次的图表。人的身体剥去了皮肤，红色的肌肉，粉红色的肌腱。循环系统，还有骨架。沙粒在她体内疾行，跳过长长的股四头肌，轻轻滑进她的髋关节。

她一动不动地站着，尽可能久地屏蔽着周围的声音。

“玛雅！玛雅！”

向她走来的那个女人头发灰白，瘦瘦高高。她喊着，挥舞着手臂，看起来很激动。她走近玛雅的时候，站了一会儿，恢复镇定后开始说话。

“看看你跑了多远！你不记得我们要早早吃午饭吗？然后下午去拉奇拉奇。现在好了，其他人丢下我们走了。”

玛雅茫然地看着这个女人。午饭？她不记得自己有没有吃过午饭。她只是想站在这里，让沙子和阳光在身体里盘旋。她张开嘴，但却说不出话。她努力着，脑子里不断搜索着，一遍又一遍，但还是说不出。混乱使她心烦意乱，沙子在她的耳朵里作响，她望着那个金发碧眼的女人，目光透露出恳求：帮帮我！

“来吧。”女人说道。她的眼睛是善良的，玛雅觉得黑暗的波浪退去，她的头露出水面。

西娜抓着她的手，慢慢扶着她转身。

“等一下。”玛雅说。她弯腰捡起她的人字拖，然后她们开始往回走，海浪擦去所有的脚步。

*

凯特为什么要她帮忙呢？玛雅惊讶地看着她的朋友。傍晚时分，在凯特之家里，玛雅只想坐在这里，听着海浪那令人心安的声音。她随着烟味看到一个正抽烟的男人。他是谁来着？他紧靠着那个最瘦的女人，她正因为他说的话而大笑。

“你是不是教过家政课？”凯特一边说一边拽了拽玛雅的手臂，想把她从椅子上拉起来。玛雅摆脱了她，有些生气。“文学，”她强调着，“挪威文学与历史。”

“好吧。”凯特笑了，“但你能过来跟我一起看一下吗？我做了件裙子。已经完成了，但是我想在领子上系上一些丝带，我弄得不太好看。你不是说你女儿小的时候你给她做过很多衣服吗？”

她的女儿，伊芙。玛雅可以感觉到她的金发在她的手指之间，又细又滑，给她编马尾辫可没那么容易。她为她做的圣诞礼服是格子呢料子的，红绿相间，衣领是一种闪亮的深绿色。两边的丝带在后面绑成一个大蝴蝶结。玛雅在她面前举起双手，再在她的衣领前系上一个蝴蝶结。她笑着看向凯特，然后站起身来，经过那个抽着烟的男人。

缝纫工具在桌子的角落处放着，玛雅知道自己明白它是做什么用的。她检查了用大花装饰的橙色材料，白色的缎带卷在它旁边。她坐在椅子上，感觉凯特的目光就像在她脖子上低语。她的手拉出一条长长的丝带，把它放在橙色材料上，这样看起来很漂亮。红橙相间，再加上白色——这些颜色让她充满期待，有些事情即将发生。她转过身来看着凯特，她的朋友鼓励地点着头。“能帮我缝上它吗？”她问道。

缝上？丝带在玛雅手中，像一只颤抖着的、不受欢迎的动物。她不喜欢拿着它，也不知道自己为什么坐在这里。凯特为什么站在她后面问问题？

“不！”玛雅说着，猛然间站起来，绊了一下，椅子向后倒了。她大步穿过客厅，没有看任何人，她冲过门廊台阶，走出大门。她不知道凯特为什么跟着她，她不明白他们想要什么。她不能再待在这里了！

道路崎岖不平，没有街灯，不过，她的双脚仍在奔跑。她低头看着它们——为什么没穿鞋子呢？斯泰纳尔在哪儿呢？他怎么不在这里帮她？她得回家去，她不知道自己在这漆黑的路上做什么。斯泰纳尔呢？恐惧将她撕裂。她不知道她为什么要向山丘上奔跑，她来过这里吗？她不得不停一会儿，腿不能再继续跑了。她得休息一下，她四下环顾想找一个好地方。她旁边的小路通往一所房子，门外面放着一把绿椅子。她可以坐在那里。玛雅坐下来，揉搓着她的脚，把沙子和泥搓掉。她的脚脏了。

“一切还好吗，玛雅夫人？需要我帮你吗？”

迎面过来的男人知道她的名字。她见过他，但并不确定。在她的脑海里有些东西是不清楚的，一切都是模糊的、松散的。

他看了她一会儿。“玛雅夫人，你在这等一会儿，”他说，“我去找阿特莎。”

他走开时，她看到他的腿有些弯，此时他已经走远了。她起身继续走向山顶。夜晚时分，山上的大房子也一片漆黑。一根长长的横梁穿过屋顶，稻草沉重地压在房子上。玛雅径直向那扇小侧门走去。门没锁，她推开门走了进去，坐在地上。没人在家。一个大木碗靠墙放着，上面装饰着闪闪发光的贝壳。上面的墙有着黑色和棕色的圆圈和方块的图案。为什么这间屋子放了这么多武器？地上放着锋利危险的东西：斧头和一排尖尖的长矛。玛雅站起来，她不能待在这里！她踉踉跄跄地向门走去，出了屋子。她双腿都受伤了。

“玛雅夫人！”

站在她身边的那个身影很矮，但手很大，手指很温暖。她握住玛雅的手腕，紧紧抓住她的双臂。“玛雅夫人！你这会儿不是应该在家吗？外面这么黑，你会被绊到然后跌倒的。我送你回去。”

玛雅没有任何感受，没有任何想法，只是让她领着自己在黑暗里走着。她感觉到道路上锋利的石头硌到她的脚，传出一阵不规则的但没有不舒服的节奏到身体里。她要回家了。这个头发卷卷的短短的女人正带着她回家。

33

西　娜

西娜可以在她的锁骨下感受到它。她的肌肉一直在放松、软化，使她的脖子不那么紧绷，下巴更松。现在它们又打结了，又绑在了一起。从她的嘴到下巴的皱纹已经被雕刻得更深了一毫米。她脖子上的肌腱很紧，她的肩膀在她来这里之前就绷紧了。斐济本来不断带给她的快乐，现在正消失着，溜走了。

那天晚上，阿特莎和玛雅回家时，她也在外面找玛雅。当玛雅在缝纫事件后大发雷霆时，凯特首先告诉他们不要打扰她。“也许我把她逼得太紧了，”她说，“她只是需要一些时间。”

需要一些时间？西娜一开始也有所不解，但她从前就建立起的对凯特所说的一切都抱有尊重的观念仍然根植于脑海。但那天早些时候，玛雅在海滩上的表情——看起来很不对劲儿。她不能再这样欺骗自己了，不能还总是告诉自己玛雅只是有点儿注意力不集中，更容易忘事情，更容易心不在焉。她的情况比这些更严重。

所以她站出来，拉响警报，提高了声音对凯特说道："她可能会迷路的，或者更糟，会溺水。我们得赶快出去找她。"

她注意到阿曼德看向她时嘲弄的神情，但她却像袖子上沾着的细线一样从他眼前轻轻掠过，然后立刻出去找玛雅了，但徒劳无功：两条去往萨洛特商店的路都没有她的踪迹。恐惧的利爪伸向西娜，想到玛雅茫然无措的脸，她便走得更远，穿过垃圾堆后面的空地，一直走到海滩。她一路跑着喊着，然后返回，跺着脚向门廊走去，拉开门问道："她回来了吗？"

直到她看到玛雅躺在凯特旁边的沙发上，她才感到自己在喘着气，嘴里还尝到令人作呕的血腥味。现在不是问她在哪里被发现的时候，玛雅的眼神模糊而遥远，而西娜所想到的只是如何让它们变得锐利和清晰。所以她没有等待凯特的信号，她把自己挤到旁边的沙发上，握起玛雅冰冷的手。轻抚着她僵硬的、抗拒的手指，直到它们放松下来，她的眼睑开始下垂。直到阿特莎小心翼翼地走过来，询问是否需要帮助她们扶玛雅上床。

西娜从沙发上站起来的时候，才注意到莉斯贝丝和阿曼德还坐在餐桌旁的两把椅子上。刹那间，她突然意识到他们俩似乎都是那么的格格不入。他们像两个没用的、被动的、打扮成来开茶话会的娃娃，总是索取，从不给予。

从第一个晚上开始，她就一直在等着他提出来。当英格丽德提到巧克力的时候，他眼里冒出熟悉的火花。她甚至听得到他脑子里打算盘的声音。阿曼德成天到处察看，他去过糖果屋，看似随意地问了她和莉斯贝丝一些问题。他们计划做什么呢，出口？出口给挪威，是认真的吗？那太有意思了。所以在那边有个联系人就变得很重要了，对吗？

“我们已经有了，”莉斯贝丝回应道，“我女儿完全了解市场分析那回事，她正在制订一个营销策略。”

西娜不得不承认，这些话听起来很舒服，也让人毫不惊讶了，因为她几乎每天跟英格丽德和凯特讨论的时候都挂在嘴边。但阿曼德似乎没那么容易就此满足。

“那很不错。”他说，西娜认出了他给莉斯贝丝的笑。她已经能轻易地分辨出了。“当然你们需要有人负责市场这块，但你们也需要一个真正懂得怎么经营的人。一个知道适时出击，一个可以毫不费力地做出艰难的决定的人。一个懂产业链的人。”

她捂住耳朵。自己想着：莉斯贝丝做不了主，一切都取决于凯特，凯特的可可豆，凯特的巧克力。

也许她还不够生气，也许这就是她错的地方。失望，是的。羞愧，是的。心碎，愤怒，是的。但不够愤怒。因为西娜完全知道自己想要什么。她想要阿曼德离开。能将这样的想法转化为文字输入脑海，这感觉很勇敢，也很好。她希望他离开斐济，远离她的生活。她希望玛雅的眼神清明，她们可以重新回到同样的步调上来。如果玛雅的脚步不稳，如果她变得害怕或惊慌，西娜的脚将会为她们俩找到出路。

她决定下午自己开车去拉奇拉奇。到处都找不到维利沃。他平常会给她们当司机，但他当然不总是在这里。他大概去了橄榄球场了，那双他以为是阿曼德帮他买的黑绿相间的鞋子总穿在他脚上。

她以前几乎没开过卡车，她恼怒地想，凯特并不信任她。这里的高速公路的路标这样简单，开车出去会有多难呢？她尽可能挤在任何地方，随时提防公共汽车和出租车不按规矩来。她已经习惯了在左边开车，而且只有一条路直接通向城镇，那是不可能迷路的。西娜去拉奇拉奇有事要做，她更想自己来处理。

她想告诉凯特她要开车走了，但凯特已经离开了房间。这里像往常一样整洁：蚊帐被绑起来打了个结，书和水杯放在床头柜上。她的电脑放在窗户下的矮桌上。电脑开着，彩虹色的几何图案在屏幕上滚动。电脑通常放在客厅的桌子上，凯特显然有些私事要处理。西娜感到一阵好奇，轻轻推了一下鼠标。彩色的滑动模式消失了，而凯特的收件箱显示在屏幕上。西娜向前倾，看到最近一封来自 evyforgad@gmail.com 的邮件。她毫不迟疑地点开。

亲爱的凯特：

谢谢你及时告知我。我不会撒谎说我不担心，但我也对你处理母亲病情进展的方式充满钦佩。我们自然都知道这会很艰难。从医生第一次提到可能是早发性阿尔茨海默病，他就已经很清楚没有治愈的方法，而且这只会朝着一个方向发展。布兰可和我经常聊起你：承担起这份责任的你们是多么的优秀。

看到她半夜跑出去的时候，我吓坏了。感谢上帝你们找到了她，万幸没事。我不知道能说些什么，就还是重复我之前说过的吧：如果你们对这份责任有些许迟疑，我会过去接妈妈回来。不管你们有多亲密，你们所做的都远远超出了朋友的期望。正如我之前说过的：请你务必告诉其他几位夫人，我对你们为她所做的一切都很感激。当她们去天堂一般的斐济旅行时，她们肯定没有想到还要照顾患有严重痴呆症的人。当然，当你们无法知道她自己对发生的事情有多了解时，情况就更加困难了。

特隆赫姆这边的一切都好，我工作挺忙。我经常觉得自己没有太多时间陪女儿，但我想可能每个人都是这样吧。

西娜的心在胸膛里剧烈跳动着，她不得不坐下喘口气。早发性老年痴呆症。承担这份责任。你们为她做的一切。

玛雅病了。她来斐济之前，挪威的医生就已经诊断出来了。而凯特一直以来都知道，但没有告诉任何人。伊芙却以为大家都知道，并且一直认为她们把照顾她妈妈作为集体工作，觉得这对母亲来说是带有热带风格的最后一段旅程。西娜突然暴怒：凯特以为她是谁？她仅仅因为她有能力邀请她们来这里，就认为自己有权利去管理大家的生活吗？就可以由着自己的想法去玩弄事实和谎言？

西娜坐在一张干净的床上，双手交叠在膝上。她的目光落在角落里的缝纫机上，周围是一些织物、线轴和一把剪刀。一件叠起来的色彩鲜艳的布拉衫放在它旁边。白色、红色和橙色，就是那件让玛雅恐慌，然后逃出家里的衣服。

西娜从来没有觉得自己对凯特的独特生活有多了解。偶尔来信，几次简短的见面，一些她听到的片段。40 年不仅造就了许多秘密，她想，也形成了保守秘密的方法。拒绝或掩饰，沉默和压制，不向别人解释为什么事情会变成那个样子。

愤怒像泼在阳光下的一杯苏打水一样蒸发了。作为玛雅的朋友，那根本不能算是一种负担，而是一种奖励。凯特没有告诉大家并不是要捉弄谁，而是为了保护她们。有些事不说最好。她不会告诉任何人的。

西娜关掉邮件。她从厨房的抽屉里取出钥匙，走到外面，开动了卡车。凯特不在家，所以也不用找谁批准。

她忘记了在挡风玻璃里看世界是多么的自由。西娜慢慢地在崎岖不平的主路上行驶着，路旁，村里的房屋一幢幢闪过。萨洛特带着一把扫帚走着，一个男人坐在塑料防水布下打盹，面前是一堆小橘子。摩西斯的妻子坐在房子外面，她的膝盖之间放着椰子刨丝器，一个小男孩在她的面前来回挥动着扇子。西娜伸长脖子想看阿曼德在不在，但没有抱太大希望：她觉得除了睡觉以外，他不会跟接待他的家庭有过多的交集。他今天没来家里，也没有人想他。她对他的愤怒在她的太阳穴中跳动，有时又热又痛，有时是一种强烈的绝望。没人希望自己的孩子变成这样：没人想念他，没人欢迎阿曼德。

但她曾经想要这个孩子，真的！西娜向前靠着，她的手指抓着方向盘。许多年过去了，在她的小房间里，她与母亲在床边的对话，依然清晰地浮现在脑海里：那时的哭泣和叫喊，还有那些控告和责备。母亲恳求西娜理智一些，把孩子打掉。随着她母亲的每一次爆发，西娜却变得越来越自信：她想要孩子，她打算一个人做这件事。

西娜努力使自己目不转睛地盯着路面，突然，为了避开一只咯咯叫的母鸡 ，一个急转弯后右边的前轮陷进一个洞里，她的膝盖撞到仪表板上——该死！她一只手离开方向盘，揉着生疼的膝盖。她真正想要的是阿曼德吗？是那个婴儿，那种抚养另一个人长大的责任吗？西娜的膝盖擦伤了。她并没有准备好在生活艺术这方面去为一个人提供引导和建议。她母亲的话语在她耳边掠过："还有孩子，西娜，那么多的谣言和流言蜚语，你觉得这孩子在这个世界上会好过吗？"

那时她听不进去，觉得母亲只是担心自己的名誉。但是，从那以后她就明白了，当然，是她自己把它们拼凑在一起：他身上无法解释的瘀伤；他的教科书被撕成碎片；她趁打折时给他买的外套，他突然间再也不穿了；同学们没有邀请他去家里。他们从来没有讨论过这些，她不知道怎样帮助他。她相信，有时候，闭上嘴巴，直视前方是让你渡过难关的唯一方法。可他也是这么想的吗？这方法帮助他渡过难关了吗？

西娜转向通往拉奇拉奇的柏油马路，悲伤取代了愤怒和她膝盖上的疼痛。她所想要的只是完全属于自己的东西，并且这是别人所没有的。

她从来没想过莉斯贝丝会来帮她。当她的朋友终于从震惊中平静下来——“你都做了些什么，西娜？”——特别假仁假义——“我真不知道你怎么想的，怎么就想生下来呢！”——感觉就好像她也努力地想承担这份责任一样。她给她提供了一份管理仓库的工作，像是从她和哈拉德的金库里拿出了点面包屑：“聊胜于无，不是吗？”

西娜把油门踩到底。耳边是母亲唠叨的声音：“真不敢相信霍伊能够容纳你，还有你那一堆麻烦事！能和莉斯贝丝做朋友，你真应该感激——看看人家怎么帮你安排的！”

一切都安排妥当并不是西娜的计划。她从来没有计划，真的。除了再也不愿想起在学校体育馆的男生厕所里发生的那几分钟的事。当学校的舞会结束，人群散去，剩下的只有清洁工的时候：“你喜欢这样，西娜？你觉得这样很刺激，对吗？”男孩嘶哑的声音在她耳边响起，嘴里发出一阵酒后的恶臭。他的手狠狠地揉着她柔软的胸部，当他进入她的身体时，她的头撞在了墙上。“你觉得这很刺激，是不是？”他完事后打开小隔间的门，左右看了看走廊。而接下来的那个周一，在校园里当她向他打招呼时，他甚至没有回头看她。

莉斯贝丝和哈拉德·霍伊一直都是天生一对。王子总要得到他的公主，一直都是如此。她当然需要工作，需要钱，但她不需要莉斯贝丝的怜悯。她不需要那种屈尊俯就的怜悯和一种糟糕的伪装，她已经获得了自己的奖赏。

她得让她的朋友也知道这一点，那一天历历在目，她知道莉斯贝丝也忘不了。拥有真正财富的人是我，而不是你，莉斯贝丝。

西娜自己也不知道为什么她会一直待在店里。那份工作确实也没有什么意思，她应该可以找到更有趣的工作，哪怕她只有高中文凭。但她还是继续做了下去：这份工作要求不高，而且胜在稳定。他们成功熬过来了，她和阿曼德。他们没有成为任何人的负担。

西娜买完了东西：沐浴露、烤粉、土豆粉、给玛雅的苹果汁、一袋凯特喜欢的大米、软厕纸和烘焙用的白糖。现在她正在拉奇拉奇散步，推迟她最后一项任务。她停在电影院外，看着那些大胆的宝莱坞女演员和黑人男主角的海报。在芳香的热面包厨房敞开的门外等着，却抗拒着诱惑。反正它闻起来比吃起来味道好，这是一种用糖和人工香草做成的硬绿松石蛋糕。

她拉回飘远的思绪，向左边的街道走去。“梦想旅行”的标志已经褪色，歪歪斜斜地挂着，当她打开门时，迎面而来的冷气像一面冰墙。坐在桌后的印度女孩裹着条披巾，懒洋洋地朝西娜点了点头，请她在对面的椅子上坐下。她不停敲打着键盘，长长的指甲敲在键盘上发出咔嗒咔嗒的声音，这让她起了鸡皮疙瘩。终于，她不再打字了。

“我能为您做点什么呢？”

西娜深深地吸了口气。“我想了解一下从南迪到挪威奥斯陆[1]的

---

1 奥斯陆（Oslo），挪威首都。——译者注

票价，单程的。”

她把一张纸条放进了手提包的拉链口袋里。有几条不同的路线可选，日期不同，价格也不同。但方向都一样，离开。

西娜暂时不去想钱的问题，她谢过女孩。

34

阿特莎

我最近的梦都不开心，上帝。这跟西娜夫人最近都那样伤心有关吗？

我梦到我坐在海滩上的屋子里，维利沃坐在我膝上。他是那样小，胖胖的，却有一双机灵的眼睛。西娜夫人躺在我身边，她很年轻，大肚子鼓了起来。她的儿子快出生了，可生出来时，却是一条蛇。西娜夫人害怕极了，但我知道他是被魔鬼附体了。就像雷瓦省[1]省长的女儿所生的孩子一样，他生来就被诅咒，直到除了母亲以外的另一个女人爱上他，他才能成为人。我告诉西娜夫人这个故事，但她不肯听。她起床径直走向海滩，我抱着维利沃赶紧追了上去。那条蛇仍待在原地，那个新生儿，一动不动。

1 雷瓦省位于斐济最大的岛屿维提岛上，是该国面积最小的省份。——译者注梦的后来，西娜夫人又去了海滩，玛雅夫人陪着她。我走在她们身后，空气厚重而沉闷。我在沙滩上凝视着脚下的脚印，突然看到路上只剩下西娜夫人留下的脚印。玛雅夫人在沙滩上留下的脚印，脚一抬起来就消失了。一架飞机在我头顶上方的天空划出了一条长长的弧线，它那白色的机体反射的光线闪到了我的眼睛。我俯下身贴近儿子，把他的头靠在我身上。

上帝啊，你知道我们需要什么。赐我美好梦境，赐西娜夫人开心快乐。助维利沃找到工作，独立生活，真正成长，组建家庭。

阿门。

35

英格丽德

她实在受不了他了！虚假的魅力，真实的傲慢，还有他看阿特莎和莉斯贝丝的眼神——莉斯贝丝！

英格丽德摇了摇头，她简直无法相信。她为西娜感到难过，她一定因为这个中年的——是的，他已经是一个中年人了！——傻子而尴尬不已。莉斯贝丝是他母亲的朋友啊！

英格丽德很高兴阿曼德没有直接撩拨自己。要是他给自己一个像对莉斯贝丝那样的自信的笑容，自己一定会受不了的。英格丽德怜悯而轻蔑地思考着，用火柴点燃了香茅蜡烛。

维尔瑞德更频繁地出现在晚上的门廊上了。就好像穿着绚丽苏鲁裙的她在那里有更多空间，海滩上，风吹着棕榈叶，让她的声音更加嘹亮，在这里她能更舒服地呼吸。当他们谈得兴起时，英格丽德经常会发现自己躲进了吊床的阴影里，让维尔瑞德参与到谈话中。而今晚，他们达到了新的高度。

“这里真的挺棒的，说实话，当妈妈说她要搬到世界另一边的女权主义社区时，我不知道该怎么想。”阿曼德说道。

莉斯贝丝笑得好像是在暗示，她把自己风韵犹存的那一面转向阿曼德，那一面不会露出她变色的牙冠。“女权主义——好像是！”

但玛雅接了话：“那你觉得西娜是要来跟谁一起生活呢？拜托，那些仇视男人焚烧胸罩的陈词滥调可以省省了。”

玛雅今天过得很愉快。她的声音很清晰，她的目光沉着，手平静地放在膝上，像两只鸟待在窝里。

阿曼德在他的椅子上扭动着，声音仍然很刺耳。“哈哈，人们永远不知道你们这些女士会做出什么疯狂的举动，对吧？”

英格丽德看着玛雅，她真的能咽下这口恶气吗？她自己反正完全不想加入这场对话。

然而维尔瑞德想。“那么会有哪些所谓的疯狂的想法呢，阿曼德？相信女人应该和男人拥有相同的权利和选择？”

“好吧好吧，但事情不是这样——”

“就是这样！不多不少，没那么复杂！”

凯特也吃了一惊，英格丽德也不知道自己的声音里到底是肯定还是嘲笑。“哈，英格丽德，你虽然老了，但还是坚持自己的立场。”

维尔瑞德张嘴想说话，但莉斯贝丝抢先了一步，珊瑚色的嘴唇开始说话：“好吧，我不是一个女权主义者，但当然了，我们应该拥有权利和选择。”

“这么说的话，你就是一个女权主义者！”维尔瑞德反驳道，“你为什么害怕说出来呢？”

莉斯贝丝急忙退却。“害怕？我不是害怕，这不是……”

“不是什么呢？”凯特随意地挥挥手，要求发言，“你就是害怕，莉斯贝丝，又怎样呢！每个人都害怕被贴上好斗的泼妇的标签。”

“人们仍然这么想吗？我的天，我实在不敢相信！”

所有人都转向英格丽德。她的太阳穴突突地跳动。英格丽德想坐着，但维尔瑞德却从椅子上跳了起来。“我真的被这种该死的懦弱给气到了！我们到底在给谁道歉？凭什么就因为相信平等的机会，我们就成了好斗的泼妇？”

玛雅的声音依然冷静。“并不是这样的。只是对许多人而言，‘女权主义’这个词听起来带着怒气且有些刺耳。可以这么说，有些不够女性化。”

英格丽德看到玛雅仿佛对自己选的词有点后悔，但在她更正之前，维尔瑞德插了进来。“你说什么？这个词在拉丁文里的意思就是‘女性气质’！而且你当教师负责教育女孩子们也教了这么多年——我真不敢相信你都没有教她们‘女性气质’是什么意思！”

玛雅在眼镜后面惊讶地眨着眼睛，她的手像受惊的小鸟从窝里爬出来一样。“我……”

阿曼德坐在那里，看着她们谈论他无意中挑起的话题，好像乐在其中。现在他举起了手，就像法官在法庭上要求保持秩序。“女士们，女士们！请都冷静点，想想你们的血压。”

维尔瑞德打算反击，但阿曼德快了一步。

“我们就不能同意男人和女人生而不同这一点吗？一个女人拥抱自己的女性气质有什么错呢？”

生而不同。拥抱她的女性气质。英格丽德无法相信自己的耳朵。但阿曼德能听到的只有自己的聪明才智。“我可以保证，没有人比我更欣赏女性气质所带来的触动。毕竟，男人没有女人会是什么样的呢？毫无疑问你们拥有的是我们所缺少的。我们赞美这一点，没有它我们无法生存下去。但这并不一定意味着我们是一样的，不是吗？”

英格丽德感到精疲力竭，浑身无力，肩膀也沉重起来。她再也听不下去这种垃圾一样的言论。她给了凯特一个眼神：我们就不能直接让他走吗？阿曼德此时还在喋喋不休，直说得她的疲劳又消散了——她没听错吧？

“例如，关于商业，我对这些事情有丰富的经验，这无须多言，也许比……嗯，你，要丰富。”

他朝着凯特点头。“不是要低估你在这里做的事情，但我猜你的工头做了大部分的工作？”

凯特眉头一皱，嘴角挤出一丝微笑。“摩西斯？他管理种植园，生意方面的事情他不参与。”

英格丽德的脑海里出现了一幅画面：自己看着种植园老管理员在电脑屏幕前，一头雾水地看着她打开的网页——她一点儿也不知道他是不是看得懂。她那时可真够天真的！

“当然了，凯特，当然，我毫不怀疑你是一个很棒的首席执行官。”阿曼德的微笑像是要消解敌对情绪，“但如果你真的打算走向世界，”——他卖了个关子——“有一个懂行的人在另外一端不是更加稳妥吗？一个能谈生意的人，对吗？碰巧在接下来的几个月里我有一些空闲时间。我的人脉很广，可以这么说，我可以自己去做一些调研。”

凯特皱着眉头。“什么样的调研？”

阿曼德把他的胳膊伸了出去。“利基机会，利润的可能性。简而言之，去了解市场的前景如何。”

“这部分我们已经做了。”凯特语气生硬，言简意赅，“莉斯贝丝的女儿在这方面很专业。”

在她眼角的余光下，英格丽德看到莉斯贝丝在她的椅子上挪动着，她改为背向阿曼德，她的下巴向下倾斜。

他挤出笑容，准备发起新的攻势。“我亲爱的女士们，我只是想帮忙……”

西娜一直默默地坐着，这时她突然在烟灰缸里熄灭了香烟。“我认为这很明显了，在凯特之家，我们自力更生。”

他看着母亲，满脸不可置信的表情，英格丽德屏住呼吸。他眼神阴沉，下巴因这冒犯的氛围而紧绷着。那一刻，英格丽德觉得他可能会扇母亲一巴掌，她已经准备好随时离开椅子去保护西娜了。

但阿曼德没有继续说话。他从烟盒里取出烟，点燃，双手微微发抖。门廊上的寂静被门框上方的墙壁上的一只肥大的壁虎打破：咚咚咚！

维尔瑞德双手捂着嘴巴，生怕自己欢快地笑出声来。

*

种植园里的空气清新湿润，英格丽德艰难地走在摩西斯后面，努力地跟紧他，昆虫在头上嗡嗡地飞，她不断拍打着，走得踉踉跄跄。摩西斯停下来让手指滑过一个黄红色的豆荚，然后当他用刀把它从树干上解放出来时，他脸上的表情有些难以捉摸。他将它切成两半，并揭开上半部分，使得有光泽又饱满的可可豆暴露出来，把它们和其他可可豆放在一起。英格丽德不需要问，她和他一起过来的次数太多了，她现在可以一眼分辨出可可果的优劣了。她对摩西斯微笑着，任由维尔瑞德把她的手指戳进豆子周围湿润的白肉里。她挖出一颗棕红色的珍珠，并用拇指和食指揉搓它，将那浓烈的苦涩味道吸进肺里。

"你收割的时候人手够吗？"

摩西斯用他平时的方式回答了这个问题，他抬起头，稍稍向后倾斜，像是往后点头。英格丽德过了一会儿才明白往后点头的意思：是，或者至少不是否定回答。但接着又想这也可能是他并不认为这个问题值得回答的意思。英格丽德没办法不佩服摩西斯这么多年收割可可作物的知识。他如果缺人一定会告诉她们的。他有一大家子人，英格丽德觉得他们所有人都会来帮忙。

她又试着搭话："这茬可可豆好不好？"

又是一次向后点头。

她于是放弃了。表现出兴趣是一回事，困扰和叨扰摩西斯就是另一回事了。不过，英格丽德知道生产凯特牌巧克力需要好收成，她现在在算这笔账，她知道必须得有一笔钱入账来填补所有开支。尤其是现在他们正处于投资阶段，增加了生产设备和冷却系统。他们可能起步规模不大，但开支不菲。她应该咨询约翰尼吗？要不打给他？瞬间，那一切都回来了：小房间，狭窄的床，彼此呼吸中带着的浓郁的巧克力味。英格丽德注意到摩西斯正盯着她，而她的担忧却更加沉重：毕竟巧克力生意是她的主意。她的提议激发了大家的斗志，也是她的坚持让大家继续前进。可万一没成功呢？

“那又怎样？”维尔瑞德很快反驳道，“是凯特邀请大家来这里去迎接新的机遇，这就是我们来这里的目的呀！一块块巧克力，在我们的手指之间自由而轻松地被传递，快乐融化在我们的舌头上。振作点！”

英格丽德被说服了。她握着熟透的豆荚，想象着闪闪发光的棕色种子融化并转化成他们所讨论的产品：一种由真正的可可脂制成的纯黑巧克力，或许可以加一点儿椰肉。她可以听到莉斯贝丝的声音：“它必须是排他性的，但不能太商业化。我们应该把重点放在传递健康的信息上，‘对你有益的一小块’。将可可中所含的黄酮作为卖点，它能够保持动脉健康并改善血液循环。”

“对你有益的一小块。幸福碎片。”这是个很聪明的卖点。英格丽德确信其他人和自己对莉斯贝丝做出的贡献一样惊讶。不仅因为她的热情，还因为她自己做了调研，并且似乎她在这方面真的挺有天赋。她不可能只靠在她女儿的市场营销课上学到这些吧？也许这是她一直擅长的事情的一种延伸：改善和充分利用她的资产。强调有利的部分，并展示其优势。

英格丽德心潮澎湃，她真心地希望凯特牌巧克力能成功，希望它能穿越重洋，传递芬芳美味的幸福碎片，让更多的人尝一小口来自天堂海滩的热带之爱。

但这有风险。成本很高，他们得控制支出。英格丽德知道她每个月支付的费用，她快速计算后发现，即使其他人支付同样的费用，也不足以提供除了日常维护房屋和公共设施之外所需要的大笔投资。除此之外，还得付钱给摩西斯、阿特莎和阿奎拉，还有维利沃，以及阿曼德。她忍不住发抖。凯特从来没有提及谁在为寄生虫的食宿付费，但英格丽德已经知道答案了。

也许凯特藏了私，还有除了可可生意以外的收入？难道尼克拉斯给她留了一大笔钱？想起他时，英格丽德微微摇了摇头：高大、强壮的尼克拉斯。他有着开朗的笑容和宏大的想法。英格丽德曾经满世界地去看望他们，在她所有的记忆里，他的声音都在隆隆作响：他热情、强烈、坚定地认为所有的问题都要解决。每个人能能看出他崇拜凯特的心意。英格丽德皱着眉头……不，崇拜这个词不太准确。他接受她，依靠她，是的，他依靠她，百分之一百。风雨同舟。尼克拉斯和凯特是一个她从未见过的团队。完全统一，互相包容，英格丽德想。他们彼此没有秘密。

是的，有可能。尼克拉斯可能留给凯特一些财产。

但凯特并不想谈钱。

“要是我破产的话，是不会请你们来这里的。”几天后，当英格丽德跟她独处时，她漫不经心地说。她拒绝了再捋一遍数字和预算的提议。“收成会跟往常一样，没事的。每年都是这样，预算从这一季到下一季的上下波动是很自然的事情。你得知道，这里不是郡公交服务中心啦。”她笑着用胳膊肘顶了一下英格丽德，“别太担心，你想要做巧克力不是吗？所以我们就得冒点风险！”

英格丽德没有任何想要问的意思，却脱口而出：“尼克拉斯走前给你留了什么吗？”

凯特的嘴角变得僵硬，英格丽德立刻后悔她问出了这个问题。“对不起，我知道——”

“知道他没打算溺水吗？”

英格丽德感到喉咙里的肌肉紧张起来，不断搜寻词语：“凯特，你知道，我不是故意……”

但她的朋友却望向远方。当凯特从门廊台阶上站起来的时候，她穿着白衬衫，呼吸平静而自然。“来吧。”她说。

还有几分钟太阳就落山了，这时退潮了，凯特沿着海滩加快了脚步。她每走一步都会踢开一点沙子，当她们走近一排搁在沙滩上的船时，她静静地走着，沉默不语。当她们到达时，她背向水，走到棕榈叶、海藻、塑料瓶和浪潮边缘的绳子的末端。

英格丽德跟着走了几步，看到凯特在一艘大船船体的阴影下停了下来。她转过身，一动不动地站着，盯着那片海草和浮木，或者是大洋对岸。日落聚集成一束橙色光线，仿佛在几分钟的时间里，这一天就被吸走了，消失在粉红色和紫色的水流中。

凯特仍旧在树下，向英格丽德挥挥手。“看！”她指着水里，那里一片漆黑，波浪起伏在地平线上。

英格丽德眯起了眼，她似乎看到海岸附近停着一条船，又像是一只乌黑的、无法移动的动物。“我看到的是什么？”她问，“黑得太快了。”

凯特没有回答。她静静地站了一会儿，然后弯下腰脱掉一只凉鞋，清理了一些海藻后她又把鞋穿上。“要是我们再待一会儿，蚊子会生吃了我们。”

晚饭过后，英格丽德想一个人静静。她关上房门，打开墙上的电灯开关。镜子边缘的异动让她吃了一惊，当她走近时，她的影子在镜子的框架上闪过。壁虎一动不动地趴在镜子边缘，圆眼珠漆黑，皮肤是灰绿色的。这只小壁虎令人作呕，它没有任何可爱的地方来弥补这种感觉。突然间，英格丽德对那些试图将自己隐形的丑陋的爬行动物感到同情。“可怜的小东西。”她轻声说，接着手指小心翼翼地靠近它。它凹凸不平的身体一动不动，但在英格丽德的指甲距它只剩一毫米时，它猛然跳起。它在消失在镜框后面时，发出响亮的声音。一截灰绿色的尾巴落在镜子下面，像刚孵出的蛇一样蜷曲着。英格丽德本能地想向后靠，但维尔瑞德却向前倾，拿起蠕动的尾巴，把它放在她的手掌里。

36

莉斯贝丝

当然，这很荒谬，她只知道其他人都在嘲笑她。也许他们是在讨论自己的问题，也许不是。莉斯贝丝将头埋入双手，看在上帝的分儿上，阿曼德比她小 20 岁！一个不可救药的懒鬼，她和哈拉德不是总这么说他吗？他们实在为西娜感到可惜，她的儿子真的太……一无是处了。她甚至问过哈拉德，看他是否愿意给这孩子一个机会，让他去店里工作，但他十分坚决。“我们已经帮了西娜，因为她是你朋友，虽然站在柜台后面并不养眼，但至少她做好了她的工作。但她那个游手好闲的儿子？我不会雇用他的！”

她来这之后甚至没有过多地想念哈拉德，也已经不再相信他会尝试叫她回去。她只从琳达那里听到了一点儿他的消息。“爸爸感觉受到了背叛，”她的第一封邮件这样写道，最终还是说，“爸爸挺好的。”没有一个关于分居或其他手续的词，似乎他在假装什么都没变。莉斯贝丝也十分惊讶地发现这并没有伤到自己。无论如何，她和琳达还有其他事要聊。新事情，用新方式聊。

不过跟阿曼德的事真的很尴尬。并不是已经发生了什么……只是这太不合适了，天哪！但她应该怎么办呢？当他晚上坐在她身旁，在英格丽德的一声刺耳的俏皮话后向她眨眼时，好像他们俩在偷偷地嘲笑别人。没人在时他管其他人叫“疯子”，晚上 10 点，他们明明早就吃过饭了，玛雅却在问晚餐是不是就快好了，这时他会翻着眼珠，只让她看到。

有一天，阿特莎进了她的房间，没有敲门，她感到很窘迫。“对不起，莉斯贝丝夫人，我以为你出去了……”她急忙退了出去，但也看了镜子前的莉斯贝丝一眼，她穿着内衣裤，是那件她几乎从来都带着的：带有蕾丝的黑色丝质提拉内衣。她是怎么想的？她立刻把内衣扔回抽屉里，告诉自己她只想试穿一下。天知道她在斐济会胖起来，她只想看看到底还合不合适。

阿曼德也不是梦中情人，远非如此。她瞥见了他的肚皮，夹在衬衫的几粒纽扣中间，还有她宁愿没看到过的他染成红色的金发。那她为什么还要带上口红，在晚餐前再补一次色呢？为什么每次听到门外响起“嗨，女士们！”时她都要整理一次头发呢？她也不确定。但是当他的目光扫过她时，眼神里别有他意，那是她十分想念的东西。他每天早上都会过来，花几个小时喝喝她们的咖啡，上上网，躺在她们的吊床上，说她们有多幸运：“你们真的像生活在天堂一样，我希望你们知道！”就好像他是被派来的一个检查员一样，嫉妒她们有养老金，想确保她们过得并不开心。

其他人觉得她蠢，她知道。但这是她唯一知道的与男人互动的方式，拒绝男人从来就不是她的作风！莉斯贝丝从床上坐起来。阿曼德不算男人，停下来！他是西娜的儿子。正因如此，才搞得羞耻异常。远处，西娜眼中的敌意阴影使得莉斯贝丝的心里忐忑不安。敌意和……鄙视？

并不是心里的情愫让她对阿曼德眨眼、附和他的笑话。只是一种对过去岁月不可避免的悲伤。年轻的抢劫犯抢走她的钱，带着汗水和贪婪的气息，她指尖感受得到他的肌肤。萨莱西，她现在还知道了他的名字。知道她最接近他时看到的正是那双绿条纹的黑鞋。

“你要去哪儿呢，阿特莎？”

凯特的声音来自客厅。

“我觉得该去看看乔今天早上有什么收获，凯特夫人。要是他打来上好的鲷鱼，我给你们带点儿？”

莉斯贝丝迅速起床。“我跟你一起去，阿特莎，”她语逗很快，“你可以教教我如何挑选最好的鱼。”

阿特莎看她的眼神有点怪？莉斯贝丝觉得阿特莎的余光扫到了那条黑丝内裤，但她们得翻过这一篇。凯特点头应允，莉斯贝丝拿上她的白草帽。这个星期二的下午，帽子边缘的红丝带和她的裙子很相配。

就好像他一直在等着她们一样，阿曼德从码头上方一间棚屋的阴影里走出来。“嗨，女士们！”

他没问一声就跟她们一起走，他们走近乔的船时，他的儿子们正在整理渔网。在礁石上，这一定是一个美好的早晨：蓝色的鹦嘴鱼，闪闪发光的银鲭鱼，还有一条巨大的红石斑鱼躺在一桶水里。阿特莎熟练地捏着鱼，检查它们的眼睛是否干净，鱼鳃是不是明亮的橙色。最后，她选择了两条中等大小的鱼，然后斜着抬头看着莉斯贝丝。“我们可以做科科达，阿曼德先生吃过那个吗？”

莉斯贝丝对斐济食物并没有特别喜欢，不过，用椰奶腌制的生鱼片加上红辣椒和洋葱，已经成为她的最爱之一。“但那挺麻烦的，不是吗，阿特莎？得花不少时间吧？”

阿特莎笑了。“英格丽德夫人可以刨椰子肉，她有双好脚。西娜夫人可以帮我把鱼剁碎。”

“我也能帮忙。”莉斯贝丝打断道。她至少会切洋葱和辣椒，阿特莎也不用搞得听起来她好像一点用都没有！

“科科达听起来很棒。”阿曼德朝着阿特莎爽朗地笑着。“你得教教我怎么做这道特色菜。单身男人的厨房里几乎全是罐头食物和微波食品。”

她突然忍不住傻笑了一下，阿特莎向莉斯贝丝瞥了一眼：阿特莎对阿曼德的请求完全不解。一个人在厨房里独自做饭，身边没有一个女人，这画面她显然无法想象。

“我能为大伙斟酒，至少。”他继续说着向她走近一步，“还能帮玛雅摆好桌子，帮她数到六。”

莉斯贝丝不敢相信他在对着她眨眼。一阵急促的笑声伴随着他的眼睑的颤动。莉斯贝丝脑袋里的某些东西出现了裂缝——一个气球爆了，发生了一次小爆炸。阿曼德的红脸在她眼前变得模糊，她的声音颤抖起来，但并不是因为哭了。

“你当然可以帮忙，”她说，“但别去招惹玛雅。”

还好她们带着鱼回去时他没有跟着。阿特莎径直走向厨房，莉斯贝丝停了下来，她看到玛雅抓住门框，站在她的房间门口。她戴着一顶帽子，穿着一件睡衣，眼睛里充满了恐惧。莉斯贝丝立刻明白了。下午的光线告诉玛雅，是时候去海滩散步了，但她找不到路，西娜也不在这里。

但海之星在这儿，玛丽亚突然出现在她们旁边，拉开玛雅紧抓着门框上的手。“来吧阿姨。”她说，然后领着她回到房间。当她们再次出现时，莉斯贝丝正坐在门廊的柳条椅上。玛雅穿着她以前的蓝色裙子，玛丽亚穿着一件莉斯贝丝从未见过的布拉裙。明快、欢乐的颜色，大体橙色，间杂着白色和红色。玛丽亚把手放进玛雅手里，莉斯贝丝觉得那无比契合，像钥匙插进锁里一样。

*

“寿司。”阿曼德吃完第三个后，一边说一边擦擦嘴。“即使在家里那个被肉和土豆占领的地方，人们也已经开始关注其他地方的美味佳肴了。当然，我们这些旅行过的人尝试的不仅仅是冷冻比萨和金枪鱼砂锅，还有稍微精致一点的口味，但这，”——他在餐桌上露出了一个大大的笑容——“没有多少人会说他们已经尝过了。”

莉斯贝丝疲惫地看着他。她懒得纠正他，指出科科达不是寿司。她说不说有什么关系呢？阿曼德不管怎样都觉得自己知道的最多。

但玛雅今晚兴致很高，她深吸一口气，解释道："科科达实际上不是寿司，是柠檬汁做的鱼。酸橘汁腌鱼，是中美洲和南美洲的一道菜，跟科科达是同样的做法。这是一个化学过程：柠檬酸使鱼体内的蛋白质变性，使分子改变结构，然后——"

"我当然知道这些了！"

他十分粗鲁地打断，很不友好，玛雅看起来很困惑。她挪到椅子的边缘，还在继续说："很有趣，真的。我不太记得这做法从哪里来的，我读过相关内容，但……"

"没关系，记住所有的事本来就不容易，不是吗，玛雅？但至少今晚你记得你在哪里生活，和谁一起，这就很好了，不是吗？为此我们举个杯吧，女士们？"

阿曼德举起杯子，笑着看了一圈，朝每个人使眼色。莉斯贝丝头脑里的某个东西又爆炸了，又是那种有什么东西坍塌了的感觉。玛雅张嘴坐在那里纹丝不动，一抹红晕缓慢地爬上她的脸颊。西娜紧紧地抓着桌角，英格丽德从椅子上跳起来说："你知道吗——"

但凯特控制住了局面，她冷静地放下勺子和叉子，直视着阿曼德的眼睛。"老话说留客如留鱼，三日就变臭。现在已经三周了，阿曼德，臭味已经相当浓了。我不知道你打算在斐济待多久，但不管怎样，这是你在我家的最后一晚。之后你想看你妈妈也可以，但得去别的地方。"

莉斯贝丝心想，好像他的母亲真是他要来看的那个人似的，她的目光本能地转到桌子最后的椅子上。西娜的表情和往常一样，下巴紧锁，眉头深皱，嘴角紧扣。现在她站起来，把椅子使劲推开，冲回房间。她回来时带着手提包，莉斯贝丝想知道西娜是否带着她的护照和钱包，也要离开这所房子。但是，西娜走到阿曼德旁边，从她的包里拿出一个浅蓝色的信封，狠狠地摔在他面前的桌上。阿曼德没有抬头，玛雅看着西娜咬牙切齿地说："这是你的票，你这周六离开南迪。"

37

阿特莎

敬爱的上帝，我知道孩子是您赐予我们最好的礼物，但他们也使我们深深地担忧。你创造了所有母亲，上帝，所以你理解我和西娜夫人。她的孩子已经长大，但她依然为他焦虑。直到今晚前我也不懂她的恐惧。就像每当维利沃喝格罗格酒，喝到很晚，半夜才踉踉跄跄地回来的时候，我也一样的担惊受怕。在西娜夫人去摩西斯和莉提亚家里的时候，我从她的脸上也看到了同样的担心。她说想谢谢他们让阿曼德先生住在那里，但我敢说她一定是担心他态度不好。虽然他已经是个长了白发的老男人了。

我心烦的是我们还没准备好告别的仪式。阿曼德先生两天后就要离开了，时间肯定不够去准备一场有地炉大餐的派对了。但我本应该想到这个仪式的！我试着解释给西娜夫人听，说这是我们的传统，是为了感谢客人在这里与我们共度的时光。客人感谢主人张开双臂欢迎他，如果有做得不妥的地方要向主人道歉。阿曼德先生在摩西斯和莉提亚家里住得很舒服。能洗热水澡，早上喝茶时还配着澳大利亚饼干。习俗是客人表示感谢，主人希望他一路平安，并欢迎他回来再次造访。我跟西娜夫人说，我们不需要大张旗鼓，就买点卡瓦胡椒配卡瓦酒。但她感到不安，以为这是因为阿曼德先生做错了什么事。“我们挺愿意多付点钱的。”她说。多付钱！她是个外国人，她不懂我们的传统。她怎么能理解多花钱其实是种冒犯呢？

我对西娜女士最不了解，上帝。但我敢断定她和我一样有颗疼痛的心。“别担心，”我告诉她，“维利沃能搞到卡瓦胡椒，我们会安排这次告别会的，西娜女士。别担心。”

上帝，你也看到发生的事了。你看到她的双眼怎样地颤动，像一只小鸟眨着眼睛，一滴眼泪顺着她的鼻子落到嘴唇上。“谢谢你。”她说。我在找一块手帕，所以当她说“但他不回来了”时，我没有看到她的脸。

敬爱的上帝，请消除西娜女士对她的孩子的担忧吧，也消除我对维利沃的担忧吧。让他找到工作，独立生活，真正成长，组建家庭。

阿门。

38

凯　特

计划是使用准备好的第一批豆子。当然，在我们尝试制作巧克力的时候，约翰尼在这里是最好的，但是他走不开。乔的女儿和儿媳们坐在树荫下，剥去了干豆的壳，她们的谈话和笑声汇成了一种翻腾的背景音乐。

我们收割、发酵、风干。黄色、红褐色和褐色的豆荚已经被剪掉了，剩下的豆子和果肉用香蕉叶包裹，放在阳光下晒着，直到发酵。摩西斯知道什么时候应该打开叶子，他拿出一个深紫色的可可豆，夹在他的指间，仔细检查之后交给我。“你看这个，凯特女士，就是这个颜色了。”

我们在院子里的垫子上晒干了豆子，然后小心翼翼地把它们翻过来，不能太快，也不能太慢。玛雅已经宣布她负责烤箱和烘焙。“很明显，我们没一个知道怎么做，”她正确地指出，“但至少我曾经是个好面包师，我要与这个烤箱交朋友！”烤箱似乎没什么意见。接着，我们严格按照配方，通过研磨和加热，直到可可粉装满了一个大碗。又多又亮，苦味四溢——完全属于我们的可可粉！我们相视而笑，英格丽德张开双臂挨个拥抱每一个人！

我们犯了一个又一个错，我们不知道如何正确地榨出可可油。我们尝试了不同比例的可可浆、脂肪和糖，失败了多次。经过 10 次还是 12 次尝试后，味道还是太苦，我们甚至不顾英格丽德的反对，往里面加了牛奶。“不行，必须是黑巧克力，不能有别的！我们不能把加了牛奶的巧克力说成‘对你有益的一小块’吧。”

我们不停地研磨，也没有将巧克力做得足够光滑。冷却系统坏掉后没办法让糖果屋里的温度保持足够低。

但没有人放弃。英格丽德每天早上都第一个去，西娜和玛雅像一个小团队一样一起工作。莉斯贝丝电话不停，一直上网，但也和其他人一样，头发上挂着许多可可粉，衣服上沾了巧克力污渍。她给我们买了围裙——长长的绿色围裙，带子束在腰上，系在前面。阿特莎也得到一件，她第一次穿上时，笑得忍不住坐了下来。

混合搅拌是最大的一个挑战。当热巧克力酱倒在冰冷的石盘里需要搅拌时，我屏住呼吸，咒骂着我那雾蒙蒙的眼镜。往复来回，这是一个无休止的过程，其间散发出令人眩晕的甜味，直到巧克力酱浓度有所变化。而训练有素的人的眼睛能够看清，即便温度低于 33 摄氏度，但我们的眼睛不行。我们把眼镜推到鼻子上面，眯着眼睛，摆弄着温度计、勺子、测量工具，巧克力酱到处乱溅。

但突然有一天，我们成功了。巧克力酱如丝般顺滑，保持着合适的温度，它灵活地滑进模具中。我们得到了光滑闪亮的巧克力块，厚 8 毫米。它们发着光，颜色漆黑而诱人：来咬我们吧，尝尝我们，吃掉我们！让我们融化在你嘴里！

当我掰开一块幸福碎片，咬了一口的时候，满载的希望像是一首美妙的乐曲。1 号巧克力交响曲。我任由它停留在我的舌尖，等了许久才吃掉。在棕紫色的豆子中，神圣的味道填满了我的嘴，直到它流进我的喉咙。我闭上双眼想念着尼克拉斯。他也会想让我拥有自己的巧克力的。

*

西娜终于决定遵从医生的建议。我曾想她会想要回挪威做手术，但我问她时，她拉下脸，摇了摇头。

“我干吗回家？你觉得阿曼德会来照顾我吗？他会坐在我床边然后给他生病的母亲大声读书吗？”

如果不是那么伤感，我本来会被她逗笑的。“对，你说得没错，阿曼德可能不会那样做。”

我只想安慰她，给她勇气，再次向她保证我们会保护她。但在我开口之前，她又担心起了开销。“我想在这边做手术，我查了一下费用，保险能报销大部分。如果有额外的费用，我一定会——”

“别考虑钱的事情，西娜！”

自她来斐济，我不知道已经跟她说过多少次了。她对金钱的无休止的、乏味的焦虑使我心碎，也让我尴尬，但难过更甚。我也不是百万富翁，但有个在财务方面很懂行的弟弟确实帮了我很多。他把父母留给我们的房子卖掉，把我的那份遗产扩大了许多，甚至在巧克力投资之后，还剩下一大笔钱。西娜，辛苦工作了一辈子，从来没给自己买过什么东西，把自己的一切都给了那个无底洞一样的快50岁的儿子——她不应该担心她是否负担得起移除子宫的费用。

我们坐在屋子外面的墙边时，她把整件事告诉了我。那些疼痛和检查，还有医生提出将整个子宫移除的建议。

“他说那里可能有一些不太好的东西。”

她看着我，眼神茫然，但她说话时很沉稳。“可能，他说可能不是癌症。而且玛雅多年前就移除了，她告诉我那没什么大不了的。”

我等着她继续，她还有话要说。

“只是……”

西娜的眼睛又红又肿，睫毛很短，金发碧眼。突然，我意识到我从未见她哭过。

“我觉得现在……在这里……”

我用胳膊搂住她的肩膀。西娜的脖子很紧张，但我用力地搂着她，她才很不情愿地将头靠在我的肩上。在斐济，西娜本应该好好地享受自由。本应该轮到她去将脚趾埋在温暖的沙子里，尽情地喝着椰奶。我曾向她保证过这些。

“我知道。”我叹了口气，然后把她拉得更近，看着她那灰金色的头发下白色的头皮闪闪发亮。

她的肩膀在我胳膊下收紧，她抬起头。“我爱我儿子。”西娜与我四目相对。她的目光带着坚定与挑衅。

“是我选的。是我决定让他在鲁格戴维恩街上的两张床公寓里长大，没有父亲，只有从旧货市场上买来的一个二手滑板陪着他。没人问过他的想法，你得知道这点。”

我知道这没错。我也知道这是我永远无法触碰的东西。

“我知道。”我又一次说道。

我打了几个电话，做了些安排，调查了外科医生的背景，并支付费用来保证西娜能有一个单人病房。如果一切按计划进行，西娜会在周一接受手术，如果术后一切检查正常，几天后她就能出院。后来决定就我一个人陪着她去苏瓦，这样的安排让玛雅有些伤心。我想她知道原因，但我实在没力气跟她讨论了。西娜现在最需要的是我。

玛雅还是不时地会“离开”我们。那些重复的问题，那些消失在她脑海里的词语，当她在寻找她的梳子时，她眼睛里布满困惑，她甚至不记得它叫什么。“我找不到那个弄头发的东西了！”

但她也不总是这样。很多时候没人看得出她有什么问题。玛雅坐着，手里拿着一本旧地图集，跟玛丽亚讲地球上的海洋。她记得历史上的日期和书名，以及女儿小时候接种的疫苗。然后，第二天她就会迷失，慢慢地喃喃自语，挣扎着完成一个句子。那不仅是健忘和心神不宁，每个人都看到了，也知道怎么回事。他们心知肚明，但都似乎同意说出来并不会有什么好结果。我们不需要给它一个名字。玛雅犯病时我们会照顾她，只要我们还有能力。

我知道她的病会发展成什么样，我读到过，像玛雅这样的病人最终会连简单的任务都无法完成，变得麻木不仁，对他们过去享受的一切失去兴趣。当恐惧和妄想在头脑和心灵中传播黑暗时，他们会毫无理由地表现出敌意。但目前还没到那种地步。玛雅记得的事情比忘掉的多。我们还不需要对此做什么重大决定。

最难的是怎么应对伊芙——我发给她的邮件越来越含糊。玛雅的女儿很聪明，我知道她明白病情在不断恶化。但我们仍然能控制住，我们仍然可以照顾彼此。像抢座位游戏，有些时候是玛雅抢到，有些时候是西娜抢到，而她一抢到，其他人就没地方可坐了。

谢天谢地有英格丽德，她在科罗托托卡的家里坚守阵地，所以我一点儿也不用担心。苏瓦私人医院等待室的塑料座椅的椅背有些硌得慌，他们说手术需要一个半小时的时间，加上她后来醒来的时间。但现在距离我跟西娜和那个纤细的印度医生——她看起来可不象25岁多一天，她怎么这么年轻？——说再见已经有5个小时了，她还涂着亮红色的口红，一再向我保证这些都是常规程序。“你今晚可以去探望你的朋友，她那时候会完全清醒，可以跟你聊天。”

会不会出什么事？晚上的接待员在打电话，一个保安懒洋洋地靠在门边的椅子上，眼睛半闭着。我没带任何可以读的东西，墙上的海报我已经了然于心。你账户的平衡必须建立在余额的基础上。要是英格丽德在这里，我们一定会对这句话的措辞大笑不已。

我是不是应该再问一次西娜的情况？“您的朋友还在昏迷中，夫人，”我已经是第三次听到这个答案了，“她一旦醒来，会有人立刻通知您。”

我一定是睡着了，此时一个穿着薄荷绿护士服的护士轻轻地摇着我的胳膊，叫醒我：“夫人，您现在可以进去了。”

房间很暗，窗帘被拉上了，只有从浴室门透过来的光线进入房间。

“你感觉怎么样，西娜，现在疼吗？”

她的头靠在枕头上慢慢地从一边移动到另一边。“不太疼了，就是有点恶心。”她声音低沉而沙哑。

“至少手术结束了，他们说一切都如之前所计划的一样。”

西娜微微点头。她闭着眼睛躺着，不知道是不是又睡了过去。我握着她的手，白色的手掌那样柔软，这感觉很亲密，就像抚摸她的腹部。

“好好睡，”我说，“我明天再过来。”

我在苏瓦有很多朋友。澳大利亚人的帐篷生意做得风生水起，他们来自非政府组织，尼克拉斯和我跟他们一起工作了许多年。他们中的许多人勤奋、尽职，也有一些人理想主义、懒惰。有些人家里已经没什么可留恋的，有些人则完全相反。

这一晚我待在黛比和史蒂夫家里。护照显示他们来自新西兰，但他们可能来自任何地方；他们“着陆后留在这里”了。他们曾环游世界，旅行、探险、潜水然后仍然活了下来，最后留在斐济首都的郊区，他们的栖身之地科谷之家能为他们提供很棒的食物，柔软的床以及宁静的夜。我来市里时经常住在这里，科谷之家称自己为“民宿”，具体提供了：宾至如归的感觉，晚餐前如果肚子饿了还可以去厨房扫荡冰箱。最后，我终于停止了与我的东道主关于付款的友好争吵。“你在灌木林的故事可比付我钱有趣得多。”史蒂夫一边说着一边走到泳池边的瓷砖上，拿着一个瓶子和三只玻璃杯。初升的月亮那样娇小，苏瓦的天空清晰而深邃。

“我好期待后续的故事，”他说着坐了下来，“巧克力计划后来怎么样？跟约翰尼聊过后有用吗？”

“约翰尼正是我们需要的那个人，”我回答说，“还得谢谢你让我们联系上呢。他对我们来说比你想象的还要重要。”

“棒！”史蒂夫斟满杯子。“现在能举杯一起庆祝凯特牌巧克力的诞生了吗？”

“希望可以吧。”我说，然后想到了英格丽德的笑，想到她搂着我的脖子时的表情：我们成功了！“我们还没理清所有事，但至少我们找到了合适的味道，非常棒！”

我们为凯特牌巧克力干杯，然后我告诉他们我们瞄准了健康市场。“据莉斯贝丝的女儿所说，这一块机会很多。”

“健康食品，是的，没错，”黛比笑着说，“凯特那美味的、不可抗拒的健康的巧克力！”

我觉得没错。“现在我们要想出一些漂亮的包装，让它看起来既时髦又美味。”

他们点点头。时髦和美味，就得这样。

“你那些挪威来的朋友过得开心吗？”史蒂夫问道，“他们有没有斩断留恋，把那些雪呀、厄运呀、忧郁呀都留在那里？”

厄运和忧郁？我吃惊地看着他。“为什么你觉得她们很忧郁呢？”

史蒂夫耸耸肩。“我猜的。你不是说她们在北极附近那个寒冷的地方生活吗？根据我个人的经验，我可以告诉你，北爱尔兰和苏格兰岛屿之间是我永远不想再回去的地方。灰色的海，灰色的天空，灰色的景色，还有啊，那里也太冷了吧！”

我笑了笑，意识到我跟黛比和史蒂夫解释不清。西娜和英格丽德还有其他人可不是为了远离这种天气而过来的。也许如此，但我更希望她们是为了体验：苏鲁裙松散地裹在臀部，就算显得臀部又宽又大也没关系；一朵芬芳的鸡蛋花藏在耳朵后面；无来由地放声大笑；距离带来的自由。

“她们适应得不错，”我说着抿了一口红酒，“现在就等西娜痊愈，然后我们就回到你所说的灌木林里去。”

“但她们能明白吗？”黛比身体向前倾，问道，“我是说——她们没有像我们这样生活过，还有……”

还有什么？她的意思是，她们没有经历过我们疯狂的流浪生活的另一面，我们不知道在哪里可以找到钱来支付项目人员的薪水？我的朋友们从来没有在一个语言不通的地方感染过疟疾？或者她们还没有意识到这个世界有那么多的不公平，而我们身边的人拥有的那么少？或者她指的是我们一直存在的脆弱？像她和我这样的永远无法预料将来的人总是觉得，我们能完全理解我们所选择的生活吗?

“她们在不断学习,”我回答道,“她们知道,不是所有的鸡尾酒都在树荫下,不是所有的食物都会从树上掉下来。”

她皱起了额头,耸了耸肩。“从某种程度上来说,几乎就是这样。这里的人们几乎可以用他们在后院找到的东西填饱肚子。”

我摇摇头,突然感到疲惫像一根钢丝绕着我的前额。“这不是我想说的,真的。我想的是……”

找到合适的词好难。“我想的是我们家乡那边的人是如何想象我们的生活的。是不是觉得我们就只是坐着喝喝红酒,看看大海。”

我摇了摇杯中红酒,茂盛的九重葛垂下来,紫罗兰靠着墙盛开。

黛比点点头。“我知道你的意思,但你的朋友们了解这里的生活并不总是那样令人兴奋……也没那么特别吗?我们也过着平平常常的日子。”

她们了解吗?我回想着英格丽德腿上放着椰肉刨丝器,西娜跟着阿特莎挖木薯做晚餐。我十分肯定地点点头。

“她们明白。但我们拥有的自由,所做的选择——都不是说来就来的,不是吗?我们都付出了代价。”

“什么意思?”黛比将她苗条的双腿拉到椅子上。

“就是,没有归属感。”

黛比看起来快要笑了出来。“少来,别跟我说什么没归属感的鬼话!不是你总在说,根据地方来定义归属是错误且十分狭隘的想法吗?你的归属在于你所持有的价值观,当你被推到紧要关头时，你会坚持什么。”

史蒂夫从黛比的椅子后面走过来，拿了一件轻夹克给她披在肩上。她对着他微微一笑，我感到思念像身体里一个巨大的窟窿。黛比拥有这个人，属于这个人。

我想说什么呢？我们付出的代价是一种权衡。以安稳换自由，这是我们的选择。我们放弃了从前的日常：家庭、邻居、终身的友谊。我们牺牲了一点，但换来了更多，更多不同寻常的东西。

“我不后悔，”我对黛比说，“但做任何事都会有代价，对吧？”

黛比看出来了，看出尼克拉斯留给我的空虚，看出我一无所有。没有家庭，没有伴侣，没有孩子——归根结底，我其实也那么传统吗？

“但你现在拥有你的朋友们，”她说，温柔的声音安慰着我，“重聚，是通往过去的开始。你们那么多年的友谊——那也能形成一种归属感吧。”

史蒂夫进屋了，黛比和我沉默地坐了一会儿。我想着西娜，她柔软苍白的手搁在毯子上。玛雅，我心头的结：我们能撑多久呢？过去的情谊带来归属感，归属感带来责任。

我喝光杯中的酒，站起来。是时候去睡觉了。我明天想早点去医院，看看西娜怎么样了。

39

英格丽德

她是个脚踏实地的人，这点无人能否认。英格丽德·哈根对现实有着坚定的把握，对迷信和愚蠢毫无耐心。当你发现有些事真的很难相信，你通常都是对的。

但在斐济，有什么东西打开了她的心扉。也许是使叶子变绿的叶绿素，也许是使眼睛睁开的光。维尔瑞德这段时间越来越多地大声说话，纵情舞蹈。

当摩西斯连续三天没出现时，阿特莎是第一个发现的。英格丽德也有些担心，管理员通常都很可靠。

“今晚回家的时候我会去他家看看，英格丽德夫人，”她说，“他可能生病了。”

当阿特莎胳膊夹着包向门口走去的时候，英格丽德突然决定：

“我跟你一起去吧，如果摩西斯病了，我或许能帮点忙。”她瞄了一眼莉斯贝丝和玛雅，晚餐后她们俩都坐在门廊的椅子上打瞌睡。“她们俩应该没事的。”

阿特莎用一种难以理解的表情看着她，然后轻轻地点头，打开了门。她们走得很快，当她们走到一个台阶上放着两把塑料椅子的小房子门前时，阿特莎喊“你好！”然后摩西斯的儿媳引她们进去。她们跟莉提亚打招呼时，英格丽德惊讶地看到摩西斯独自坐着，在房间的角落看那台小电视，音量调得非常高。摩西斯没有要转过来的意思，电视上闪烁的画面吸引了英格丽德。首相坐在礼堂里听演讲，他的脖子上挂着萨鲁萨鲁[1]。这个由干香蕉叶和鲜花制成的花环，看起来好像致使他的脖子发痒，他挠着自己，似乎很不耐烦。

后来，摩西斯转向她们。“你们好。”他撑着从椅子上站起来，这时她看到了他小腿上的绷带，膝盖下面有一大块纱布。英格丽德感到有什么东西在胃里翻涌，他深色的膝盖上裹着的污迹斑斑的白色纱布让她感觉不舒服。

“摩西斯，你的腿怎么了？”

她掩饰不了自己的震惊。在路上的时候，阿特莎就含蓄地跟她说过这样会显得不尊重别人，但她当时没有细想。

摩西斯一屁股坐回椅子上，显然没有支撑的话他站不起来。他嘟囔着看向别处。莉提亚走过来，单单告诉阿特莎：“他不小心

1　萨鲁萨鲁（salusalu），斐济当地一种花环，表示喜欢或欣赏某人。——译者注

烧到自己了。”

“烧到自己！在哪儿？”

莉提亚看着丈夫，但他却盯着电视屏幕。

“地炉。”莉提亚几乎是哼出了这个词，英格丽德十分吃惊。如果有任何一件事是摩西斯已经做过一百万次的，那就是做地炉。

“我们准备好食物，他去打开地炉想看看石头够不够热。结果他开得太快，太不小心，”——莉提亚摇了摇头，责备地看着丈夫——“一块烧得通红的木头突然弹了出来，把他的腿烧焦了。”

“疼吗？”英格丽德立刻反应过来她问了一个多蠢的问题。摩西斯如果能走的话是绝对不会放下工作的。

莉提亚只看着阿特莎，说：“伤口愈合不了，一直流脓。”

“你试过罗勒叶了吗？”

莉提亚生气地看着阿特莎，她当然会第一时间用碾碎的罗勒叶的汁液治疗了。“当然了，我还立刻把塔沃拉草敷在他的伤口上，但也不管用。”

摩西斯坐在椅子上轻声呻吟，阿特莎跪在他面前。“我能看看伤口吗？”

他倾身向前，松开湿透的绷带。英格丽德微微颤抖。伤口已经严重感染了，上面有绿黄色的痂。透明的脓液从不能覆盖血管的薄膜中渗出。

“你得——”

“去贝卡[1]找医生，我当然知道！”莉提亚打断阿特莎时，她的语气很生硬。“我们知道，但他不能走路，去哪儿都太不方便了。”

英格丽德不明白：贝卡？那个小岛和苏瓦隔着海，得开五六个小时车还得坐船——为什么他们要去那里？她想问，但阿特莎阻止了她。

“有个来自贝卡的女人嫁给了村里的一个男人，问题是怎么把摩西斯送过去，他这条腿都没法站。”

“我可以开车载他去。”英格丽德毫不犹豫地说，“我下去拿钥匙。”

她朝门口走去，听到了阿特莎开始抗议，并忽略了莉提亚不信任的眼神。她不知道贝卡跟这些有什么关系，但她能帮摩西斯的也只有载他一程了。她急匆匆地赶回去时，摩西斯化脓的伤口一直在她脑海里浮现。

回到摩西斯家门口时，她已经不那么恶心了。

他的儿子们扶他上了卡车，他坐在后座上，脚伸直，英格丽德、莉提亚和阿特莎只能都挤在前排。他其中一个儿子坚持要跟着一起去，只好坐在车斗里。他把夹克围在头上防沙。

英格丽德看着阿特莎，似乎想让阿特莎解释一下。“贝卡是怎么回事？我们是去找治疗师吗？”

她能感到莉提亚看着她——这个外国人到底知道点儿什

1 贝卡（Beqa）是斐济的岛屿，位于维提岛以南10公里的太平洋南部海域。——译者注么？——她挂上挡，努力地躲开路上那些巨大的坑。

“贝卡的人，”阿特莎开始说的时候靠在椅背上，“有战胜烈火的力量。”

英格丽德迅速地看了她一眼。“战胜烈火，怎么战胜？”

阿特莎忧郁了一会儿，组织语言。“英格丽德女士，从贝卡来的人——”

“从纳瓦克瑟瑟村[1]来的人，”莉提亚打断了她，她目光凝视着窗外，“他们是萨瓦部落的人。”

“萨瓦部落的人，”阿特莎赶快纠正自己，“他们能将烧伤的痛苦带走，他们能阻止火焰燃烧人的身体。”

英格丽德转过来盯着她，阿特莎忽然指着路。“英格丽德女士，小心……”

维尔瑞德接管了英格丽德。她浑身发麻。阻止火焰？精神力量和超自然力量，不管是什么，她都准备好听个究竟了！“什么意思，阿特莎？”

故事在前座的黑暗里展开。很久很久以前，一位苏瓦勇士的双手伸到了瀑布下面的石头下。他以为自己抓住了一条鳝鱼，但后来发现其实是一位神明。神明请求他放了自己，向他提出可以给他各种各样的礼物，只要能换取自由，但他拒绝了所有东西，直到神说可以让他拥有战胜烈火的能力。

英格丽德的视线又离开了路面。“那是什么意思？”

1　此处指贝卡岛上的一个山村，村里居住着萨瓦（Sawau）部落。——译者注

“神挖了一个洞，在里面放满了烧得通红的石头，”阿特莎继续说，“接着他从石头上走过，却毫发无损，于是邀请那位勇士跟着他。勇士跟着神一起走过，也没有被烧到。他的脚底一点儿被灼烧的痕迹都没有。”

“然后呢……”维尔瑞德更用力地抓着方向盘。

“这就是从贝卡来的人如何拥有战胜烈火的力量的缘由。他们可以穿过白热的岩石而不被灼伤，他们可以帮助被烧伤的人。”

“帮助摩西斯？怎么帮？”

阿特莎摇着头说：“到了你就知道了。”

卡车停在房子门口的时候，一个女人打开车门。她可能已经习惯了深夜有病人突然来访，英格丽德想。摩西斯的儿子从车斗里跳下来，礼貌地向她问好。“我们从科罗托托卡来，我父亲需要帮助。”

女人点点头，将门推开，他们扶着摩西斯进了房间。她的丈夫嘟囔着打了招呼后离开了房间。女人坐在凳子上，将摩西斯的腿放在她腿上。一言不发，她将流脓的伤口上的绷带取下，手慢慢地在伤口上前后轻抚着。她的嘴唇在动，但无法听清她在说什么。唯一的声音是一只奔跑在屋顶上的动物脚步的沙沙声，还有角落里壁虎尖锐的叫声。

他们坐了很久。这只手慢慢地从摩西斯的腿上拉起火焰和疼痛，在暗光中来回滑行。阿特莎坐在墙边，似乎睡着了，莉提亚的眼皮也下垂着。只有英格丽德异常清醒。她的目光随着那只手的推拉，满嘴都是煤油灯冒出的烟味。摩西斯的儿子和女人的丈夫交谈的声音飘过打开的窗子。

感觉过了几个小时后，贝卡来的女人从椅子上站起来。摩西斯躺在地上，他的手盖着脸。英格丽德前倾去看摩西斯的伤口，它看起来白中透红，被一层干燥、顺滑的膜所覆盖。

回科罗托托卡的路上，车里的人都没说话。摩西斯睡了一路。

40

阿特莎

敬爱的上帝，请让西娜夫人完全好起来吧。她和凯特夫人都已经去了五天了。现在西娜夫人得继续在苏瓦休养一阵，然后她们才会回来。感谢您让医生的检查结果没有异常。也感谢您昨晚让贝卡来的女人帮助了摩西斯。您知道我们的名字，确保我们得到所需要的。

但玛雅夫人状况不太好，上帝。她焦躁不安又十分害怕，因为西娜夫人不在这里。但玛丽亚来的时候她会好一些。今天她们去海边玩了。现在玛雅夫人的臂弯里抱着一个枕头，她为脑海里回荡的歌曲节奏而不住地点头。玛丽亚坐在地板上，周围是闪闪发亮的粉红色贝壳，它们通常被放在窗台上。

房子里的女士们就像一个由贝壳串成的项链：从同一个海滩来，但所有人都有所不同。每个人都担心着别人：莉斯贝丝夫人担心着西娜夫人，西娜夫人担心着玛雅夫人，英格丽德夫人担心凯特夫人，凯特夫人担心所有人。

我也担心她们所有人。我怎么能不担心呢？此时凯特之家的阴云像雷雨天一样厚重，好像房子要爆炸了一样。

凯特夫人回来后，她们就会好些了。敬爱的上帝，请助这些女士一臂之力，直到她回来。

阿门。

41

玛　雅

她想知道伊芙什么时候过来。她的女儿没在这边已经有一阵子了，不是吗？“你得过来看看我们，妈妈。”伊芙总这样说。但玛雅却受不了漫长而乏味的火车之旅，还要坐在拥挤不堪的汽车里穿越群山去特隆赫姆，车里的暖气从来都不太好。最好是伊芙过来，可能她也没有时间。但她已经有一阵子没来了，不是吗？

玛雅推开房门，一动不动地待在原地。仿佛什么事不对劲儿，她没有意识到。是她的眼睛吗？她双手捂住眼睛，又拿开。还是一样。她挣扎着在脑海里回想词语，那些词语会告诉她哪里不对劲儿。它们就在那里，她感觉得到，只是够不到。没有词语，她不知道自己在害怕什么，但她就是害怕，寒冷而盲目地害怕。

黑暗，那定然是黑暗。她的脚拒绝踏离黑色的悬崖，她的胃开始痉挛——她不想掉下去！她双手抓着门框，面前是一片空白，她头晕目眩。她双腿动弹不得，她不知道这是怎么回事。而伴随着一声尖叫，她放开门框，回到走廊里。

英格丽德坐在窗子下面的椅子上，听到后走过来。“玛雅，怎么了？你伤到自己了？”

她很快地把覆盖在窗户上的遮光用的帘子拉开，这使电脑屏幕开始强烈地反光。“你开错门了吗？我来帮你。”

*

发件人：kat@connec.com.fj

收件人：evyforgad@gmial.com

主题：玛雅

亲爱的伊芙：

我想你一定想知道为什么你的妈妈最近没有写信给你。我很抱歉，但如果情况没有好转，我觉得你可能再也等不到任何她写的信件或者电子邮件了。而且她恐怕是不会好转了。玛雅时好时坏，但我得实话告诉你，她会花越来越多的时间待在自己的世界里。除了一些真正艰难的日子——我想是因为她突然意识到曾经的她和现在的她之间存在着巨大的、不可克服的距离——但她似乎仍然表现得很好，她仍旧冷静、平和。我不喜欢用这个词，我也不想居高临下：即使她现在是一个安静、内省的人，与我所认识的那个活跃的、精力充沛的朋友不同，玛雅仍然是一个很好的人。

之前我提起过，从医学方面来说，在我们这个斐济的村子里没什么可提供的。她吃的药还是只有你留下的那些，我们也接触不到阿尔茨海默病的专家。月复一月，我们看着健忘和梦呓越来越多地占据着玛雅，在这个房子里，我们能给她的只有我们对她的爱。她并不总能记住我们的名字，但在很大程度上，她相信我们，知道我们打心底里关心她。艰难的日子里，因为那些黑色的洞窟不仅围绕着她，还在她心里，她会因此哭泣，我们会握住她的手，或者带她去海滩上听大海的声音。

有个小女孩，叫玛丽亚，她经常来看玛雅。玛雅看到她总是很开心，有时候她们会一起散步。其他时候，玛雅大都和西娜待在一起。从高中开始她们就认识了，很高兴看到旧日的友谊纽带仍然存在——即使她俩那时走得不是最近的，如果我没记错的话。不管怎样，每个人都需要另一个人，而在这个地方，我们每个人都可以成为对方的“另一个人”。

我知道你看了这封信一定会担心。我不想把玛雅的痴呆症在恶化这个事实隐瞒起来，但我也想让你知道，我们正以我们知道的最好的方式在照顾她。我确实认为她在这里的日常生活大多数时候都很好，这也是我主要想传达给你的。她的身体状况很好，尽管你可能注意到自从你上次见到她后，她的体重减轻了。因为她有时不记得吃饭，有时不想吃。

我们随时都欢迎你过来。玛雅有时候会问起你，但都不是在惊慌失措的情况下问的，我不想让这封邮件吓到你或者让你感到内疚。如果你想让她回家，我们也完全理解，我们会想办法的。但我想强调的是，玛雅对我们来说并不是负担，即使是在现在这种我们不能与她分享喜怒哀乐的状况下。如果她在科罗托托卡的缘分即将结束的话，我们也会握着她的手陪着她走完。

希望你和家人一切都好

凯特

42

西　娜

她还是感觉很糟。伤口疼痛着，她像一棵成熟的梅树，在秋天步履蹒跚地走着，用缓慢而又细小的步伐移动着她的腿。而且其他人好像也不怎么关心。当然了，阿特莎每天来都会问她感觉怎么样，莉斯贝丝也表现出焦虑的样子。凯特把西娜带回家了，所以她可能觉得已经做完自己的工作了，在她们进门的时候，英格丽德把她拉到一边，跟她说了摩西斯受伤的事情，以及他们是如何包装和准备可可的。莉斯贝丝在挪威的女儿想知道她什么时候能看到第一批巧克力。西娜当然明白这一点，毕竟，这应该成为她们的新生活，而凯特显然需要重新回到生意上。在这段时间里，在医院受的折磨已经浪费了她两周的时间，西娜沮丧地想，更别提花了多少钱。

“最重要的是医生没发现有任何异常，”凯特说，避开钱的话题不谈，"我们之后再处理这件事，他们会寄账单给我们的。"

西娜知道她在骗自己，在她填写自己的出院文件时，她看到了凯特如何拿出她的蓝色信用卡，悄悄地对柜台后面的男人说话。但她又能做什么呢？

西娜拖着自己的身体穿过粗糙的木地板，坐在走廊角落的柳条椅上。她甚至没法跟玛雅一起散步，医生叮嘱她至少得休息三个星期。

"感觉怎么样？还疼吗？"

莉斯贝丝跟她过来，坐在最上面的台阶上，手里拿着烟盒。她温柔又带着紧张的声音挠着西娜的耳朵。她那瘦弱的屁股看起来好像随时都要跳起来跑掉似的。西娜感到火气上来了。

她反省了一下自己：她是嫉妒了吗？是因为莉斯贝丝突然间成了凯特家新生意的焦点吗？是因为她有人脉有知识，而西娜却永远只能提供一些没有技术含量的帮助吗？或者仅仅是因为看到莉斯贝丝在她身边如此尴尬而感到不适？

"能给我一支烟吗？"

这不是一个问题，更像是夫妻之间的简短沟通，她们已经在一起 50 年了。为什么她不能停止对莉斯贝丝的不满？

莉斯贝丝迅速而急切地把烟盒扔了出去，没扔到桌子上，香烟在地板上散了出来。"对不起……"她跳起来，把它们收集起来，递给西娜一支，摸索着找到打火机。

西娜向前倾去接的时候，她感到伤口一阵刺痛。"啊！"

莉斯贝丝猛地后退，西娜突然觉得眼泪快要止不住了——

该死！为什么莉斯贝丝就不能正常点，别像个飞蛾一样在屋子里乱转。

“坐下！”她粗鲁地说，“看在上帝的分儿上，别大惊小怪的。”

“我没有大惊小怪，我只是去……”

“好吧好吧。”

她们静静地抽了会儿烟，阿特莎胳膊下面夹着洗衣篮从角落走过来，莉斯贝丝跳过去。“我可以帮你把这些叠好！”

但阿特莎摇摇头。“不用了，莉斯贝丝夫人，我自己能行。你陪着西娜夫人吧。”

莉斯贝丝坐下来，从烟灰缸里取出香烟时，她的手在颤抖。她害怕我，这个想法从西娜的脑海里冒了出来。这个念头像闪电一样击中了她：我跟莉斯贝丝说话时她会害怕！

泪水从她的眼角流了出来，她的喉咙哽咽了。手术、止痛药、那疼痛的伤口。她很累了，她只是想让这病痛赶紧过去。

西娜长长地吸了口烟，看着莉斯贝丝的脸。

“哈拉德是阿曼德的父亲。”她说。

此刻完全跟她想象中的一样。莉斯贝丝脸色苍白，面无表情地站起来，她走开了，下了楼梯沿着路走着。玛丽亚突然出现在门廊下，无言地看着她，接着转身跑去跟着莉斯贝丝。英格丽德和凯特帮着西娜进屋上床：“西娜，亲爱的，你得放轻松，你不知道自己需要休息吗？你太疲惫了！”眼泪忍不住地流。因为阿曼德和他悲哀的生活，因为莉斯贝丝和她自己，因为所有的一切。

西娜躺在床上，嘴巴张开呼吸着。她一定睡着了，透过颤抖的眼睑，她能辨认出房间里的昏暗灯光。她得去小便，但她实在没力气起来。

阿特莎打开门，手里拿着一个碗。“你得吃点东西，西娜夫人，这里有碗汤。”

她让阿特莎扶她起来，尽量避免给她的膀胱施加压力。莉斯贝丝回来了吗？她跟其他人说过了吗？她得跟其他人聊聊。西娜的背叛，哈拉德的背叛，它太严重了，不能窝在莉斯贝丝的瘦骨嶙峋的身体里。

“喝点汤，”阿特莎重复着，把碗端给她。“西娜夫人，你得恢复体力。”

她已经耗尽了体力。她的血液又浓又黏像传染病一样在血管里流动。她把碗推开。“我得去上厕所。”她低声说。

在她坐下的时候，阿特莎在门口等着。西娜小便时，她转过身整理着水槽旁的肥皂，真是又长又稳的一次小便。当西娜向下看将内裤拉上来时，目光停留在肚皮上。那苍白的、宽阔的皮肤，像一条长长的没烤过的面包，放在她的大腿上。衣服皱巴巴地垂在那里。她站起来，让阿特莎扶她回卧室。

门开着，玛雅坐在扶手椅上的一堆衣服上。阿特莎帮着西娜上了床，将汤碗拿走，关上房间的门。西娜向后靠墙躺着，疲倦地朝着玛雅微笑。她其实想睡觉，但玛雅看着她，又惊讶又耐心地看着。她的手指拨弄着一条白色的东西。

“裙子，”玛雅说，“我做的。”

西娜认出了丝带。“凯特，”她条件反射似的说道，“这是凯特给玛丽亚缝的裙子，你记得了。”

“我做的。”玛雅更大声地重复着。她放下丝带，双手在空中系了一个想象中的蝴蝶结。“绿色和红色。”

西娜不再争论。几分钟后，外面的昆虫嗡嗡作响。她重重地躺在床上，闭上了眼睛。这一切都使我们忙碌着，她想。一切都那么重要。然而我们留下的只是裙子的颜色。

西娜又一次睁开眼时，房门半开着，两个黑色的剪影站在背光处。是莉斯贝丝瘦弱的肩膀和玛丽亚的卷发。西娜刚想说话，凯特的声音回荡在走廊里。“你在这里呀，莉斯贝丝，玛丽亚也在，这么晚了你在这里做什么？你妈妈一定在担心你呢。”

稚嫩的声音如此平静：“我只是带她找到回来的路。”

现在她所有的感情都融入了悲伤。西娜从来没意识到悲伤的感觉原来就像一颗黏黏的、灰褐色的牙开始疼痛。一团从未升起的雾气，像堆积如山的艰难工作围绕着她。它成了每个人的悲伤，不仅仅是她和莉斯贝丝的，也是玛雅和英格丽德的，还有凯特。它像一个她们都必须通过的过滤器一样。

“阿曼德知道吗？”这是她问西娜的唯一的问题。

西娜摇头否认。“没人知道，”她说，“没有一个人知道。”

“哈拉德也不知道？”

她没有回答。她确信哈拉德知道。他数日子也能猜到，什么时候做的，过了几个月。但他们从来没有谈起过。公司现在本该叫霍伊 & 儿子建材吗？她从没想过，从来也不会想。

莉斯贝丝再没有问任何问题。不仅是她。黑暗的慢动作电影现在已经变成了现实，这是最糟糕的一件事。她告诉了莉斯贝丝，然后一切都变了，虽然事实上没什么变化。她本没有打算说什么，她甚至不知道这个未说出的话还潜伏在她的舌头后面。说出来能带来什么好处呢？都是过去的事了，谎言被遗弃在她身后的路上，利用过也付出过代价。

“那你现在为什么要告诉她？”

西娅甚至没有力气因为英格丽德提出这个问题而感到恼火。她无法让自己去寻找那些能解释痛苦的词语，那些拥有摧毁他人的力量的话语。虽然她知道自己现在拥有并且可以使用这种力量。而她意识到减轻已经占了上风的痛苦的最好方式是放下你的武器。

她耸了耸肩，看了看坐在桌子前面的玛雅。她那双清澈的蓝眼睛是完全没有历史的。

43

莉斯贝丝

她无法思考。莉斯贝丝充分意识到，她从来没有和玛雅或者是英格丽德在同一个联盟里。她从不关心这个，她总是有别人羡慕的东西。但那些现在都不算数了，于是她不知道该做什么。当镜子里的人盲目地盯着她，而没有告诉她事情应该如何变得更好时，她很无助。她的脑子一片空白。西娜、哈拉德、阿曼德，她不知道该从哪里开始；从哪里可以将尖锐的指甲刺入她头部跳动球体的厚壳中，然后开始将所有东西逐个剥开。

最糟的部分是西娜。她当时坚持要为西娜在店里谋一份工作。是她，莉斯贝丝，这些年保障了西娜和那男孩的生活，他们才不至于流离失所、缺衣少食。

最糟的部分是哈拉德。想象着他和平胸的西娜，还有他对阿曼德的轻蔑评论："她那个游手好闲的儿子？我不会雇用他的！"

最糟的部分是阿曼德。她盛装出席，穿着她那件绿色的丝绸衬衫。他坐在桌子对面朝她暗送秋波。一股炽热的热浪压着她的喉咙：而此刻她站在镜子前面，穿着蕾丝黑色内衣。

莉斯贝丝从来没有向上帝奉献过太多。她从来不需要任何不能装进化妆包里或者不需要花钱买的东西。她带着一种居高临下的微笑俯视着英格丽德的热情，因为英格丽德想要探索科罗托托卡村生活的各个方面，包括宗教方面。赞美诗和享用礼拜后的咖啡从来不是莉斯贝丝·霍伊的风格。

对于莉斯贝丝·卡尔森，很多事都变得截然不同。西娜的爆料所带来的最奇怪的后果之一是，她立即将自己的名字改了回去。用回她的娘家姓，把自己变成了嫁给哈拉德之前的那个人。她必须摆脱他的名字，但还有可能变回过去的她吗？

莉斯贝丝·卡尔森又开始做晚间祷告了。她也不确定自己有没有真正地相信上帝，而现在她并不那么担心这个了。但晚上她躺在床上时，她双手合十，重复着她母亲每晚给她和她弟弟念的祷词。“在悲伤、罪恶和最深的恐惧中，请庇佑我和你的天使在一起。”对于罪孽和悲伤来说，这祈祷有点太迟了。但这至少让她可以在夜里安然入睡。莉斯贝丝现在自由而开阔，像失去一切的人一样自由。

现在她明白了这种敌意，西娜的声音里的怨恨，以及那种类似鄙视的目光。是她吗？她，莉斯贝丝，才是那个被别人背叛的人，如果有人有权利满含怨恨的话，那也应该是她。恶心的泡泡在她的喉咙里像绿色的胆汁一样冒出来——她还一直都在为西娜感到难过！在西娜旁边如履薄冰，以避免在她的伤口上撒盐。她可怜的小日子。她，西娜，总是带着那种讨人厌的语气说话！她说话凭良心吗?!

但哈拉德的嘴脸历历在目。每当谈起西娜时他都会用那种高高在上的语气：“她站在柜台后面并不养眼。”她屁股上挨了一巴掌，她55岁的生日礼物是：“或许我得花钱给你的屁股整个形。”这句恭维话，还有她能期待的最可爱的一句话：“你知道你是个性感尤物。”

她站在镜子前看着自己，她没有涂睫毛膏，双眼有些干涩，灰色的睫毛仿佛在嘲笑她。“性感尤物”，她总是满足于这个词。而西娜甚至都没得到过。她仅有的是一个带着哈拉德基因的儿子，她的儿子爱她就像爱一个提款机一样，只不过这台提款机额度有限。

一个念头突然在她脑海里炸开：是因为家族生意吗？霍伊建材，这生意供养了他们这么多年：她、约阿希姆和琳达，还有西娜和阿曼德。哈拉德是第三代接班人，而第四代接班人，琳达和约阿希姆并不想接手生意。但阿曼德想！难道西娜想要的是这个？为了争夺家族企业的控制权，把阿曼德扔进拳击场？他是哈拉德·霍伊最年长的儿子，是他的首位继承人，这难道是西娜所追求的吗？她脑子里一片混乱，冒出了亲子鉴定、生前遗嘱等词语。如果这件不可思议的事情是真的，那么它将会威胁到琳达和约阿希姆的利益。西娜告诉阿曼德了吗？阿曼德知道他父亲是谁吗？她想起他爽朗、闪烁的微笑，“你们这些母鸡真的生活在天堂里，没有公鸡来打扰你们”。

她必须跟西娜聊聊，必须问清楚这是不是她的计划，西娜和哈拉德在近50年前做的事——她不能让自己去想象，她受不了——是不是会毁掉她自己孩子的未来。

突然她十分想念约阿希姆，想起她是如何让自己的儿子从她身边离开的，想起她是如何默许哈拉德的鄙视——“好啊，如果这就是他选的路！”——将她与约阿希姆的生活隔离开来。她安静、体贴的儿子。她任由他离开，进入另一种生活，组建一个她丝毫不了解的家庭。他的女儿们，维瓦和萨拉，她们还记得奶奶吗？

*

脚下的轻旅包看起来实在太傻。它被横放在地上，是银灰色的，带有时尚的可伸缩手柄，配上她的轻质亚麻布裤子和刚涂过指甲油的脚指甲简直完美。英格丽德把她送到了拉奇拉奇的公交车站，她坚持要单独乘公共汽车去丹娜努[1]。那里是豪华的梦幻乐园，在那里，酒店并排坐落在白色的、新清理过的海滩上。这个人工岛就在南迪城外，离机场只有15分钟的路程。每周都有澳大利亚游客住进酒店，那里有刚铺好的床和带着马西图案的床罩，浴室盥洗池边摆放着黄色花朵；有修剪整齐的草坪，瓷砖是擦洗过的，还有带条纹沙滩浴巾的游泳池，水疗中心还有温泉按摩、足底按

1　丹娜努（Denarau），斐济的一座小岛屿，度假胜地。——译者注

摩、椰奶按摩；有带海景的婚礼小教堂，有高尔夫球场、火炬，每天下午 5 点还有卡瓦仪式[1]。

莉斯贝丝需要一个人静一静。每个人都明白，没人过问太多。当她一个星期不跟任何人说话的时候，是凯特终于提出了这个建议。“要不你出去一个人待几天，莉斯贝丝？去丹娜努，在泳池边晒晒太阳，做做温泉按摩，去健身房锻炼锻炼，坐在酒吧里看看夕阳。”

她只是点头，甚至没问这得花多少钱。现在她上了车，坐在巴士上一个靠窗的座位上，前往南迪的丹娜努，她要在皇家海螺号度假村待上三天。她不会去想任何事，也不会哭哭啼啼，她什么也不会做。

当她进入房间时，凉爽、干燥的空气包围着她。她的手提箱已经放在墙边的长凳上了，她转向那个把房卡插进墙上的卡槽里的年轻人。“谢谢，谢谢，非常感谢！”他观察了她一会儿，刚好够让她怀疑他是否在等小费——但凯特不是说他们在这里不这样做吗？——之后他匆匆地鞠了一躬，关上了身后的门。

她躺到床上，凝视着阳台门前的竹帘。透过玻璃，她听到了游泳池里传来的喧闹声：一片哀号、咆哮的嘈杂声夹杂着音乐声。她的目光掠过房间。桌子上的水果碗用玻璃纸包着，迷你吧上方墙上挂着雕刻的木龟。阿曼德会喜欢这里的，这个念头出现在她的脑海。

1　卡瓦仪式（Kava Ceremany）在斐济部落中相当重要且深具意义，部落决定大事、勇士出征、欢迎远来宾客，以及族人欢庆节日都少不了它。——编者注

阿曼德。她审视着自己。她嘴里的味道是什么：恶心？尴尬？愤怒？她有一种模糊的感觉，她的脑回路有问题。她应该有感觉的，想起阿曼德的事情应该引起某种反应，但她什么也没感觉到。有轻微的不适，但并没有使她愤怒，没有戳痛她，也没有让她窒息。她对西娜到底是什么感觉呢？

就好像她把所有东西都丢在了206房间的门外。西娜和阿曼德，以及背叛——她大声地对自己说："她背叛了我！"——但什么也没发生，一切都被扔在门外了，就像泳池里孩子们的尖叫一样遥远。她的朋友目光无神，告诉她这些时声音那样空虚，好像那些话没有任何意义。莉斯贝丝从她的膝盖上抬起一只手，慢慢地往上游走，把它放在她的心上。她用纤细的手指来回在亚麻衬衫外抚摸着。但她没有任何感觉，没有心碎，没有恼怒的眼泪渴望爆发。

莉斯贝丝从床上起来，打开迷你酒吧里的白葡萄酒，开始把行李取出来。

一个人去吃晚餐一点也不困难。她知道自己很漂亮，自从她来斐济后，她一直没有穿过的白色连衣裙在她的腿上轻快地旋转着，而这条巨大的宝石项链为这套服装增添了一种艺术的自由精神。她坐在一张有四把椅子的空桌子旁，还没来得及点饮料，就有一对年轻夫妇问她空座位是否有人预留，想要加入她。阿兰和唐娜来自悉尼，他们告诉她，这是他们第三次来丹娜努，但是第一次住在皇家海螺号度假村。"淡季真的好便宜！"

阿兰朝她笑了笑，莉斯贝丝感到一种本能的反应：他的眼角有什么特别的东西吗？他的眼里闪过一丝光芒，他还将头转开，不让妻子看到？

唐娜什么也没看到。她已经把手提包挂在椅子的后面，正朝着自助餐的方向走去，那是一张长桌子，桌子上的食物排成两列。烤鱼，蒸意大利面，数不清的虾。羊排配以芦笋，抹上黄油。咖喱鸡，仁当牛肉[1]。还有一个专门的烧烤站，厨师们戴着高白帽，切出你最喜欢的肉片。“夫人，来点烤牛肉？还是来点猪肉？”

穿白色连衣裙的女人和她的新朋友在餐桌上聊得很开心。他们不认识她，她也不认识他们，他们从来没有去过莱维克，他们也从来没有在霍伊建材买过东西。他们完全不知道哈拉德·霍伊有几个孩子。当他们问她是否独自度假时，她只是点了点头，没有多说。“让我给女士们倒满香槟吧。”阿兰殷勤地说，唐娜和莉斯贝丝都微笑着接受了。甜点吃完后——莉斯贝丝对奇异果和百香果的水果沙拉感到满意——她站起来微笑。“我可能得早点休息了，因为这是我到这里的第一个晚上，”她随口说着，并感谢他们的陪伴，“祝你们在夜晚接下来的时间里过得愉快！”

当她走向出口的时候，裙子在她的腿上微微摆动，她能感觉到阿兰的目光在背后注视着她。她沿着游泳池周围的石板，沿着人行道向酒店的大楼走去。在她后面，她听到海浪不厌其烦地冲刷海滩的声音。她突然意识到整件事情是多么的无害。我就是我自己，莉斯贝丝·卡尔森想。一切都很好，我可以和酒店遇到的

1 仁当牛肉（beef rendang），印尼最流行的美食之一，将椰子油、生姜、柠檬草、大蒜、红葱、辣椒等佐料加入牛肉中烹制而成。——编者注

友好的人们一起吃晚餐，我会期待着独自上床睡觉。

第二天早上，她醒得很早，享受着房间里的宁静。穿透窗帘的苍白微光告诉她，太阳已经开始每天穿越天空的征程。莉斯贝丝打开通往阳台的推拉门，靠在栏杆上，陶醉在豪华的浴衣里。皇家海螺号已经慢慢地进入她的生活。一个穿着米黄色酒店制服的男人，在池边的架子上堆放着干净的毛巾；一位年长的妇女推着一辆装着拖把、扫帚和簸箕的手推车。园丁把洒水器重新安置在草坪周围，他们戴着和制服一样颜色的软布帽子，像小工蚁一样四处走动，在这里修剪难看的树枝，在那里移动一些装饰性的石头。两个人并肩工作，跪在地上，半掩在大灌木丛的阴影里。其中一人因为另一人说了什么而大笑，开玩笑地捶在他肩膀。莉斯贝丝欣赏他，看着他绵质衬衫下的肌肉。他脱下帽子，擦去额头上的汗珠。当他转过头，阳光照到他的脸上时，莉斯贝丝不禁大口喘气。是他！是那个抢劫犯，是维利沃的朋友！是当她站在那里，手里拿着他的刀的时候，她渴望得到的那个小男孩。那是萨莱西，穿着那双橄榄球鞋，跪在下面的草坪里。

血液涌上她的头，香烟从她的手中滑落到阳台的地板上。现在，第二个园丁从阴影中走出来，萨莱西站了起来。他们把工具收集起来，向旅馆的一个偏门走去。莉斯贝丝急忙退回房间，脖子上的脉搏有力地跳动着。她砰的一声关上阳台的门，站在那里喘着粗气。然后她用手掌拍了下门框。“该死！”

她的声音沙哑而难以辨认，她环顾四周，害怕有人会听到她的话。她为什么咒骂？萨莱西在丹娜努有份工作是件好事！科罗托托卡少了一个无业青年，少了一个脑袋别在裤腰带上、无所事事地坐在树下等待某事发生的人。

她解开浴袍去洗澡。

吃早餐时，她碰到了昨晚遇到的夫妇。

“我们已经把我们的日光浴床固定在泳池边了，”唐娜心满意足地笑着说，“你知道诀窍是什么吗？你必须用不同于他们在那里分发的毛巾来占位。”

“哦？”莉斯贝丝有些惊讶地看着她。

“是的，那样人们就会知道位置已经被占了，明白吗？我们就为了这个从家里带了毛巾，”她一边说一边拉着莉斯贝丝走到窗前，“看见了吗？”

果然，有两张躺椅并排放在游泳池边的一个黄金地段，上面放着柠檬黄色和暗红色的毛巾。

莉斯贝丝点点头，对她新朋友的足智多谋非常钦佩。

“欢迎你在我们旁边占位……你有没有带什么东西放在下面的椅子上？”

“太谢谢你了，”她迅速回答道，“但我想早餐后去做个温泉按摩，我已经预约了今天去。”

他们一起走出早餐厅，漫步在通往海洋的通风大厅里，听着喷泉中潺潺的流水声，闻到咖啡和鸡蛋花的香气。他们走下楼梯，来到楼下，唐娜向右转，向游泳池走去，莉斯贝丝则要向上面刻着“天堂幸福水疗”字样的牌子走去。当她挥手告别时，她身后的一扇门打开了。一个穿着酒店制服的员工走到她的身边，彬彬有礼地微笑着，当他准备说出那句标准的“您好！”时，他愣住了，嘴巴张得大大的。萨莱西的眼睛那样清澈，他的容貌和那天晚上一样温和而年轻。他认出来她了。他脸上的表情就像窗帘被拉开一样，他喃喃地说：“夫人？您好……夫人！”

她立刻感到自己的脸涨得通红，喉咙里有一种刺痛的感觉。莉斯贝丝感觉到唐娜的眼睛盯着她，她知道此刻的她一定气喘吁吁，慌乱不安。她把目光从萨莱西身上移开，迅速地抛下一句“你好！”便离开了。唐娜皱着眉头，迷惑不解——她能看出我们彼此认识！——她分别看了两人一眼，没有说一句话。在莉斯贝丝能拼凑出一个句子之前，这个时刻已经过去了。萨莱西向她抛出一个不解的眼神，然后转过身，穿着便宜的破旧的橡胶凉鞋离开了。在他的衬衫袖子边缘，她几乎辨认不出那些蓝绿色的曲线，就像试图逃跑的动物一样。

“我晚点肯定去找你们。”莉斯贝丝说道，向好奇的唐娜点了点头。她不知道自己说话的口吻是怎样的，类似尴尬吧。在前面不远处的角落里，有一群人驼着背在急匆匆地忙着，这让人感到既失望又羞愧。

她到达时注意到，大厅里的海报上写着“免费无线网络”，以及商业中心开放时间的内容。莉斯贝丝的思绪在按摩师熟练的手指下缓慢地飘散着。按摩师的手指从她的太阳穴和她的头骨沿着一条稳定的路线走着，按到她的脖子一个柔软的点时，她有些气喘吁吁。稍微点按了一下后，她觉得眼中仿佛有紫色的闪电闪过。

“啊！”

“疼吗？”

莉斯贝丝头放在按摩床的洞里，她点了点头。“有一点，没事，继续吧。”

她曾劝说自己不要为很少听到约阿希姆的消息而伤感。当他们的儿子决定不跟随父亲的脚步时，她那时跟哈拉德一样感到非常失望，但她内心深处明白，约阿希姆正在为自己做出正确的选择。她的儿子很有同情心，又温柔，还会照顾人，完全跟他姐姐不同，琳达则总是把自己的需要放在首位。

从他们的电子邮件就能看出他们之间的不同，莉斯贝丝站在淋浴间，让热水冲洗掉椰子油留下的最后痕迹。琳达过去几个月暗示过好几次她不会介意来斐济旅行，如果莉斯贝丝能给她找间好酒店的话。而且，既然妈妈住在那里，能不能给她争取一个当地价。她和她的男朋友想要“在海滩上的一间平房，有茅草屋顶的房子”。但当然得有空调，酒店还得有个不错的健身房。琳达并不打算去看望她在科罗托托卡的母亲：“太麻烦了，我们只能请一周的假。”但或许莉斯贝丝可以来丹娜努跟他们一起待几天？

自从她到斐济，约阿希姆的邮件很少，也很短。当她离开的时候，约阿希姆没有爆发或指责，也没有提到哈拉德。他只询问她的情况，她是否需要什么东西。

约阿希姆的邮件是关于莉斯贝丝的，琳达的邮件只是关于琳达的。

当她擦干身体穿上衣服时，她想到约阿希姆的女儿们。他在给她的信中几乎没有提到她们。他们之间的距离如此之远，她想，并在镜子前停了下来，手里拿着梳子。她的孙女们。她不知道她们的年龄。突然她想到：他觉得我不会关心的。哈拉德拒绝了他，我也拒绝了这一切。

她把梳子塞进手提包里，快步走向大厅。“有人能告诉我如何在商务中心使用电脑吗？”

发件人：lisbeth.hoie@hotmail.com

收件人：joachim.hoie@telia.com

主题：斐济的问候

嗨，约阿希姆还有家人们：

我在度假岛丹娜努的皇家海螺号度假村给你们写信。我知道这听起来很豪华，的确如此！我吃了一顿丰盛的自助早餐，刚做了温泉按摩回来，我马上就要到游泳池去了。这里有不少于三个泳池，其中一个泳池有几个水滑梯和一个波浪机器。每天晚上都有娱乐活动：有时是斐济舞，有时是地炉大餐，他们把食物埋在地下的一个洞里。这听起来可能有点奇怪，但是他们把食物放在棕榈叶里，这样就干净又安全了。这里的食物肉质鲜美多汁，美味可口！

酒店下面有一个美丽的海滩，每天都有年轻的男孩路过并提供骑马服务。当马在沙滩上漫步的时候，大部分的孩子都只是坐在马鞍上任马驮着他前行，但我相信，一个有经验的骑手会很容易骑着马独自出发。

我不知道你们是否有兴趣，但是如果你们能来这里看我，我会很高兴的。我觉得维瓦和萨拉会很喜欢这里的海滩、泳池和马匹的。如果你们能去家里看看我也很好。我在凯特之家有间挺大的房间，如果你们来的话可能要挤几天，你会不会觉得这有点烦?

我知道到斐济的机票挺贵，但我可以帮你买。我不知道你有没有时间，现在没有的话明年可以吗? 如果你能来见见我的朋友们，那就太好了。我真的很想让你看看我现在的生活。

莉斯贝丝停顿了一下，删除了最后一句，又重新打上。她在签名处写道："来自妈妈的拥抱。"然后点击了"发送"。

44

阿特莎

上帝，您能否照看玛丽亚？赛的小女儿有点特别。她总是愿意去帮助别人，而且很容易去爱。难怪赛宁愿把她留在家里，也没有送她去上学。

你知道赛过得很难，上帝。她的丈夫走了，自从他去了苏瓦找工作，就再也没人见过他。赛会用她的蔬菜和鸡养活一家人，但是她很难凑到足够的钱去买课本和她的两个女儿的制服。大女儿很聪明，赛说她会成为一名医生，玛丽亚机智而体贴。就好像她知道海龟的秘密一样，她也知道为什么塔吉木兹[1]花是血泪的颜色。

我有点害怕太过频繁地带她去见夫人们。她们都喜欢她，这不是什么问题——莉斯贝丝夫人送过她一条金项链！然后玛雅夫

1　塔吉木兹（tagimoucia），野牡丹科，高原热带雨林特有的一种植物，生长于斐济的塔维尼岛。——译者注

人夜里迷路时，玛丽亚牵着她的手带她回家。

但是，你知道她会变得有点厚脸皮吗，上帝？就像今天，当西娜夫人和我正包芋头叶时，玛丽亚帮助我们冲洗叶子。凯特夫人走进厨房，看到女孩时，她的脸亮了起来。但当她问是不是她的母亲教她如何冲洗叶子的时候，玛丽亚厚脸皮地摇了摇头。“我本来就知道怎么弄。”她说。

凯特夫人并没有生气，上帝。她只是抚摸着她的脸颊，把手放在她的卷发上，而不碰触到她纯洁而神圣的头部。“原谅我。”她说。

上帝，保佑玛丽亚。让海之星为凯特之家的女士们闪烁吧。

阿门。

45

凯　特

让莉斯贝丝去丹娜努待几天是个好主意。自从西娜揭露了真相后，角色发生了变化，房子里失去了平衡。西娜仍然面色苍白，疲惫不堪，她走路时步履蹒跚，就像暴风雨中的船。但她也有一种尊严，这一次坦白使她的驼背挺直了。莉斯贝丝，亲爱的上帝，她被彻底打败了，她需要离开一会儿。

如果我们要生存下去，就必须这样：莉斯贝丝必须接受这个新的事实，西娜必须接受其他人对她改变看法。

我们每个人都以自己的方式接受了有关阿曼德的新闻。他的父亲是哈拉德！我有上千个永远不会去问的问题，我敢肯定其他人脑海里也被这些问题困扰着。英格丽德的反应就是典型的例子：她的眼神里混杂着惊愕和愤慨，仿佛阿曼德真实父亲的揭示，只证实了她已经对他持有的负面印象。理智而实际的英格丽德也是提出这个问题的人——他是否有继承的权利。有一天，她毫无预兆地在早餐时把这个话题提了出来。

“所以，当时候到了，他们得把哈拉德的财产分给这三个人。”

莉斯贝丝在她的椅子上僵住了，她的手紧紧握着杯子柄，咖啡溢出了边缘。她茫然地盯着西娜。我屏住呼吸，默默地骂英格丽德。天哪，真的有必要这么问吗？西娜是唯一一个不狼狈的人。西娜只是不停地咀嚼，在她回答之前吞下了满嘴的面包，“阿曼德不知道他父亲是谁，他永远也不会知道”。

实话说，我并不吃惊。西娜带着这个秘密已经55年了，我不相信她有什么秘密计划，在最后一轮的比赛中，她会将阿曼德作为一张王牌一样打出来。又是英格丽德，她回答得很不聪明。“你当然不是那个意思！他会得到他应得的，不是吗？”

如果我能在桌子底下找到她，我就会踢她的小腿了。这和英格丽德没有半点关系！西娜可能穷困，但她绝不贪婪。阿曼德既穷又贪，但这次西娜并没有给他机会去证明他的贪婪。

这就像一个精心编排的舞蹈：西娜拿起另一片面包，莉斯贝丝慢慢地把杯子放下。莉斯贝丝圆圆的灰色眼睛里充满困惑，她瘦长的身体颤抖着，她的肩膀颤抖着，此时西娜没有抬头，她剃掉了一块奶酪：“我们一直努力经营自己的生活。之前是我养活我和阿曼德，现在是他养活自己的时候了，该死的。”

但英格丽德不肯放手，她的眼睛不停地在西娜和莉斯贝丝身上转着。“但我们说的可是一大笔钱！霍伊建材是那么大的一个成功企业。不管怎么说，他在其中有自己的权利。”

接着莉斯贝丝终于张嘴了。她的脸通红，她说话时气喘吁吁。“公平并不是非黑即白。你都没参与过，何谈什么权利！”

在那之后，英格丽德平静下来了，但我注意到西娜的脸。她的脸上充满惊讶，还有些别的，那就是尊重。

在过去的几个星期里，很难看出玛雅对所有的骚乱有什么看法。她一如既往地待在西娜旁边，但并没有表现出任何理解阿曼德之事的迹象。或许她们散步的时候会聊到，我哪里能知道，她们的关系是不是建立在谈话上的。

还有阿特莎？我不知道她是怎么想的。莉斯贝丝收拾行李箱要离开几天时，她什么也没问。但我确定阿特莎在这个问题上有自己的想法，她总有自己的想法和结论。

海边散步总是让人觉得平静。沙滩温暖而诱人，我停了一会儿，抓起一把沙子，任由它穿过我的手指，然后继续在海滩上行走，清晨早些时候的事情几乎已经完全抛在脑后。我看到乔在海边，我向那个身材魁梧的人挥手致意。

“你好，凯特女士！”

“你好，乔。这么早就出海吗？”

笑声从他的嘴里传出来，就像液体的红糖。“要是想打到点东西，就得现在出发啦。”

我逗留了一分钟，他正在准备他的捕鱼用具，过了一会儿，他的一个儿子来帮忙。他们在沉默中干活，太阳在地平线上颤抖着升起。乔抬起手挥别，然后将荣耀之船推进波浪中，接着跳进船里。

我的目光跟着这条红色的船，它在出海的途中上下颠簸。那一刻周围的一切仿佛静止了：水中的倒影，静静站立的棕榈树。我们就是这样，我们所说的一切，对彼此所做的一切，都终将是虚无。重要的是脚踏实地，感受自己的呼吸。

我身边有细小的声音传来，有人在轻轻地走动。透过太阳镜，我看到焦糖色头发的小女孩。“阿姨，你很安静。”海之星说道。她那严肃的面孔使我感到一阵喜悦。

玛丽亚一言不发地继续走，我跟着她。她的双脚仿佛知道要去哪里。我们漫步走过其他准备起航的小船边，向着那排椰子树走去，周围是一片漆黑的、沼泽般的红树林。在一棵大树下，一艘较大的船在那天晚上停靠在那里，船体被划破了。一艘投下阴影的船，足以让一个人消失在里面，尽管月亮闪耀着巨大的光芒，海滩上挤满了人。

玛丽亚停了下来，蹲在一个我辨认出来的位置。这就是我没坐过的地方；这就是我没看到尼克拉斯带着相机向前倒去的地方；这就是他绊倒后我没有大声喊叫的地方；这就是当他的身体沉入水中，停留在那里时，我没有呼喊着寻求帮助的地方。

玛丽亚的眼睛和阳光下的沙粒一样闪烁着。当我犹豫的时候，她拍拍她旁边的地面，于是我坐了下来。我们什么也没说，在我睁开的双眼后，电影卷轴又开始滚动，一个男人背着相机包。阿特莎那含糊不清的声音又出现了：“如果他需要帮助，他会大声求救的，对吧？但是没有人听到。你得相信是他心脏的问题。”

在我身边，玛丽亚用一根树枝在画画。她画了一个心，她将线条刻得越来越深。我看着她的手指抓着棍子，纤细的手腕滑动着。突然，她转过身来，带着会意的表情。“没有人听到任何声音。”她说。

我凝视着沙子上的心，感到阳光灼烧着我的背。

我们一起往家里走，我牵着她纤细却有力的手。我的头麻木了，思绪在那里转来转去，没有形状和文字。也许这就是玛雅的状态？对正在发生的某事有着强烈的感觉，你知道，你也想，但你就是没办法抓住它。最重要的是，我觉得我需要哭一场。好像我和玛丽亚之间的某些东西建立起的同时又毁灭了。好像我们知道彼此的事情，但我们永远不会谈论。

我们在通往门廊的楼梯下停了一会儿。“你想进去吗？”她点点头，我们牵着手上了十级台阶：我不想放开她的手，我想要她小小的暖暖的手指记住我。我们，我和尼克拉斯。

我带她到客厅的角落。在桌子的一角，放着一个压着关于他的回忆的镇纸：一种由蓝色漆的木头做成的五臂海星。他的手指曾抚过那圆润的海星手臂。人来人往，那颗海星一直耐心地守护在这里，就像一只手的五个手指，一个房子里的五个女人。

我把海星递给玛丽亚。“送给你。”我说。她握住它，抚摸着它光滑又舒服的形状。

“好的，”她说，“我是海之星。”

我们在厨房找到了玛雅。她在她面前的工作台上放了一个杯子，她缓慢又故意地把厨房里靠下的架子上的所有东西都移走了。茶包、糖、香料、蜂蜜、盐、燕麦片。阿特莎小心翼翼地拖着地板，密切注视着玛雅，而玛雅的注意力则完全在她所做的事情上。架子现在已经空了，所有东西都摆在柜台上。

我问玛雅她是不是在找什么东西。“你想要柠檬茶吗？我们好像没了。”

玛雅看着我，摇着头。“不。”她只说了这一个字。她转到工作台那边，盯着她移过来的物件。阿特莎不再打扫，所有事都停了下来，我们都在等玛雅。她将空杯子放回架子。然后她转过来对着玛丽亚笑了。“我可以教你，”她说，“我是个老师，我可以教你。”

她走出厨房，玛丽亚跟在后面。她的小手紧紧地握着蓝色的海星。我看了眼阿特莎，她并没有看我。只是放下她的扫帚，开始清理茶叶和香料包。

我回到办公角落，那堆文件、信件和账单散落在桌子上。我把它们收集在一起，从门廊下捡起一块光滑的白色石头，压在上面。

*

英格丽德打印了几篇她认为我应该读的文章，我打开最上面的那篇。降低血凝块的风险！她用大字写在页边的空白处。这是一篇关于可可中黄酮类化合物的文章，关于它们如何增加大脑的氧气供应，使你更加清醒和警觉。我把那张纸揉成一团，扔进废纸篓里。莉斯贝丝早就提到了。

我拿起下一篇文章，但没读就又把它放下了。我感到十分不安，玛雅带着玛丽亚去哪儿了？

玛雅的房门半开着，她们俩坐在房间里的地板上。一个巨大的地图集在玛雅的膝上打开，她强壮、弯曲的食指在南太平洋地图上描绘了维提岛的轮廓。

“海洋很大。”玛丽亚说。

玛雅郑重地点头。“这个岛只比我的手指大一点。”

“我们就更小了。”

玛雅同意。“我们比一个小点还要小。”

“是因为大海是那么的大吗？”

玛雅思考这个问题。“是的，”她最后说，“我们太渺小，是因为海洋太浩瀚了。”

我身后的脚步声告诉我是西娜来了。我迅速从门框边回来，好像要保护这对师生严肃的游戏。但是，西娜并没有像过去那样强烈地想要去保护玛雅。这次的揭露、坦白、声明——不管她怎么想——已经使她变得不那么激进了，或者一点也不激进了……可能使她少了些尖刻。她不像从前那样唐突和易怒了。当然，从她和莉斯贝丝的关系中看得更明显。她们之间的平衡发生了变化。但西娜并不像一个忏悔的罪人。相反，她似乎松了口气——也许这就是当尘封的秘密说出来的时候会发生的事情吧。她的下巴松开了，额头上的皱纹也没有以前那么深了。

我转向西娜，把她的注意力从地上坐着的两个人转移开，我问她是否愿意在外面坐一会儿。“你知道莉斯贝丝在哪儿吗？”

她耸耸肩，声音里失去了往日的锐利。“我想应该在电脑边，她这会儿要给儿子写邮件。”

或许是想起尼克拉斯的蓝色海星在玛丽亚手里，或许是因为西娜坐在离门最近的椅子上，那是他经常坐的位置。不论怎样，他在那里，很久以来，这次他存在的感觉是最强的。我的鼻子开始刺痛，液体在我的眼睛和喉咙里涌动着，我知道我要哭了，就在这里，在西娜的面前。

她向我这边倾斜过来，十分惊讶。“凯特，怎么了？凯特？”

我摇摇头，强迫自己开口。“没事，我……”

“我想尼克拉斯。”我最后说。这样说感觉很安全，像电影里的一句台词。我可以说我想念尼克拉斯。

西娜点点头，“我想阿曼德。”她说。我暗自想，这根本不是一回事。“现在他不只属于我了。”

刹那间，我明白了她的意思。现在一切都公开了，他属于每个人。我想我应该说些安慰的话，但西娜仍在继续。“我希望我还有一个孩子。”她伸出双手放在我的膝上，“你呢？你希望自己有孩子吗？”

我看着她，无比震惊。她真的问了这个问题？脾气暴躁的西娜进入了我最私密的领地。我想有孩子吗？玛丽亚真诚的脸在我的眼前闪烁，她银铃般的声音在我耳边响起：“没人听到任何声音。”

西娜继续热衷于这个话题，现在的她一点儿也不机智，也不敏感了。她的眼里既狂热又充满距离感。“多年来我一直以为有阿曼德就足够了。他是我所有的期望。”

她收回双手，把它们放在她的肚子上，她的肚子在宽松的衬衫下凸出来。“或许，如果他是个女孩就好了。”

“要是我要孩子，我宁愿要个女孩，”我说，努力使自己的声音平静下来，“在某种程度上，可以从她的身上看见自己，像是镜子里自己的脸。”

西娜直视着我的眼睛。“是尼克拉斯不想要孩子吗？”

她真的在问我这些问题吗？我看着这个全新的西娜的双手，我自己的手掌也以同样的方式放在肚子上，那里的肌肉，从来没有像现在这样显示它是如何收缩和伸展的。是尼克拉斯不想要孩子吗？这个问题有很多错误，甚至不可能找到答案。

他从来没有说过，他不想要孩子。他没必要说，很明显，这件事永远不会在任务列表的头部，总会在日程的最底部，不是最优先的事。我经常认为罪魁祸首是自己的弱点。我需要成为我认为他想要的那个人：耐心、慈悲、无私的凯特。在拯救世界的过程中，我是否害怕失去与他做平等伙伴的地位？我们会不会一起成为父母，如果我足够勇敢跟他说这件事？尼克拉斯，我想要孩子，我想要跟你生孩子。

我该怎么回答西娜的问题呢？“我不知道。”这是事实。我不知道答案，因为我从来没问过他。

我怎么能告诉她，对那个我付出一切的男人，我的心里有怀疑的种子在慢慢地生长？在巴基斯坦，他对马拉维的村民和妇女协会的成员们发表演讲，离开的时候，他们含泪向他挥手告别。一种由微小的证据产生的确定性：她那奇怪的窄耳朵，几乎没有耳垂；焦糖一样的金色头发闪闪发光，鼻子短而宽；她的母亲赛从来没来过我们的房子。什么时候这些碎片融合成一种信念？这种信念变成我舌头上的话，随时准备愤慨地指责他："玛丽亚是你的女儿，是吗？"还是我很享受我知道这件事的事实？这本来是一件可以解释给西娜的事。那种作为唯一知道答案而不说出口的人的权力，她一定懂。

但事实不是这样。我不想报仇，不想造成伤害。无论是对尼克拉斯，还是对任何人。这让我很沮丧。他了解并回避着我的悲伤。我仿佛看到大人物尼克拉斯先生另一面的痛苦。在这一点上他并不比哈拉德·霍伊强。

他不是足够信任我吗？我们本来可以成功的！他就不能允许我，允许我们抚养她吗？海之星会带来快乐——我们本可以为孩子腾出很多地方和时间。他为什么不相信我？

"这对每个人来说都是最好的。"这是那晚我最终问他时他的回答。不，我没问。我只是告诉他我知道了。而我所想要的只是我们一起分享这种喜悦。分享玛丽亚带来的快乐，像分享所有其他东西一样。

起初，他看起来很震惊，几乎吓坏了，然后是尴尬、辩解。我对自己的反应感到惊讶——我本来觉得自己会抚摸他的头发，让他高兴起来，告诉他一切都会好起来的。但我把他的终身伙伴凯特放到一边，于是我听到了自己的声音，尖锐而又陌生："你怎么能什么都不说？我本可以接受的，尼克拉斯，我可以改变的！我们本来可以是……教父教母之类的！而不是……懦夫！"

他仍然可以挽救的。可以站出来，说他会试试，会跟赛说这件事。我们本可以把话说开，继续做凯特－尼克拉斯小队。找到适用的解决方案，我们就能改变这件事的。这本来可以成为一件好事。

但他离开了。当他从椅子上站起来，从我身边走过的时候说："你正在气头上，又疲惫不堪，这样我们没法聊。我去睡觉了。"

"你让赛没了丈夫！"我想大声尖叫，"你觉得他离开是个巧合吗？你剥夺了玛丽亚的父亲！你剥夺了我——"

但他已经关上了身后的门，他那装着摄影器材的背包放在角落里。那晚，巴洛洛随着满月而来。

我又把两只手交叉在肚子上。对面的西娜也是一样，她很久之前就不再等待我的答案了。

46

阿特莎

亲爱的上帝，我今晚失眠了。沃诺[1]树上的坚果和海龟的壳一样坚硬，当它们落地的时候就会砰砰作响。维利沃今晚还没回家，而猫头鹰的尖叫声让我的心紧绷又害怕。请帮我照看一切，告诉我该怎么做。

难道不是所有的波浪都是同一海洋的一部分吗，上帝？夫人们的村庄坐落在另一个更冷的海上，但所有的故事在水中混合在一起，她们会分享彼此的秘密。因此，凯特夫人村庄附近的海浪肯定知道斐济的海滩上发生了什么。一切都是相连的，大海也不会说谎。

巴洛洛将在三天内到达，那时月亮又圆了。英格丽德夫人想

1　沃诺（vonu），斐济的一种树木，开红色的花。——译者注

出来看看，她是凯特之家唯一想去看的人。去年比较简单：科罗托托卡对她们来说是陌生的，她们也不知道巴洛洛是什么。但是现在英格丽德夫人认为她什么都知道了。我跟她说，当巴洛洛来的时候，我们不喜欢和外地人待在一起。我知道你会原谅我的谎言。

上帝啊，我已经问过你很多次了，那是不是我那晚的梦。两年前的巴洛洛之夜，海面变成彩虹色，妇女们拿着水桶、盆和平底锅在沙滩上跑来跑去。我把我知道的对凯特夫人说了，没人看到过什么。没有人听到尼克拉斯先生喊叫，他肯定是绊倒了，他的心跳已经停止了。上帝啊，但在我的梦中，我很清楚地看到了这些。一定发生了什么，而且肯定发生了。事实并不总是我们用耳朵听、用眼睛看到的。有时海浪冲走了我们所看到的，它没有足够的土壤稳固它的根系。

上帝，这是真的吗？还是你在梦中给我传达的真相？一个穿着格子衬衣的身影消失在小船后面的黑暗中。

上帝，是你给了我一个信号吗？我应该告诉凯特女士吗？求你告诉我该怎么做。

阿门。

47

英格丽德

英格丽德总是善于接受现实并继续前行。她知道凯特之家的平衡已经被打破了，但是她的日常生活还得继续：照料花园，做巧克力，开货车——维利沃走后，她就成了固定的司机。在英格丽德把男孩送到拉奇拉奇的汽车站后，阿特莎就开始担心自己了。英格丽德怎么知道在搭上她的车之前，他没告诉他母亲他要离开？他们聊了聊，他告诉她他听说的工作机会，一个关于桥梁建设的项目。她一时没有想到他没有告诉阿特莎。

当然，她注意到西娜和莉斯贝丝之间的权力平衡已经发生了变化。一个人的脾气比以前更平和，另一个则以一种新的方式昂起她的头，好像别人对她的评论并不重要了。英格丽德认为她最好不要评论任何事情，就顺其自然吧。

但她内心的欲望变得更加强烈。在凯特之家上演的这部戏剧，这些涌动的暗流，背叛和耻辱，让她充满活力，各种想法涌上她的脑海。她密切关注着西娜，高兴地看到她的愁眉苦脸消失了，也看到莉斯贝丝并没有斥责，她感到一阵喜悦。维尔瑞德将一条橙色的围巾围在她的头上，在她的T恤衫里脱下胸罩，然后在夜晚的空气中漫步到门廊。她还拿了一瓶她旅行时带回来的酒。

“我们要庆祝什么呢？”凯特问，用手举起杯子。

英格丽德倒上了酒，耸了耸肩说：“我们已经走了这么远，我们已经做成了一些事，像凯特牌巧克力。难道不值得庆祝吗？”

凯特举起酒杯说：“没错，这倒是。”

“为巧克力女士们干杯！”莉斯贝丝与她不谋而合，“朴素，简单！”

她的语气很轻松，英格丽德不得不看她两次。

西娜看起来好像要说话，但又闭上了嘴。

维尔瑞德看到了莉斯贝丝很开心，她把瓶子放在桌子上。“我们得尝尝味道！”她兴致勃勃地说道，“现在有一些‘幸福碎片’，我们已经赚了那么多！”她匆匆穿过院子，打开了糖果屋的门，带回一盘精致包装的巧克力，放在桌子中间。“及时行乐！”她高兴地说，并把一块巧克力放进嘴里。当她吞下这份甜蜜的喜悦时，她闭上眼睛，让它流过全身。她舔着嘴唇，发出一声叹息。“那种美妙的感觉，”她说，“一次又一次。”

凯特打开一块，在她的手指间折叠着玻璃纸，她慢慢地、若有所思地咀嚼着。“谁会想到，”她说，“我们可以成功？它尝起来像……”

“成功！”莉斯贝丝说道，“它尝起来像胜利的滋味！”她在嘴里放了一块亮晶晶的黑块，像专家一样用舌头舔她的嘴唇。“它仿佛带着一个小小的暗示，椰子，海浪的声音和棕榈树被风吹过的声音。”

“你能听到巧克力吗？”西娜为此取笑她。她把一块巧克力塞进嘴里。仿佛有什么温柔的东西从她脸上掠过，让她紧皱的眉头舒展开来。“很好。”她说。她的声音里充满了惊喜，仿佛这是她此刻的一个重大发现。“该死的，这种感觉太好了。”

玛雅坐在那里，手里拿着一块包裹着的巧克力，她不太记得应该如何打开它。维尔瑞德把巧克力从她手上拿过来，迅速撕下玻璃纸。“在这里，玛雅。你也要庆祝一下！”玛雅小心地用她的嘴咬住这芳香的一小块，她嘴唇微微颤动着，让它在舌头上融化。当她微笑的时候，巧克力在她嘴角留下了棕色的斑点。“它尝起来就像幸福，”她说，“就像我们想要的一切一样。”

凯特看着她，用她的大嘴巴微笑着，重新举起她的杯子。“是的，是这样，”她说，“就像我们想要的一切。”她用她的目光扫过房间。“你们觉得怎么样，女士们？这一切都是我们想要的吗？”

“反正我不会拿它去换任何东西。”莉斯贝丝毫不犹豫地回答。

维尔瑞德对莉斯贝丝的话有所质疑，马上问道：“你是说，就连你山上的房子也不换？”

莉斯贝丝惊讶地看着她。“是的。这就是我的意思。还有那个只关心自己并且有私生子的丈夫。”

西娜的头颤抖着，维尔瑞德看到她眼中的戒备神情已经变成了一种惊讶。四周环绕着紧张的火花，她的肩膀都耸起来了，而维尔瑞德则感到一阵喜悦涌进她的胃里。她把球扔给了玛雅。“而你，玛雅，你愿意换吗？还是你更想跟伊芙待在挪威？”

她不知道她为什么把最后那部分加进去。暗示玛雅不管在哪里都需要一个保姆？她希望她能收回那句话。

玛雅把她的杯子放在腿上，双手紧握住杯子。

“我擅长画画，”她说，“布兰科也会画画。他是伊芙的丈夫，是一个画家。”

英格丽德惊讶地看着玛雅。难道她还有除了老师之外的其他梦想？她把他们的未来规划得清清楚楚，斯泰纳尔和玛雅。他们以目标为导向，毫不动摇地坚持着他们想要做的事，而且百分百坚定。难道玛雅没有得到她想要的一切吗？

维尔瑞德明白了，是橙色大手帕带给了她一个小小的胜利。“颜色，对吗，玛雅？这就是我们在家的时候所缺少的东西，颜色？”

她站起身，快步走进花园。消失了一会儿，带着一朵黄色的花回来了，将它插在玛雅的耳朵后面。“你知道的，现在还不算太晚。永远都不迟。”

她倾身向前，给了玛雅一个拥抱。英格丽德感到玛雅猛地后退，红酒洒在她的大腿上，但维尔瑞德更用力地揽着她。“你可以画画，玛雅。”这些话是按照它们自己的意愿说的，“玛丽亚可以和你一起画画。”

她的目光不由自主地转向凯特，寻找凯特的认可和祝福。在她们听到凯特发言之前，谈话是不会结束的。

但是楼梯上的藤条椅没有反应。刘海下的前额布满皱纹，她的目光凝视着地平线，凯特的心在别的地方。

“而你，凯特，你有什么要改变的吗？如果你能重新旅行一次，你会做什么不同的事？”英格丽德听到了她自己的声音，但那是维尔瑞德问的。凯特和英格丽德彼此认识很久了，英格丽德从来没有问过她这个问题。她看着凯特和尼克拉斯在一起，看着他们一起取得的成就。看到他们热情过，狂喜过，疲惫过，放弃过。看到他们争吵得火星四溅，隔着薄墙听见过他们在隔壁做爱。英格丽德确信，在凯特的故事里，她什么也不会改变。

但是维尔瑞德得到了另一个答案。凯特把目光从海滩上移开。“你一次只能看到一步，”她说，“没法看到整个旅程，然后，突然一切都结束了。但我很高兴。这过程是美妙的。”她温柔地微笑着，仿佛在说她自己的秘密。

“但这不是结局！”维尔瑞德反驳道，“我们还有很多事情要做。”

凯特慢慢地点头，好像她同意了，但英格丽德觉得有些东西她没有说出来：凯特不是应该坐在那里，靠着椅子，满意着她丰富的、令人兴奋的人生吗？不是应该满足地回忆着欣赏她如戏般的过往和辉煌的成就，同时为那些在她的阴影下生活着，为她的成就而欢呼的人感到遗憾吗？

“你从来都不明白，是吗？”维尔瑞德尖锐地问道，“你永远不明白你是衡量一切的标杆，不明白我们都是如何努力，只想着能有一点点像你、能赶上你！你现在还不明白，你的忠实臣民们又一次聚在你的周围了吗？”

英格丽德吓坏了。她想站起来，搂着凯特，告诉她，她说的不是那个意思。凯特一直是她的灵感来源，没有人比她更爱凯特。她想说她累了，她喝了太多的酒，她不是故意的！

但是维尔瑞德把她拉了回来。维尔瑞德把她的手臂张开，指着其他人。“莉斯贝丝！西娜！告诉我你们不知道我在说什么！”

西娜抬起头，一个接一个看着她们。“如果是这样的话，我也不知道。”她说，“我只是很感激。”她吹出一大团烟，转向莉斯贝丝。“如果我必须再来一次的话，我就不会那么感激了。”

莉斯贝丝耸了耸肩。“我一直都知道，”她说，“我不像你，凯特。没人能像你一样。但我不在乎，我还有其他东西。”

英格丽德想要阻止她们，阻止她自己。事情不是这样的！总会有一个领导者，一个令人尊敬的人，一个书写规则的人，一个令所有人都努力去取悦的人。那并不意味着她是……某种形式上的暴君！

“不是吗？”维尔瑞德问道，“那对凯特来说岂不是很轻松，因为你一直都在那里，准备表扬和赞美她？你一直都紧跟在她身后，手里拿着相机，准备记录她和尼克拉斯的惊人成就。你为什么不站在相框的中间呢？为什么不让自己发光？”

英格丽德摇了摇头。“穿 8 号鞋的人永远不会发光。当你的手很宽、很结实，而且你的平均成绩是 B^+ 的时候，你是可信的，而且是可靠的，你的位置会慢慢地从队伍中上升。但是可信和可靠并不能引起任何人的注意，可靠和耐心不会让任何人心潮澎湃。”

她能感觉到凯特的目光在她身上。于是她转向凯特，凝视她。“我爱得太少了。”她说。

一段漫长的沉默，紧张像线圈一样将中间的凯特围住，她终于开口了。

“现在还不晚，”她说，“你刚刚自己说的，你总能找到一些东西。你永远不可能提前知道它会以什么形式出现。”

维尔瑞德抓住英格丽德的手。“又是那种美妙的感觉，”她低声说，“一次又一次。”

英格丽德晚上不拉房间的窗帘。她喜欢看着斑纹砖墙上树枝的影子戏，窗户那么高，保安也没办法朝里面窥视。

她坐在床沿上，把橙色的围巾松散地系在头上，感觉着维尔瑞德是否还在她的胸膛里捶打，但没有。房子周围很安静，甚至墙上的开关上面趴着的壁虎也在月光下一动不动。“我爱得太少了。”她脑海中浮现出凯特的脸，西娜的脸。西娜爱过吗？莉斯贝丝呢？你永远不可能提前知道它会以什么形式出现。就像玛雅和斯泰纳尔，西娜和她的儿子。

英格丽德搜寻她的内心。她用颤抖的手指数着里面的人：西蒙和彼得，还有凯特。她对上一双带着笑纹的年轻的眼睛：我一直在等待，我知道你会来。

她躺在床上，感到背部熟悉的疼痛。心想明天她会带西娜去花园。她们现在有大量的豆子，秋葵也有很多。也许西娜可以种些花？姜花和黄色的黄蔓。这里是鸟的天堂，还有精致的鸡蛋花。英格丽德知道一个完美的地方，在走廊的右下角，那里有足够的阳光，没有太多的阴影。西娜可以在那里做一些漂亮的东西。

英格丽德转身面向墙壁。明天她会写信给谢尔，请他卖掉她的公寓。

48

阿特莎

我今晚梦到了乌云，上帝。它们伴着雷电叫嚣，然后雨水从天而降。海平面逐渐上升，海浪一个接一个地拍到岸上。田野被淹没了，我们的村庄也被洪水冲走了。然后，大海慢慢翻滚平息下来，海面一片荒凉。只有一些小树枝和一条红色的小船浮在上面。当我清醒过来的时候，我意识到将会有一些事情发生。

我什么都没有和夫人们说。外国人理解梦境的方式和我们不一样，对于他们来说，梦境就是白天所不敢想的事情，或者你放不下的旧事。但在我们看来，梦境意味着未来，是我们依赖的希望。

我对这个指示感到害怕。虽然自从我上次听到死亡鼓声已经好些年了，但是我立刻认出了这个声音：缓慢的、沉重的一击，这个声音我永远不会忘记。当击鼓人敲响死亡的节拍，它不像米克舞那样热情且富有感染力，也不像当一个婴儿出生时那样令人轻快雀跃，这种鼓声是沉重且阴暗的，并且击鼓人还会在下一声之前让它不断回响，连绵不断。

我记得这种声音是死亡鼓声，因为阿奎拉没有听见它。他和我站在屋子外面，当这沉重的声音在我脑子里回响的时候，他还在像平常一样说笑。我背对着他然后仔细听这个声音，但是它变得越来越弱，直到最终消失不见。

上帝，你说过我们应该信任你。你将会带领我们平安度过暴风雨。请让我变得更勇敢强壮吧。

至于维利沃呢，上帝。我不知道他在哪里，但是我知道他一定会回来的。在此期间请您多看顾他，请帮助他找到工作以便他可以养活自己，让他变为一个大人然后组建一个家庭吧。

阿门。

49

玛　雅

她不记得伊芙说了什么，伊芙是她的女儿。“我应该把她说的话写下来的，”玛雅想，“伊芙到底说了什么呢？”

她附近的厨房看起来很熟悉。东西都在她用来放面包的平台上，当面包片烤好的时候，是棕色的并且有点烧焦。她身后的门打开时发出的咯吱声让她想起了小鸟。那个长着黑色卷发的人总是微笑着递给她一杯茶，玛雅也会微笑致谢。这个女人是谁?

“伊芙说让你决定，”凯特说，“无论你想在这和我们一起生活还是回去。她说她会在特隆赫姆的家给你布置一个舒适的房间。”

“特隆赫姆，”玛雅重复着她的话，“伊芙住在特隆赫姆。”

凯特点了下头。玛雅也点了一下。她喜欢她们一起点头。玛雅胸上的一样东西发出了咔嗒声，她向下看着。每次玛雅点头，她脖子上的绳子挂着的东西碰到她衬衣上的纽扣，便会发生咔嗒咔嗒的响声。她不停地点头，于是咔塔咔塔咔塔……

“玛雅。”凯特抓住她的胳膊说。玛雅不得不停下动作。她在说什么呢？她的嘴离玛雅的脸非常近。“伊芙非常爱你。我们也是。你应该自己决定你想在哪里生活。”

“这是你的决定。”玛雅听她说什么是很重要的，她必须记住它，甚至应该把它记下来。

一位非常老的女人吃惊地从镜子里看着她。奇怪的是当她眨眼的时候，镜子里的女人也会同时眨眼。玛雅试图睁开一只眼睛去确定她是否看对了，但是那个女人也和她做的一样。镜子里的女人脖子上也有一条用绳子挂着的饰品。玛雅背对着镜子里的女人，她回头看向镜子。玛雅想要找到那个总是做茶的卷发女人。她现在吃过晚餐没呢？玛雅记不得了。

“玛丽亚想来看看你。”凯特说。一个小孩进来然后坐在了地上。

“我们可以看一下书，”这个孩子说，“让我来找一本。”

她们一起看一本很大的书，上面有旗子和海洋的图案。

“我们在这里。”小孩指着一大片蓝色地方上面的一点说道。

“是的。”玛雅回答。她不知道这个小孩想表达什么，但是她明白变成一粒尘埃是可能的。

“我认识一个会画图画的人，”玛雅和这个小孩说，“他会在一些颜色上涂上其他的颜色。我不记得那是谁了。”

小孩盯着玛雅问：“当你不记得的时候你会害怕吗？”

玛雅不知道，她害怕吗？她应该害怕什么？她凝视着挂在床上的蚊帐，像一朵白色的卷云。她大概害怕被蚊子叮咬。

玛雅看着小孩穿的衣服。橘色的，上面有红色和白色的小花。她张嘴说道："碗。"然后看着小女孩好奇的眼神。

她并不知道自己为什么说这个，但是女孩笑着回应："这是布拉裙，凯特夫人给我做的。"

玛雅摇了摇头，因为她才是做这件裙子的人，伊芙的所有衣服都是她亲手所缝。斯泰纳尔和她，他们都没有太多钱，所以她做出来女儿所需要的东西是非常有用的。"我可以教你缝衣服。"玛雅用挪威语说。

但是女孩摇了下头说："我现在不知道你在说什么了。"女孩用另一种语言说的话，玛雅居然可以听懂，为此她感到很高兴。她想要回应些什么，但是话到嘴边又都溜走了，就像冬季滑在湖上的溜冰鞋。玛雅张了张嘴然后又再次闭上了。接着她用手抚摸着玛丽亚裙子上的花朵，她毕竟不是伊芙。

"布拉裙。"小女孩再次笑着说。

发件人：Kat@connect.com.fj

收件人：Evyforgad@gmail.com

主　题：见到你很高兴

亲爱的伊芙：

见到你很高兴。我知道上周日离开这里对你来说很不容易，我想你已经做出了一个勇敢又富有同情心的决定。我十分确定把玛雅留在这里，和我们一起生活，对她而言是剩下的日子里最好的决定。我们虽然不知道她剩下的日子还有多少，但是我们会尽我们所能给她最好的。

玛雅仍然很喜欢和我们一起待在糖果屋，我觉得一天一块或两块巧克力对每个人来说都好，无论她们的健康状况如何。玛雅喜欢作画，她经常和小玛丽亚一起在门廊上用水彩和颜料作画，就是你见过的那个玛丽亚。对玛雅来说，说英语变得很困难了，但是看起来她和玛丽亚可以用另一种方式理解对方。

希望我们保持联系。

热情的

凯特

玛雅在沙滩上和玛丽亚一起散步。她们手牵手朝着一条小船走去，那条小船停在棕榈树的下面。一位体格健壮的高个子男人正在把他的网摊在船上晒干，那张网就像一张点缀着闪闪发亮的海水的蜘蛛网。

“你好啊，乔。”小女孩对男人打招呼。

“你也好啊，玛丽亚。”

玛雅摘掉让她流汗的头巾，然后看着一直点头鼓励她说些什么的小孩。“你也好啊。”玛雅下意识地重复着。

于是男人和小孩都笑了。玛雅一动不动地站着，听着他们的笑声，感觉到一股温暖而温和的波浪向她袭来。她已经记不得他们笑的原因了，但是那些笑声在她身边是如此温暖，就像一首歌回荡在她的脑海里。她闭上眼想要去捕捉这幅画面，两行热泪从她眼眶滑落，这让她一阵颤动。玛雅感觉风吹起她的头发，空虚而轻盈。她应该记下一些东西，但是她脚下阴凉处的沙子很凉爽，嘴里也有一些甜甜的味道。玛雅深深地吸了一口气，这时她听到远处传来惊愕的叫声。这是一种在时间中慢慢滑行的感觉，当这首歌传来并充满了她的身体时，她的手臂正紧抱着自己。

50

西　娜

西娜走过玛雅的房间。她从半掩的门外瞥了一眼，里面地板上铺着一张大地图，床上堆着一堆熨过的衣服。下午天气异常湿热，西娜在犹豫着她是否应该走进这个甜蜜的家。家里有待清洗的模具，待折叠的纸箱，待切割的锡箔纸和玻璃纸。家里会更冷而且很可能一个人也没有。凯特在厨房，英格丽德在花园里。几个小时以后，挪威的天就要亮了，莉斯贝丝将与其在挪威潜在的客户电话联系。玛雅出去散步了，玛丽亚和她一起走了出去。西娜打算到门廊下方的角落瞅一眼，那里她的万代兰花和铁苋菜一片欣欣向荣的景象。多亏了英格丽德用食物残渣制成的堆肥，鸢尾花开得尤其好。

在她看到他之前，她下了几级台阶走进花园。乔沿着海滩走着，手里抱着什么东西，某种沉重而松软的东西。一个小个子的人走在他旁边。他们缓慢而坚定地走着，西娜立即明白，有些事情太晚了。

最糟糕的是她看到玛丽亚那空洞的黑眼睛。她只是站在那里，不哭，什么也不说。她的状态比玛雅那毫无生气的包，西娜手中的帽子更糟糕，现在她的身体完全是一具空壳。凯特想和玛丽亚谈谈，问她发生了什么事，但没有得到一点回应。乔走过来告诉她们说，玛雅和玛丽亚沿着海滩走的时候，她看上去完全正常，然后她突然停下来，就瘫倒了。

当医生到来的时候，西娜听医生说到有关“中风”和“她很可能没什么感觉”之类的话。但西娜对其中的原因和过程并不感兴趣。完了，完了，她心里知道，这已经是第二次了，她逆光看到乔那高大的身影。

*

西娜想为玛雅洗澡和穿衣服，她想独自去做。她拒绝了阿特莎的帮助，并从厨房里端了一盆水，拿了一些抹布，她把绿色的塑料盆放在玛雅用作床头柜的凳子上。她想着，昨天她还在用它淘米。她坐在床边，床单上还散发着玛雅的汗水味。玛雅的一只手掌摊开着，像饥饿的动物一样张开。她的手指干燥而冰冷，西娜把她的手转过来，放在身体一侧。

她试了一下水，是温的。她把衣服拉过玛雅的头，抚摸着她的头发，它的感觉像枯草一样。她松开玛雅的内衣，小心翼翼地将它脱下。

她从未见过玛雅的裸体。这具有67年历史的躯体像一张无声的地图，白皙褶皱的皮肤、静脉、褐色的斑点都一览无余。柔软的布料从玛雅身上慢慢地划过，一点一点地，终于把她整个躯体遮住。玛雅在地球上的时间结束了。

在柔和的嘈杂里，她能听到凯特在与伊芙通电话，英格丽德在门廊上接待前来吊唁的客人。现在科罗托托卡的所有人都知道瓦里－内卡的一位女士去世了。席子马上就要来了，西娜想着。

莉斯贝丝把门推开一半说道："我能帮你做点什么吗？"

她本想拒绝她，但是她没有说出那句"我自己能行"，相反地，西娜邀请她进来坐一会儿。

伊芙想把玛雅的棺材送到挪威去，把她葬在莱维克的家里。她现在就想跳上去斐济的第一班飞机，但凯特说服了她。凯特认为这是没有必要的，她觉得她可以安排玛雅从南迪回家的交通工具。

一开始西娜不知道为什么阿特莎看起来很放心，后来阿特莎解释说这让我们有时间拥有一个仪式。

西娜从来没有听说过这个词。"这是一种丧葬仪式吗？"

阿特莎想了一会儿。她说："不仅如此。这是在说再见。"

西娜有这么多问题。她说："火葬在挪威非常普遍，你们这里不这么做？"

阿特莎轻轻摇了摇头："也不总是，只是有时是这样。最重要的是玛雅夫人可以有一个和上帝还有天使在一起的地方，不管她是在棺材里还是在骨灰里。"

她害怕它。她不想以一种陌生奇特的方式向玛雅告别，这是一种让人难以理解的仪式。西娜小心翼翼地克制着自己的悲痛，好像她也必须通过这种方式来保护玛雅。

确实新奇，甚至有点奇怪，但并不是不合适。它一点都不可怕。由于玛雅在这里没有自己的家庭，席子就放在了凯特的家门口。阿奎拉从家里拿了一个大的木碗用来装卡瓦酒，他们自己的架子上的小碗只是用来装饰的。门廊里挤满了人，一个无声的队伍涌进房子里，经过放棺材的桌子旁。一碗碗卡瓦酒下肚后，人们对玛雅说了许多亲切的话并为她祈祷。西娜想到伊芙、剩下的家人、和玛雅在莱维克的朋友：他们不会体验到这一点。当你的人生旅途结束的时候，还会有这样一个真诚的告别。

洛菲法神父将带领大家在客厅里唱赞美诗，西娜走到门廊。她凝视着海浪，突然一只手牵住了她的手，她才注意到了阿特莎。她猛地往后一跳，但没有把她的手放开。当歌唱到了最后一节，阿特莎也跟着唱了起来。

最后，当时间的迷雾消失时，
我的信仰终于得以证实，
尘世的罪恶被驱逐在海岸，
主啊，我将在天堂与你安息。

西娜突然情绪失控。她勃然大怒，在阿特莎，在赞美诗荒谬的歌词中，她愤怒地挣脱开她的手。“安息？”她大声喊道，“玛雅并没有安息。她中风了，现在她死了！”

阿特莎停止唱歌，但没有回应西娜，她只是静静地坐着，双手放在膝上，直到赞美诗结束。

“悲哀使我们的思想变得黑暗，西娜夫人，”她说，当西娜情绪变得平静后，她又说道，“我不知道他们是怎么在你们村里做这件事的。但在科罗托托卡，没有人会忘记。4天后我们会再次想起玛雅夫人。10天后，甚至再过100天，即使她的身体在别的地方，我们依然没有人会忘记她。”

西娜点点头，她的怒气来得快消失得也很快。她想起了曾经听阿特莎说过的话：“当你在斐济说了某件事情时，它属于你。”或许这也是悲伤的原因吧？你必须以你的心理解的方式哀悼？让你的悲伤找到合适的地方宣泄？

阿特莎说道：“当玛雅夫人回到挪威的时候，她的女儿会在那里接待她。根据我们的习俗，在这里我们会有一种仪式——她所在村庄自己的纪念仪式。这和你们的方式不同，但每个人都想来道别。”

“每个人都能说出自己想要的东西吗？”

说出他们想要什么？阿特莎是什么意思？

“是的……任何有此意愿的人，都可以做一次悼念。”

“他们能请求宽恕，并被宽恕吗？”

西娜不明白。“‘宽恕’？如果他们与死者关系不好，你的意思是？”

阿特莎默默地叹了口气，西娜变得不耐烦了。“这是什么意思？”

阿特莎慢慢把每一个字都清晰地表达出来：“如果不是为了离去的人和那些留下来的人，那些恩怨永远不会消除。如果没有一个人请求宽恕，另一个人也不会原谅，那么离开的人不能安心地离开，留下的人也不能全心全意地说再见，那就永远不会有安息。”

一个身影来到他们身边，西娜和阿特莎转身面向她。

“我们很渺小，”玛丽亚说，“我们太渺小，因为海洋太浩瀚了。”

自从乔把玛雅的尸体从海滩上带回来，这是西娜第一次听到她说话。

客厅里的人群中响起了一首新的赞美诗，但西娜听不见。她能听到的只有深深的呜咽声。凯特正站在她身后，哭得很厉害，连她的身体都在颤抖。

51

阿特莎

我想在我离开前单独向玛雅夫人告别。上帝，这个棺材如此美丽，被席子和漂亮的毯子覆盖。一些白色的贝壳也被玛丽亚摆放在那里。

我想为玛雅夫人唱一首离别曲，*Isa lei*。这真是太让人难过了，没有人能离开我们，直到我们唱完离别之歌。

Isa，isa，最受欢迎的客人，
你的离去让我悲伤难自抑。
不问你来自哪里，
你的离去让我泪儿滴。

当凯特夫人开始唱这首歌的时候，我的心也跟着一阵阵颤动。

我们所有人都站在玛雅夫人身边，唱着最后一首白色挽歌，声音都像风一样轻。

> Isa lei，噢，如此悲伤！
> 当你明天起航，我将会如此悲伤，
> 牢记我们享有的快乐，
> 你也将会被我们永远记得。

敬爱的上帝啊，见到玛雅夫人的时候请好好招待她。她正在孤单地飘零，但你终将与她相逢。

阿门。

52

英格丽德

他们并没有动玛雅的房间。当英格丽德走过那扇关着的门时，她想也许她该进去打开窗，让那种失去的味道飘散出去，让鸟儿天堂般欢乐的声音进来。但是她不忍看到那本仍旧摊放在桌子上的地图册，那上面有玛雅和玛丽亚的梦想。

厨房的柜台上有封邮件。英格丽德费了一番工夫才了解了科罗托托卡的邮政服务是怎样的：如果来了一封寄给村里人的信，那么这封信会被放在萨洛特家或放在那个他们称之为警察局的小棚屋里。不管怎样，邮件总会从那个地方到达上面的地址。信件通常会通过阿特莎或阿奎拉来到凯特之家。

但是这封信是寄给阿特莎的，已经被打开过了。英格丽德好奇地拿起信封，正面的铅笔笔迹是大的灰色字母，没写寄信人。她好奇地刚把两根手指戳进信封，又立马把信放回了柜台上，因为她听见阿特莎的脚步声在厨房门外响起。

“英格丽德夫人。”阿特莎边点头打招呼边放下她的杂货篮。

英格丽德感到一种几乎被当场抓住的羞耻感袭上脸颊，她连忙试图掌控两人的谈话。她拿起信，漫不经心地说：“我正要把你的信放到架子上，柜台上看起来黏糊糊的。”

当阿特莎看起来毫不怀疑时，英格丽德感到更加尴尬，阿特莎拿过信封，像金牌一样举起来，对英格丽德灿烂地笑着说：“英格丽德夫人，我的儿子维利沃来信啦！英格丽德夫人，他找到工作啦！”

她那掉了的犬牙使她的嘴角边形成一个酒窝，英格丽德只能对着她笑。阿特莎打心底里高兴，笑个不停，以至于她不得不倚靠着厨房柜台才能继续说话。

“英格丽德夫人，他的工作待遇不错。他们要在魏玛卡河上建一座新桥。你听他说的。”

阿特莎读信的声音缓慢而庄严，仿佛她正在读她那本破旧的《圣经》。

亲爱的母亲：

我肯定您一定对我的不辞而别非常恼火。但我知道英格丽德夫人会告诉您我在卡车上对她说的话，尽管我没有告诉她我要去哪里。萨莱西的一个朋友听说有老板需要人到卓卡卓卡工作，从事大桥建设，我决定去那里。在一辆从拉奇拉奇开往山谷的巴士上，我遇到了一些正在建设魏玛卡河新桥的伙计们，他们带我见了这个工程的老板，老板当天就让我开始工作了。母亲，这里工作待遇不错，我在信中给您寄了一些钱，今后会寄更多。很多人都在这里工作，他们来自不同的村庄，但是没有来自卓卡卓卡的。老板来自中国，还有许多人也来自中国。

我按他们要求的做，大多时候都在挖掘和拖运石头。我跟老板说我也很了解机械，然后今天我就开了其中一辆蒸汽压路机。这个工作不错，母亲，我很高兴在这里。尽管我也喜欢帮助凯特夫人做巧克力，她总是对我很好，但是，对一个男人来说这个工作太轻松了。我很喜欢在卓卡卓卡的这份工作。我想努力工作，建一座房子，娶一个善良的女孩，有一个自己的家。当你老得不能再为凯特夫人工作时，就来跟我们住在一起。

我会回去的，母亲，虽然不会很快就回去。我的房子将会盖在科罗托托卡，我的未来在这里。

请转告凯特夫人我已经找到了工作。

愿上帝永远保佑您。

您的儿子

维利沃

“阿特莎？”英格丽德不知道自己为什么要用这种方式问这个问题。

“我怎么了，英格丽德夫人？”

“你对维利沃感到恼火吗？像他在信里说的那样？”

阿特莎吃惊地捂着嘴说：“噢，不。英格丽德夫人，我很高兴，我当然是高兴的。”

“对维利沃的离开感到高兴吗？”

“我希望他找到工作，这样他才能养活自己，成为一个成年人，成一个家。”

英格丽德犹豫道：“嗯……嗯，我的意思是，他在这里也确实有一份工作呀，但是，他说这份工作对男生来说太轻松是什么意思？”

阿特莎点头道：“他很高兴有这份工作，以及凯特夫人尽力为他安排的一切，但是他为不能用到自己灵巧的双手和强壮的脊背感到惭愧。”

“他想做体力劳动？做巧克力不够有男子汉气概吗？”

英格丽德能听出维尔瑞德的声音变得有些尖锐，她想让她安静下来，阿特莎不能打破像上帝一样古老的承载着她的梦想的人物身份和社会规则。

阿特莎只是摇了摇头说：“当他离开时，我的心情很沉重，但是他必须离开。当他回来时，我的心就会再次快乐起来。”

当英格丽德从门廊处观察西娜时，她想人生的空白需要时间来填补，有些空白也不应该被填补。当西娜四肢着地跪趴在花坛上时，她折了一条毛巾垫在膝盖下。黄蔓开始爬到她盖在墙上的网上，那些漏斗形的花大簇大簇地盛开着。她的脸被一顶宽大的扁帽遮着。对于她每天戴着玛雅那磨损的头饰，英格丽德并没有听到谁对此有所评论。她想，事实上就是这样，我们每个人各取所需然后继续自己的生活。

她慢慢走回屋里，感到整个下午都心神不宁。几天前，她和凯特刚送了玛雅最后一程，那是一次带了沉重行李去往机场的安静的旅行。当所有事情都安排好，棺材正待装载时，她们坐在候机室外的咖啡店里，突然，她看到他站在那里。英格丽德再一次重温那个时刻，因为紧张，她的手快速地压在喉咙上，她感到自己的脸迅速变红，当他真的站在她们的桌前，手里拿着一杯咖啡，说“英格丽德？”时，一种温暖的喜悦涌过她的全身。

她从椅子上站起来，惊讶使她伸开双臂给了他一个拥抱，她眼睛的余光看到凯特的笑脸以及他们周围涌动的人群，这使她又坐回到椅子上。她记不清自己说了什么，也许只是“噢”或“哈喽”。但她清楚记得的是，当约翰尼·马特森看到自己时，他的脸上焕发出光彩，仿佛看到了什么他渴望已久的东西。

他跟她们坐在了一起，聊一些船上引擎部件的事情。她不太记得他们说了什么，她只记得他的微笑和他离开时挥动着双手告别。她想，那双手一定是粗糙、布满皱纹、有力又温暖的。

她并不是每天都查看邮件。自从有了她让谢尔出售掉自己的公寓那次不愉快的沟通后，她就不再经常写邮件了。是维尔瑞德写的邮件。

我已经决定待在科罗托托卡了。说实话，我很久以前就决定了——当我第一次在日落时看到金黄的火焰划过天空的那个晚上。家里没有什么我想念的，所以你不用做任何安排。我已经联系了莱维克的银行——他们很了解我，他们将把出售公寓的钱投入一个共同基金[1]。这是一种低风险的基金，所以不用担心。在斐济我们凑合着能过，我现在赤着脚，都不用花钱买鞋了。

维尔瑞德是笑着写最后一句的。英格丽德差点删掉这封邮件，最后又让它留下了。

但是，她的邮箱里没有来自谢尔的信，也没有来自西蒙或彼得的信。他们有时会给她写信，但是不太经常。但是，这有一封给她的新邮件。在收件箱的最上面一行，显示一封字体加粗未打开的信，信的主题是：来自兰巴萨的问候。

英格丽德你好：

我说过要写信，但正如你已经收到的，我不太擅长写信。我也说过我会回来拜访，但我还是没有做到。现在既然凯特的巧克力已经热卖，我的工作也完成了。但我不确定我和你之间是否已经结束，尽管我们甚至还没有真正开始。

我很高兴在机场见到你，我想你也是。我们并不太了解彼此，希望我这样说不会伤害到你或者吓到你，但我不想失

1 共同基金，信托基金的一种，为小额财产所有者提供投资。——编者注

去这个机会，也不想浪费时间。

我觉得我们两人能够互相理解对方。我们只对自己负责，我们都懂得独自过活意味着什么。这个认知带来安宁的同时也让我们正视自己。但是，随着年龄的增长，我没有再多的时间浪费。我想用双手把握住生活，就像我们在科罗托托卡度过的那夜一样。

我希望我们能够进一步了解对方。你喜欢钓鱼吗？我在船上待的时间比在家里都多，我很乐意再带一位船员上船。如果你愿意进行一次深海旅行的话，我保证会把你安全地送回岸上。

维尔瑞德感到双手间的钓竿在猛烈地扯动。环绕在她周围的海洋闪着银色的光芒，灼人的烈日高挂在天空上。小船轻松迅速地从一个波浪顶端跳到另一个波浪顶端。深水中的钓竿弯由着，她向后倚着，拉扯着绕线轮，先放松一点，然后再拉回来。约翰尼站在她身后帮忙，他的胳膊牢牢地环绕着她。他的呼吸温暖地拂在她的额头上，他下巴上的一滴汗落在她的前额上。维尔瑞德双腿支开蹬着地，用尽全力向后拽，当那条巨大的鲭鱼用身体拍打着水花反抗着被她拽过栏杆时，她高兴地尖叫起来。

“你抓到它啦！”约翰尼笑着说。他摘掉帽子，擦干脸上的汗。“用尽全力，毫不犹豫。”

他把他大而粗糙的手放在她的胳膊上。她的胳膊光滑纤细。

如果你觉得我这样太冒失，就可以不用回复我，就那样就行，我也不会介意。但是如果我在机场感觉到的是正确的，请告诉我你什么时候可以到兰巴萨来旅行。

祝你一切顺利。

我很期待见到你，如果你愿意的话。

英格丽德从椅子上站起来。如果她愿意的话！这是真的吗？但是她不需要再次阅读这封信。这就是真的。她低头看自己的脚：她的脚趾弯曲着想要开始跳舞。英格丽德很少跳舞，但她打算对此做些准备。维尔瑞德双手举在空中开怀大笑。她从不知道自己可以这样放声大笑。

53

阿特莎

慈爱的上帝，您知道的，人们经常很难理解一些最简单的事。您很早以前就告诉我，我必须跟凯特夫人谈话。但首先我需要跟赛谈话，所以昨晚我去了她家。

“玛丽亚知道那穆阿的女人们的歌，”我说，“当她们唱歌给公主听时，海龟就会浮出水面。”

主啊，赛并不吃惊。她点点头说：“歌声使它们浮现到海面，”她说，“这里不再出现的只是以另一种方式在别处出现。”

我能听出她想说更多，所以我等着她继续。

“一切最终会变得清楚，”她说，“即使对那些不想看到的人。”

主啊，我马上明白了她的话。她正在想凯特夫人，凯特夫人是“不想看到的人”。

我发誓我完全没有准备。当她继续时，天空的云被推开，月亮独挂空中，像一个谎言暴露出来。“尼克拉斯先生知道。”她说。

我紧闭双眼，当她告诉我时，我不敢看她。她的丈夫认为他们的女儿皮肤太过苍白，尼克拉斯从玛丽亚出生时就知道。谁知道凯特夫人心中想什么呢。

主啊，是我太严酷了吗？我想不到其他跟凯特夫人谈话的方式。“尼克拉斯去世的时候，你还在生他的气吧，”我对她说，“所以你待在阴影里选择不去看。”

主啊，我不想听她的回答，您知道我不想我们之间有什么可耻的事情发生，但是凯特夫人需要说出她应该说的。

“是的，阿特莎，我是在生他的气。我的心因愤怒而燃烧着，你知道为什么吗？因为他甚至不愿看她一眼！因为他不愿对自己的女儿张开怀抱，让她跟我们生活在一起。这是我所不能原谅的。”她对我说，“这就是原因，你明白吗，阿特莎？”

我懂了，很久之前我就明白了。主，你懂的，现在凯特夫人也明白了，所以她主持葬礼以求原谅。

“你不是那个需要原谅尼克拉斯先生的人，”我对她说，“你需要请求尼克拉斯先生的原谅。”

主啊，我这样做对吗？凯特夫人远不只是我的老板，她是帮助和保护我的朋友，但是现在她需要我的帮助。

主啊，愿你保佑玛丽亚和凯特夫人，让她们的影子也总是在月光下。

也替维利沃感谢您，谢谢您帮他找到了工作，现在他能够养活自己了，他成为一个成年人，开始准备成家了。

阿门。

54

凯　特

请求原谅？我要这样做吗？

我脱下人字拖，海水的泡沫一次次掠过我的脚。太阳就要落下了，所以我必须快点走才能在天黑前赶到那里。疑虑在胃中翻涌，我觉得自己愚蠢而虚伪。一个叫“布鲁布鲁”的和解仪式包括演讲和昂贵的礼物，我没有昂贵的鲸鱼牙齿可以送给对方。我没有准备演讲。在树下停船的地方没有庄严的人坐在举行仪式的位置等我。

阿特莎很难提出这件事。虽然她从不隐藏她的意见，但是她很少迫使我做什么事。我问她是否为了赛而让我做这件事。“是为了赛吗？为了乞求她的原谅？”

但是阿特莎摇了摇头，她的脸上第一次没有笑容。“赛并没有什么需要原谅的，她没有失去什么。她有玛丽亚，她得到了很多。”

她坚持说我为了自己必须这么做，“不寻求谅解的人永远得不到安宁，”她坚持说为了尼克拉斯我必须这么做，“他不能丢下你不安的心，凯特夫人。”

我不知道我要怎样做。太阳已经落到地平线，它正在被海洋一口吞掉。海滩在黑夜的寂静中安顿下来之前的几秒钟，棕榈树周身闪耀着粉色的光芒。

在我们来这里之前，阿特莎已经寡居很久了，我从没见过她的丈夫，但是她经常会对婚姻和关系有一些见解：“夫妻之间不和的原因多得像树上的叶子和海里的鱼。但是幸运的是，风吹起来了，波浪冲撞，树叶和鱼都被冲散了。”

风吹起来了，波浪冲撞。我停在水边，站住了。我站了很久，直到感到海水围绕在我的膝盖下面。涨潮了。我往海滩上退了一些，然后继续走。月亮追赶着我，加快我的脚步，月光投下空白，使沙滩上产生亮光。

我不知道那晚上是谁的船，现在也不知道。但是它就在那里，两边的支架像胳膊一样安置在那里。到这里来，来这里坐下。阴影在那里等着，在船和树之间有一个三角形的避难所。我悄悄走到船体后面的安全地带，在一种晒干渔网的咸味里。

我没有带任何礼品，那个使我承受痛苦回忆的人去了。请求原谅必须传达到遭受不公的人的家人，但是尼克拉斯的父母早就去世了。我也没有达到其他仪式的要求。侮辱会的人也并不在这里给我寻求的宽恕。“布鲁布鲁”意思是埋葬。埋葬愤恨不满，结束痛苦。

我应该大声说吗？还是小声说？如果我在自己的脑子里说，那跟我从这件事发生后，每晚跟自己没完没了地对话没有什么不同。我必须大声说出来。

我的话语在黄昏中犹豫闪烁着。“你明白我几乎不能看清楚任何东西吗？”我开始道，“天空黑暗，周围混乱，沙滩上都是人，我想那时候你在船上。红树丛里的阴影继续移动着，一切都很模糊。”

我等了一刻，尼克拉斯没有回答。

“你知道我在乎的是谁，对吧？我的眼睛，我的心，我的一切都在你的女儿身上。是你的女儿啊，尼克拉斯，她像海里的星星在你的眼前闪耀，你背弃了她。你也背弃了我，背弃了我们本可以跟她分享的欢乐和神奇。”

我停下来，听我自己的声音，听它在寂静中因愤怒而变得猛烈尖刻。这样都是错的，我不是来这里提出要求和指责的。我把双手埋在沙土中，让潮湿的海水使手掌冷静。

“阿特莎说，如果我不请求你的原谅，你就无法去往你要去的地方。请原谅我，因为自己的失望和怨恨而看不到该看到的，当你摔倒时没有抓住你。”

风使木船发出吱嘎声，像一种干涩的哀号声。

“我曾想让你受伤，想让你感受到你给我带来的这种痛苦。这种你没有尊重你的女儿的犯罪感，你没有庆祝她的到来，没有让她参与我们的旅程。”

我举起手，记起掌心皮肤下玛丽亚的头发的感觉。头部，对斐济人来说是身体最神圣的部分，玛丽亚的头在我的手指下是温暖的。“原谅我。”我对她说，原谅我，原谅我粗糙的手抚摸你神圣不可侵犯的头，你是我生命夜空中的一缕阳光。

“原谅我。”我对尼克拉斯说。我需要说，我试着真诚地说。如果我不这样，我将走不出这个阴影。“原谅我让你就这样去世。”

宽恕我们的罪，正如我们宽恕那些冒犯我们的人。

当我回来时，英格丽德正独自坐在台阶上。

“你出去了好一会儿。”她说。

我点头道：“我有一些必须做的事。”

“玛丽亚的母亲来过了。”

玛丽亚的母亲？

“她来干什么？”

“我不确定。她说玛丽亚圣诞节后要开始上学了，她在找你。”

我突然决定：“我去她那儿看看她。”

英格丽德站起来说：“你想要我去吗？”

“如果你想的话。”

“她现在很大了。”当我们在她的房子外面坐下时，赛说。一小碗贻贝放在她的脚边，她一边用刀撬开它们，一边说：“等 8 月伊维树开花时，她就 7 岁了，她就要去学校学东西了。”

我感到心中盛满悲伤，那是一种单调的灰色。

“是啊，我猜她要去了。”我说。

不再打开地图册和闪亮的贝壳，没有小小的脚步穿过地板，也没有人对我们说：“我来帮你，阿姨。”

没等我意识到自己快要说出口时，英格丽德问了这个问题：“学费呢，赛？学费有问题吗？”

一双棕色的眼睛落在我身上。“我觉得没问题，爱玛丽亚的人很多。”

我立刻明白了。阿特莎来过。阿特莎跟赛谈过，她说一切都会没事的。她告诉赛，凯特夫人已经做过“布鲁布鲁”，事情已经过去了。

“我想帮她支付学费，”我听到自己说，我做了一个深呼吸，把话说出来，“这也是尼克拉斯先生希望的。”

只有一段回忆浮现在赛的凝视深处，没有痛苦，没有悲伤，只有一段过往。

“海之星，”她说，“是他说的，那个晚上，他手里拿着一只蓝色的海星说它有着圣母的名字，所以我给她取名玛丽亚。”

我等着，她还要说更多。

“他并不想伤害任何人，”她说，“他只是在寻找。”

“寻找什么？”我低声问，我真的想知道吗？但是现在我已经问了。

赛过了一会儿才回答。她细细地用苏鲁裙擦干净刀片，并没有看我们。

“寻找一个停船的地方，”她说，“一个海滩。”

一只科基鸟在屋后面歇斯底里地叽叽喳喳地叫。赛把她的手放进水桶里，拿出一碗新的贻贝，用刀子撬开壳。她从胸间传出笑声，慢慢地变成爽朗的大笑。

我们走了很长的路回家。经过学校，经过村长的草屋，走过橄榄球场。只有三四个青少年坐在树下的土块上，他们的笑声朝我们传来。

英格丽德看向我，说："知道吗？我始终不明白。"

"不明白什么？"

"他们为什么笑？"

"他们为什么笑？"

"是的，笑各种事情。当你和我在哭泣，道歉或怎样时，他们在笑。他们哈哈大笑地拍打着大腿。是什么让他们这样？"

是谦逊，我想说。对我们不知道如何表达的一切事物，对比我们所使用的任何话语都更强大的事物。让我们尴尬的是，事物超出了我们所知道的或我们所看到的范围。这就是他们感到可笑的地方。这并不是否定，也并没有嘲笑的意思。他们统一用一种既不伤害也不冒犯的方式表达，而不是分析讨论这些无法形容的事物。

词语，词语，词语。我想不到用什么样的语句向英格丽德表述。我模糊不清的话语跟阿特莎的捧腹大笑和赛轻柔清理贻贝时的咯咯笑是相反的。

"他们笑对生活所带来的东西，"我试着用另一种方式表达，"生活带来的事物太庞大，太美丽，以至于言语不足以表达。"

英格丽德听懂了我的话，"是的，"她说，"我们本以为通过谈论就可以征服的事物，但是其实并不是胜利就能解决的事，是吧？”

是的。并不是分清胜负就能解决的事。

在凯特之家的门廊上，最大的藤椅被拿出来放在吊床旁，莉斯贝丝穿着淡蓝色的苏鲁裙坐在那里，翻动着一摞纸。我伸长脖子倚在她的肩上。我看到鱼和贝壳，用不同颜色的彩笔画出的船，还有在页面边缘汹涌的波浪。

莉斯贝丝向上看，说：“这是玛雅的，我觉得我们可以把其中的几个裱起来。”她递给我那摞纸。

“是的，当然可以。”我从她手中拿过来，有点拿不动，“我不知道她画了这么多。”

“我把它们保存得很好。”说话声来自藤椅和吊床之间的阴影。

说话声把我吓了一跳。“玛丽亚，我不知道你在这里！”

她棕色的眼睛里仿佛有金色的沙粒闪烁。

我浏览这些画，然后停在其中一张上，由画笔滴落画出的红褐色点组成了一个马赛克的画面。“这是什么？”

玛丽亚伸出手，指着说：“她为我画的这幅画，我们正在玩海洋，你没看到这是什么吗？”

图画中间有两个黑色的椭圆形，像两个坚硬的、闪闪发光的贝壳。两只海龟朝海岸伸出了头。半透明的海水在海底闪烁着。褐黑色红树林紧靠温暖的沙滩。沙滩上的人很小，留着飘逸的长发，他们在唱歌，歌声逐渐飘远，传到大海上。用金黄色和鲜艳的粉红色绘成的一个美丽的发光体敲打着那两个黑色椭圆形状的生物。

“那是公主。”我说。

玛丽亚点头，说：“这首歌把公主带进光里。”

她站起来，正好站在我前面。

“我要去上学了，”她说，“但还有一段时间，我要先回家了，之后我会回来的。”

“好的，”我说，“你会回来的。”

后　记

在月亮和海洋之间

“凯特夫人！”

阿特莎的声音很大，还很兴奋。“终于生了，努尼亚终于熬到这个时候了！维利沃能开着卡车去医院吗？”

我迅速站起来，感到后背传来一阵剧痛，该死的屁股！

“当然可以。去吧！祝你们好运！”当阿特莎急匆匆地跑向大门时，我在她身后喊，“有什么事要马上告诉我。”

我小心翼翼地移动屁股找了个舒服的位置，坐回门廊处的藤椅里。终于生了，阿特莎一直想成为祖母的梦想终于成真了。她儿子 6 年前从卓卡卓卡山谷带回的年轻女人是温柔的，有着甜甜的微笑。当他们在糖果屋后的空地上建造他们的房屋时，以及当他耕种一块小小的但肥沃的土地种植木薯和甘薯时，她一直在他身旁劳作。沿着房屋的侧墙，是缤纷多彩的天堂：嫩粉色的木槿，火红的火鹤花，优雅的紫色兰花，饱满多汁的红色的山龙眼。跪在花床上，在黄色枕垫和斑点蝎尾蕉上，努尼亚和西娜并不需要太多的话来互相了解，她们在湿润土壤中的手已经实现了大部分的交流。阿特莎说，在西娜的建议、鼓励、欣赏下，现在，努尼亚的小花园里的花在远至拉奇拉奇等地方都有很高的需求。

但是，维利沃和努尼亚作为夫妻在科罗托托卡生活了快一年都没有孩子，阿特莎就来问西娜。西娜反过来咨询我，说："阿特莎想让我带她媳妇去看妇科医生。上帝啊，只是因为我做过手术……"

她没有说完，但她话里的意思很明显："因为我做过手术，人们就觉得我能帮忙，人们需要我，我很乐意带努尼亚去看医生，但是我需要你的同意。"

"我当然赞同，如果你能带她去看医生当然很好，"然后我对西娜说，"那样阿特莎能安心，努尼亚也能安心。"

但是，妇科医生并没有发现什么问题，努尼亚只能等着。我们也只能等着。曾经的希望一度被点燃，就是努尼亚的食欲见长，但结果证明是搞错了。所以，当去年秋天努尼亚再一次怀孕时，阿特莎并没有说什么，她照常去工作，但我肯定她一定更加殷切地祈祷了，期盼这个孩子能存活下来。她经常去看那个，没有在母亲子宫的最后一个月里存活下来的小女孩的坟墓。葬礼之后，她和维利沃看了那个墓地好几个晚上，没有人再谈论过这件事，但是每个人都知道巫术从业者的存在。这次真的很好，努尼亚和维利沃会成为很棒的父母，阿特莎如此盼望有个孙儿，这是她应得的，是我们应得的。一个孩子就是锦上添花。

如果今天孩子降临产房，我们今晚就打电话给莉斯贝丝，她那里是哥森堡的早上。她得几个月后才能回来，她在斯堪的纳维亚度过一个长长的夏天，然后一年中剩余的时间都待在斐济，这种分开的生活方式很适合她。她仍旧看起来比我们年轻10岁，并不是因为化妆。她的角色是巧克力大使，这使她的皮肤发光，使她的脚步轻盈，我敢肯定是这样。她现在跟约阿希姆和他的家人待在一起。

当他们在玛雅去世的那年来拜访的时候，莉斯贝丝是我见过的最紧张的祖母。我从没见过一个陌生人欢迎团比这个还夸张，她站着等那辆载着两个来自世界另一边的双胞胎女孩的车。多疑的西娜站在门廊远处阴暗的角落，兴奋而担心的阿特莎站在窗口，英格丽德坐在椅子上咧着嘴笑，玛丽亚在台阶的下面，拿着一盆水，里面盛着蓝色的海星，它们在由沙石和贝壳构成的沙床上闪闪发光。

琳达和她的男朋友也来拜访了我们。他们在去丹娜努旅行之前，开着租来的车在凯特之家停留了一个短暂的下午。玛丽亚也是欢迎团的成员之一，当莉斯贝丝向她挥手时，她走上前去问候他们。

“玛丽亚，这是我的女儿，她的名字是琳达，美丽的意思。”

玛丽亚脖子上那个金色的项链在太阳的照射下闪闪发光，琳达吃惊地看着她的妈妈说：“那不是……”

莉斯贝丝平静地安慰她说：“玛丽亚是海之星，她照耀着凯特之家的所有人。”琳达锋利的嘴软化成一个微笑。

莉斯贝丝和她的女儿之间有最融洽的关系，足够私人到她们高兴见到彼此，足够专业到确保尊重。琳达很能干，多亏有她，现在，我们的巧克力不仅在健身圈销售，还在挪威和瑞典的健康食品店出售。

有时候，我在门口听到母亲和女儿在Skype上网络通话，她们的谈话简明有效，但是，时常你会听到她们沉浸在闲聊中，甚至发出斐济语的咯咯笑声。也许是哈拉德几年前去世，琳达心里可以放松一些了？她不用再玩那个复杂的忠诚游戏了？

莉斯贝丝作为寡妇回家参加葬礼，因为他们从没有真的离婚。哈拉德守住了最后的信誉，把所有的钱都给了她，没有给那些在那一年当中，在他最终被高胆固醇和动脉变窄打败之前，来来往往的年轻女性伴侣中的任何人。没有给阿曼德任何东西。当莉斯贝丝回来后，她没有专门向任何人宣告哈拉德去世后的遗产分配问题，没有遗嘱，所有的东西将会被分给已知的继承人。西娜甚至没有眨眼，阿曼德和哈拉德从来不是彼此生活中的一部分。唯一连系他们的线就在凯特之家，这条线从来没有延伸到门外。

西娜没有再回过挪威，阿曼德也没有回到这里来，但他们一直保持联系，西娜告诉我们关于他的最近的消息是，他正在交往的一个女人的家庭厨房举办的餐饮项目。西娜好几次提到她的名字，她的声音中充满希望，好像在说：这最后会是一个得体踏实的女孩吗？会是个能够爱护阿曼德这个在温柔微笑的背后仍然坚决维护自己的人吗？会是个能够留心照看那些阿曼德从出售西娜的公寓得来的钱的人吗？那些钱她已经委托给一个房地产机构了。

属于阿曼德的那一部分财产已经提前支付了。当她也转了一笔金额到我的账户后，西娜的皱眉柔和了一些。“逾期租金”，银行的回执上写着。

她现在有着主管的头衔，管理着糖果屋的日常监督。在这个甜蜜屋，4个来自村庄的女人穿着绿色的围裙日复一日地工作，滚压，旋转，倾倒巧克力酱进模型。她们中的两人属于摩西斯的大家庭。我很高兴，偶尔看到他跛行下小山，围绕着机器看细致的烘干环节。那个偷偷观察制作巧克力的人，最后也来到了凯特之家。他仍然站在门廊的台阶上，拒绝进来。阿特莎仍然会在经过窗户发现他时叫我过去。现在维利沃也经常出现了，他依然保留着他在前公司的工作，慢慢解决着他的问题。我们新的农场经理现在有一间办公室了：维利沃在工具房旁建了一个延伸出的小屋，里面有一张桌子、一把椅子，以及各种各样的管道、滑轮、标志牌和他用来改善和维修机器用的工具。

“我儿子读过书。”无论什么时候有机会说这件事，阿特莎都会这样说，“所以他有一份好的工作，可以养活自己。”然后，她放声大笑，玻璃窗上反射着太阳的光芒，她嘴里因为少牙空着的地方因为她的笑而闪烁着。

如果今天孩子过来，我知道英格丽德就会马上忙碌起来。英格丽德夫人，那个即使在阿特莎的眼中也是不需要婚戒来被承认是马特森夫人的人，当她在兰巴萨时，也会几乎每天打电话来报到。约翰尼在船上有一部卫星电话，当英格丽德从甲板上报到的时候，我能感到吹在她脸上的风：“我们捕到三条巨大的金枪鱼！

每条都超过60磅！船上没有足够的冰箱，所以我们今晚必须回去，这样鱼才不会坏掉。”

笑声，气喘吁吁地，短促的句子，我可以想象她宽大的脚稳固地穿着防水橡胶靴踩在海草和鱼鳞里。她的苏鲁裙被一条短裤代替，她灰色的头发变长了，在一顶破旧的渔夫帽下，扎成一条马尾辫。再也不是那个你可以想到的、挑剔的、只会算账的英格丽德，像是一个内在的自我释放出来了，现在，在兰巴萨这只船的甲板上英格丽德跳出了自己的舞蹈。

当西蒙和彼得去年夏天来拜访时，场面非常令人感动。像其他宠溺孙儿们的祖父母一样，只不过英格丽德和约翰尼生活得无忧无虑，他们立马带孙儿们坐船出去了。后来，我们都坐在一起，花了整个晚上看彼得的照片。晚霞，丰渔，还有他在围栏上弯腰拍下的一条海蛇的特写镜头。当来自发达国家的那些男孩谈论线和钩子时，他们脸上写满了快乐。英格丽德脸上的笑容因为她找到的激情与自豪而扩散着。

她是平衡艺术的大师，不管是在甲板上还是在其他方面，她的日子在风餐露宿的水手生活和锐利地审查凯特可可和凯特巧克力账本之间有规律地切换。英格丽德至少一月一次来她仍旧保留在凯特之家的房间里待着，然后一条一条地浏览债权债务。维利沃坐在她对面的椅子上，这是一大进步，因为他的前辈坚持低着头站在台阶上。当然，我也加入了，但我很高兴知道我们的产业，不管是管理还是记账，都在可靠的人手中。这些天，我们忙碌的任务主要是关于巧克力，以及我们创造的一个稳固的品牌，尽管我们还是会给几个老客户提供生可可豆，但其实我们用了自己大多的收获成果来生产“玛雅”——凯特巧克力的招牌产品。幸福碎片。斐济的味道包裹在闪亮的玻璃纸里，商标上印着两只闪闪发光的海龟。

有时候，我觉得好像英格丽德接管了我以前拥有的自由，并且她接管得理所当然，因为我发生了那件可笑的令人不高兴的事。我竟然会摔倒在台阶上？曾经坐过沿着巴基斯坦那令人头晕目眩的山路走过的公共汽车的顶部，曾经在马来西亚雨林中坐着极小的船与狂野的水流搏斗的我，现在竟然摔倒在家里的台阶上？那四级台阶我睡着了都能走过去。直到三年前的一天早上，我摔倒了，不知怎么，我一只脚踩在了另一只脚上，然后失去了平衡。股骨骨折，我睡了好几周冰冷的床，床头桌上有一个花瓶装满柔软的花束。我在苏瓦做的手术，几个月的缓慢恢复、疼痛，最终让自己接受了这个事实，就是我的髋关节会一直容易嘎吱作响。我觉得我不能抱怨，我们中的许多人在我这个年纪会经历更糟糕的事，但是，恐怕我永远都不会跟我的行走拐杖好好相处，它是珍贵的但实在不能被喜爱的附属物。

一开始的几个月，阿特莎一直跟在我身后，保持几步的距离，室内室外地跟着，直到我让她停止这么做。“凯特夫人虽然多了一个额外附件，”我跟她说，“但我还是一样。”她不太相信我，坚持要在我在沙滩上行走时跟着我。有时，我不得不用刺耳的声音跟她说我不想她跟着。有些路我要自己走，在柔软的沙子上行走比以前困难许多，我走得很慢，但我有的是时间。周围事物的时间和欢乐都没有变化；阳光依旧柔和；小船把一天天捆绑在一起；海浪并不是独自存在，它们一直是深沉大海的一部分；那光芒再一次原谅所有。

向后看是什么意思？跟向前看是一样的吗？我自己想一定是这样。因为她是还没有到来的，但是她又是曾经来过的。她站在门口那里，一个美丽的年轻姑娘，15岁，她的长头发卷成波浪，比大海还要梦幻，她耐心又明智。自由的风带她来到这里，忠实的大地让她来到这里。无论什么时候，只要玛丽亚愿意她都可以住在这里，只要她高兴，她来去自由，当我们想念她时，她又会回来。她在沙滩上留下的足迹现在跟我一样大了，清楚而故意的痕迹，强壮的脚趾向前。

我不会始终跟着她，她的时间与我是分开的。我现在学会倾听，感受小船下的波浪。想起那晚诞生的希望，在白色的巴洛洛月亮和大海之间，等待和观望着。

房间里的电话响了，温柔的脚步声穿过地板。当她回来时，她的眼中充满光彩。

“是阿特莎打来的电话，努尼亚生了个小男孩，他们打算给他取名叫尼克拉斯。”